主権国家を解体に導く102の戦略

「普遍国家」創生への道

102 STRATEGIES TO LEAD SOVEREIGN STATES TO DISINTEGRATION

TOWARD THE FORMATION OF A 'UNIVERSAL STATE'

千の目標が、従来あったわけだ。千の民族があったから。ただその千の頸をむすびつけるくびきだけがいまだにない。ひとつの目標がない。人類は目標をもっていない。だが、どうであろう、わが兄弟よ、人類に目標がないのなら——人類そのものがまだなにもなりたっていないというものではなかろうか。

ニーチェ

＊目次

第四章　世界統一の戦略化　217

第一章

新しい地球のコンセプト

第一節　ビジョンなき世界

時間は既成概念を覆す。時間の最先端では古いものが崩れ去り、新しいものが産まれはじめている。既成概念の崩壊と新しい価値の創造こそが時の流れというものであり、時代の最先端ではそれが生じている。だから、時代は移り変わる。

だが、新しいものが常に産まれているのかというと、そうではない。人間も、社会も、文化も、政治も絶えず新しい価値を産みだせているわけではないからだ。だからこそ、停滞や低迷が生まれる。停滞や低迷とは、実は時間の最先端の常であり、時の流れの本質なのかも知れない。しかし、長く続けば社会全体を蝕み、やがてカオス（混沌）が顔を覗かせはじめる。

地球は今、閉塞感に包まれている。世界は今、淀んでいる。地球全域にカオスが広がろうとしている。人類はかつてないほど物質的に恵まれた時代に生きているにもかかわらず、希望を失っている。一体、このカオスの根源は何なのか。このカオスから脱却し、あたらしい社会を築き上げるためにはどうすればよいのか。

紀元前六世紀、歴史上はじめて大帝国と呼ばれる帝国が出現した。ペルシャ帝国である。ペルシャ帝国はエジプト、小アジア、メソポタミアからイラン高原にまたがるオリエント全域を支配した。

この帝国が大帝国と呼ばれる所以は決してその領土の広大さにあるのではない。それは全土にまたがる支配を確立した中央集権体制にあった。この中央集権体制を支えたのは何か。

駅伝制である。帝国を横断する幹線道路を作り、要衝に駐屯させた早馬を伝令として走らせ、〝王の目王の耳〟と呼ばれる情報伝達網を構築した。そのおかげで王宮に居ながら王は各州の動きを把握できた。そして、帝国の支配地にはサトラップ（総督）と呼ばれる行政官を置き、各州を監視させると共に反乱の火の手があればすぐに軍隊を投入した。

また、ペルシャ帝国は新しい貨幣を鋳造し、度量衡《どりょうこう》（長さや重さなどの単位）を統一した結果、商業活動や交易が活発化し、大繁栄した。そして、最盛期を迎えたペルシャ帝国は領土拡大の野心を露わにし、ギリシアの諸都市との対立を深める。紀元前五〇〇年、イオニア植民都市の反乱を契機に三度にわたるアテネ・スパルタなどのギリシア連合軍とペルシャ軍の戦いが始まった。東洋世界と西洋世界の間のはじめての大規模な戦争となったペルシャ戦争の勃発である。

この戦争はギリシア連合軍が勝利を収めた。だが、戦争で疲弊したギリシアの都市国家は衰退の道を辿りはじめ、その混乱に乗じてギリシア北部のマケドニアの王フィリッポス二世がギリシア世界の覇権を握った。けれども、すぐに部下に暗殺されてしまう。その父の代わりに二〇歳の若さで王となったのが、アレクサンダー大王である。

アレクサンダー大王は紀元前三三四年からはじめた東方遠征でペルシャ帝国を滅ぼした。そして、それ以後も東方へ、東方へと部下を率いて遠征を続け、インド北西部パンジャブ地方まで到達。世界史上稀代の軍事的天才であった大王はわずか十年余りで世界帝国を築き上げた。しかし、東方遠征の途上、享年三二歳で没してしまう。

　彼の家庭教師は偉大な哲学者アリストテレスであった。一三歳の時から師事し、哲学、政治、医学、植物学、自然科学など当時の最高峰の知識を学び、やがて聡明さも兼ね備えた大王へと成長していた。その彼はペルシャ帝国の文化や習慣、宗教に対する寛容さをはじめ高度な統治システムを目の当たりにし、次第にペルシャに敬意と好感を抱きはじめる。そして、自ら率先してペルシャ風の衣服を身に着け、ペルシャ人女性と結婚し、異国の宮廷の礼儀作法を取り入れた。また、人種融合政策をとり、部下にもペルシャ人女性との婚姻を勧め、さらに文官職のみならず、武官にもペルシャ人を採用したという。

　アレクサンダー大王の死後、世界帝国は分裂し、崩壊する。しかし、東西世界をまたいだ商業活動や文化交流が活発化していたおかげで東西文化が融合し、豊かなヘレニズム文化が開花した。このヘレニズム文化は民族や国家、帝国の枠組みを超えた世界市民主義的（コスモポリタン）なものであったという。このヘレニズム文化は西暦二世紀から三世紀にインドで花開いたガンダーラ美術にも影響を与えるが、このガンダーラ美術はやがて中央アジア、中国大陸を経て日本の奈良時代の天平文化にも影響をもたらした。

　奈良時代、一人の僧が中国から日本に渡来した。唐の高僧鑑真である。当時、日本は遣隋使、遣唐使により中国から仏教、天文学、律令制、土木、建築術など最先端思想や先進技術を導入し、新しい国づくりに邁進していたものの仏教に関してはまだまだ新しい思想にとどまり、仏教徒としての修行のあり方や戒律などは確立されていなかった。そこで朝廷が「伝戒の師」として唐から招聘したのが鑑真であった。

しかし、渡航は命懸けだった。鑑真が来日を決意してから実現するまで一二年の年月がかかった。船が難破し、遭難し、異国の地に流され、五回もの渡海に失敗した。そして、苦心の末に日本の地に辿り着いた時には両目を失明していた。

八世紀のバグダッド。バグダッドと言えば独裁者フセインが統治していたイラクの首都であり、二〇〇三年に開始されたイラク戦争でアメリカ・イギリス連合軍に占領された都市である。だが、古の地では政治・経済・文化と世界の中心であった偉大なる古都でもあった。

イスラム文明黄金期のアッバース朝のバグダッドでは「知恵の館」が設立され、ギリシア語やペルシャ語で書かれた文献のアラビア語への翻訳が積極的に推し進められていた。そのためヘレニズム文化がイスラム世界へと継承され、古代ギリシアで発達した哲学、天文学、地理学、医学が蘇る一方で、ゼロの概念がインドからもたらされ、代数学や幾何学もまた目覚ましく進歩した。これらの知識は後に勃興する西洋文明の礎となるが、西洋文明の母胎が実はイスラム文明だということはあまり知られていない。

〝すべての道はバグダッドへと通ず〟。陸路では東ローマ帝国から中国を結ぶシルクロード（オアシスの道）が発達し、海路では地中海、アフリカ、インド、東南アジア、中国を結ぶマリーンロード（海の道）が開拓され、広大な商業圏が築き上げられた。通貨は金銀複本位制を採用し、東ローマ帝国のディナール金貨とササン朝ペルシャのディルハム銀貨が使用されていた。

さらに、為替手形や小切手などを用いた手形決済も発達していた。手形や小切手とは信用を前提にした証文取引のことであり、現金を使用しない取引のことを言う。一〇〇〇年以上も昔に異なる文明圏や民族間で現金を持ち歩かなくて済む手形決済が成り立っていたのは驚きである。この信用経済の発達もあって、ロンドンが数万人しか住んでいない貧しい寒村に過ぎなかった頃、バグダッドは人口一〇〇万人を有する世界一の繁栄を誇る文明都市になっていた。

だが、イスラム文明の黄金期の基礎を築いたアッバース朝もやがて衰退し、一二五八年にモンゴル帝国に滅ぼされてしまう。モンゴル軍は騎馬民族特有の機動性を生かし、電光石火の如く敵地に現れ、街中を破壊尽くし、略奪の限りを尽くした。モンゴル軍が去った後には廃墟以外何も残らないと言われたほどである。この暴虐野蛮ぶりに数多くの国が滅ぼされ、あるいは恭順し、臣下となった。

〝余の帝国もモンゴル帝国に比べればはなはだ見劣りする〟とナポレオンに言わしめたモンゴル帝国の版図は朝鮮半島、中国から中央アジア、チベット、ミャンマー、アフガニスタン、イラン、イラン、イラク、トルコ、東ヨーロッパとユーラシア大陸を横断する人類史上最大の世界帝国となった。最盛期には地球の陸地の二五パーセントを支配していたという。

しかし、モンゴル帝国はさしたる文化遺産を築かなかった。けれども、長大な東西交通網が形成され、商人、使節、旅行者の往来が活発化し、ユーラシア大陸をまたぐ一大商業圏が生まれ、パックス・モンゴリカ（モンゴルによる平和）を築き上げた。このパックス・モンゴリカを享受した最も有名人はマルコ・ポーロであろう。

一二世紀のイタリアのヴェネチアに生を受けたマルコ・ポーロは商人の父と叔父に連れられて一

七歳の時にアジアへと旅立つ。往路はヴェネチアから現イスラエル北部のアッコまで船で行き、そこからシリア、トルコ、イラク、イランをラクダなどで移動し、中央アジアのパミール高原、ゴビ砂漠を越えて三年半の歳月を経てモンゴルの大都（現在の北京）に到着した。そこで元王朝初代皇帝クビライに謁見、厚遇されて一七年を中国で過ごした後、海路でヴェネチアに無事帰国する。通算二四年、全行程一万五千キロに及ぶ長旅であった。

ところが、帰国後、ジェノバとの都市間戦争で捕虜となり、投獄されてしまう。しかし、たまたま獄中で一緒になった囚人が運よく著述家だったこともあり、旅行で見聞したことを口述筆記してもらって出来上がったのが『東方見聞録』である。当時、モンゴル帝国の出現により、アジアの情報に飢えていたヨーロッパ人はこの本に多大な関心を寄せ、多くの言語に写本され、ベストセラーとなった。

やがて大航海時代に入ると、この一冊の本が世界の歴史を大きく変えてゆくことになる。『東方見聞録』を愛読し、最も影響を受けたのがコロンブスだったからだ。その彼が発見したのがアメリカ大陸であり、その後、ヨーロッパから移民がやってきて出来上がったのが現在のアメリカ合衆国である。

一八世紀後半、イギリスで産業革命が起こる。産業革命とは近代工業・科学社会のはじまりのことで新しい動力源の発見と、それに伴う機械工業化のはじまりのことを指す。産業革命以前、人々にとって移動手段はもっぱら自らの二本の足だけであった。水を汲みに行くのも、農作業をやるのも、近隣の町へ行くのも、買い物も自分の〝足〟だった。

他に手段があるとしても、馬、ラバ、ラクダ、馬車、駕篭それに手漕ぎの丸太船や中小帆船などに限られ、みな〝人力〟を頼るものであった。その意味で、ペルシャ帝国も、アレクサンダーの大帝国も、大唐帝国も、モンゴル帝国もいわば人力や馬に頼った〝人力帝国〟あるいは〝人馬帝国〟だった。つまり、人力や動物の力に支えられた〝世界帝国〟だったのだ。

ところが、産業革命を契機に世界は一変する。昔から羊毛産業が発達していたイギリスは毛織物の輸出が盛んだった。そこに植民地のインドから軽くて染色しやすくファッション性のある綿織物が輸入されはじめると、綿織物の需要が一気に増す。しかし、所詮作業は手作業である。生産が追いつかない。

一七六九年、ジェームズ・ワットが蒸気機関を実用化、さらに一七八五年にカーライトが力織機を開発した。このカーライトの力織機は蒸気機関を利用した人類史上初の動力機械だった。産業革命の先陣を切ったのは、実はこの織物機械であり、これを契機に綿織物の生産が急上昇する。そして、輸出が爆発的に増大し、大英帝国を陰で支えるイギリスの主力産業になっていった。

ところが、織物産業の生産が増大すればするほど荷馬車などでは原材料や完成品の輸送が追いつかない。そんな折、蒸気機関は別の分野で進化を遂げる。蒸気機関車と蒸気船の発明である。一八〇四年、イギリスで世界最初の蒸気機関車ベナダレン号が走った。走行距離はわずか一六キロ、時速は約四キロだった。けれども、その後鉄道の敷設は加速し、主要都市間が鉄路で結ばれはじめた。その結果、工場から市場、あるいは各地の港湾へと物資の大量輸送が容易になった。

さらに、船の推進力に蒸気機関を利用しようと考え、蒸気船が発明された。当初、船体の両側に水かき用の車輪を回して走る外輪船は推進力が弱く、大きな川や運河でしか用いられなかった。しかし、改良に改良が加えられ、石炭を燃料に使用した動力エンジンを動かし、スクリューを推進機関とする頑丈な船が実用化されて外洋航行にまで耐えられるようになった。

一八五三年（寛永六年）、突如として浦賀に四隻の軍艦が現れた。江戸幕府から庶民まで日本全国がハチの巣を突っついたような大騒ぎになったペリーの来航である。日本にとって、幾つもの砲門を装備した頑丈な軍艦の出現が徳川幕藩体制を根底から揺さぶり、大政奉還、やがて明治維新と近代日本の幕開けになった。

一八七三年にはジュール・ヴェルヌが『八〇日間世界一周』を出版。イギリス紳士が執事を伴ってパリからスエズ、ボンベイ、カルカッタ、香港、横浜、サンフランシスコへと鉄道、蒸気船、時には象の背中に乗って世界一周を試みるこの物語はたちまちベストセラーになった。最後にはアッと思わせる波瀾万丈の面白い物語であるが、一九世紀後半には実際にロンドンの旅行会社主催による世界一周ツアーも行われていた。

第一次産業革命の特徴は動力革命、交通革命に集約でき、それ以前の馬やラクダ、ラバなど動物の力、そして人間の足に頼った時代とは明らかに異なる近代世界の幕開けを告げるものであった。一三世紀末に中国の福建省から帆船に乗り、二年間をかけてヴェネチアに辿り着いたマルコ・ポーロもおよそ五〇〇年後の世界の交通がこんなにも発達するとは夢にも思わなかったであろう。

第一次産業革命に続いて、今度は第二次産業革命がドイツとアメリカで起こる。その主役はガソリンエンジンと電力の発明であった。もともとガソリン（ナフサ）は原油を蒸留すると付随してできてしまう廃物であり、捨てられていた。このナフサを利用して小型のガソリンエンジンを開発し、出来上がったのが自動車である。そして、これをはじめて作ったのが、ドイツのメルセデス・ベンツの創始者である。

一方、アメリカではエジソンが白熱電球を発明。白熱電球は電球内にあるフィラメントに電流を流すことで高温に熱せられ、光が灯る仕掛けになっていた。しかし、フィラメントがすぐに燃えてしまうため、長時間灯すことができなかった。これをエジソンは日本の竹をフィラメントに使うことで解決し、白熱電球が実用化した。

さらに、エジソンは送電システムも開発し、電気を産業化。各家庭に電力を供給できるようにした。この他にも、電灯や蓄音機も発明したが、この時代には様々な発明品が登場している。イタリアのマルコーニが開発した無線電信、モールス信号で有名なアメリカのモールスが開発した電信機、ベルの電話機、スウェーデンのノーベルがダイナマイト、そして一九〇三年にはライト兄弟がはじめて動力飛行機を飛ばした。

一八世紀以前の社会は牧歌的なものだった。農業を中心とする牧歌的社会に巨大企業など存在しなかった。しかし、石油と電力を基軸とする技術革新のおかげでそれまでの社会構造は大きく変化。新技術が工業生産に応用されはじめた結果、重化学工業が発達し、資本を独占した巨大企業が生まれはじめた。そして、大量生産・大量輸送の時代がはじまると、それに従事する数多くの工場労働者や都市生活者も巷に溢れるようになった。

さらに、第二次産業革命により、通信手段、交通手段、海上貿易も発達し、人、物、文化などの

往来が飛躍的に増大する。一方で、重化学工業を支えるためには石油、ゴム、錫、銅、亜鉛、ニッケルなどの天然資源を必要としたことから地下資源争奪戦が激化した。そして、欧米列強は武力を背景にして日本とタイを除いたすべての地域を植民地化・半植民地化し、やがて第一次・第二次世界大戦が勃発。多くの命が戦争や革命で奪われ、かつてないほどの悲劇が地球上を襲った。

二〇世紀後半、第三次産業革命が起きる。コンピュータ革命である。大量生産を可能にした第二次産業革命は基本的に人が動かすものであった。しかし、プログラムにしたがって機械を動かせるコンピュータの登場によって機械の自動化が可能になり、多くの省人化が実現した。さらに、コンピュータの小型化が実現し、安価になると一般の人々にもパーソナル・コンピュータとして普及しはじめた。と同時に、様々なアプリケーションも開発され、用途が広がった。

その一つがインターネットである。産業革命以前の通信と言えば最速でも馬や船の速度だった。あるいは伝書鳩の速度だったかも知れない。だが、市井の人々にとっては情報の伝達は人の歩く速度だった。人間の二本の足が人と人、街と街、情報と情報を結び付けていた。

しかし、インターネットの出現によって、情報の速度は一変。近隣の都市のものであれ、地球の裏側の国のものであれ、情報が光の速度で伝わる時代が幕を開けた。そして、街を越え、国境を越え、あらゆる境界を越えて人と人を結び付けはじめた。第三次産業革命の本質はコンピュータの発明であり、インターネットによる情報革命である。

ところで、この情報革命以前に世界を大きく変えた産業がある。航空宇宙産業である。ライト兄弟がはじめて飛んだ飛行機は一人乗りの単発複葉機で第一回目の飛行はわずか一二秒、約三六メー

トルの飛行だった。二回目も一二秒、約五三メートル。四回目でようやく五九秒、約二六〇メートルまで達した。それが今はどうか。

二〇〇五年に初飛行した世界最大の二階建て旅客機エアバスA380の場合、五〇〇席以上の座席を提供し、航続距離は実に一万五七〇〇キロである。そして、日々、世界中で何千機もの航空機が飛び交い、短時間で世界各地を結び付けている。鑑真が一二年もかかった日本と中国の間もたった四時間で往来できる。失明の恐れもない。

しかも、格安航空会社の登場で驚くほど運賃は安価になり、新幹線より安く国家間を跨ぐ長距離移動も可能になっている。例えば、東京—博多間の新幹線の運賃とほぼ同額で東京—シドニーのエアチケットが売られていたこともあった。世界中の誰もが航空機を利用し、世界中へと旅立てる時代が到来したのだ。

〝一人の人間にとっては小さな一歩だが、人類にとっては大きな飛躍である〟。一九六八年七月二〇日、アームストロング船長はアポロ11号の月面着陸を敢行、人類初の記念すべき第一歩を月面に刻んだ。国連宇宙局によると、一九五七年にソビエトが宇宙空間にスプートニクを打ち上げて以来、二〇二四年までに人類は八〇〇〇基以上の衛星や船体を宇宙空間に送り込んでいる。

現在、人口知能（AI）をはじめIoT（Internet of Things）、ブロックチェーン、量子コンピュータ、バイオテクノロジー、ナノテクノロジー、ロボット工学などの分野で第四次産業革命が進行中である。また、太陽光、風力、波力、潮力、地熱、バイオマスなど自然界によって補充され、枯渇することのないエネルギー資源を利用した再生可能エネルギーへの転換を行い、「脱炭素社会」の実現

に向けたエネルギー革命も進行中である。

因みに、IoTとはモノ（家電製品など）が自らのセンサーや計測機器、制御システムなどを通して得た情報を遠隔地にいる人やデバイスに伝達し、あらゆるモノを離れた場所からモニターしたり、コントロールしたりできる新しいシステムのことを指す。そして、その媒介となるのが、パソコンであり、スマートフォンだ。

スマートフォンは文明の利器である。スマートフォン一台の性能はNASAがアポロ宇宙船を月面に送り込んだ際にヒューストンで運用していたコンピュータの能力を凌駕するといわれている。そんな超高性能なデバイスを全世界の人々が持ち歩いているのだ。スマートフォンこそ人間が手に入れた史上最も優れた〝道具〟であり、近代文明の最高峰であることは間違いない。

現在、超高速化、同時多数接続、超低遅延を大きな特徴とする第5世代移動通信システムのサービスがはじまっている。いずれIoT、ブロックチェーン、量子コンピュータなど現在開発中のすべてのテクノロジーをスマートフォンが集約し、さらに優れたデバイスとなってゆくであろう。そして、このスマートフォンは今まで考えられなかった新次元で利用され、進化すると私は確信している。

その進化とは何か。スマートフォンにダウンロードされた「主権アプリ」（地球連合アプリ）を通じて全人類共通の〝人類主権（地球市民主権）〟がもたらされ、地球全体が新たな次元の「地球共同体」へと進化するというものである。そして、その新しい「地球共同体」を母体にして全世界が統一され、〝IT地球国家〟が生まれるのだ。

時代の最先端では世界は日々変化している。新しいコンセプトが古いコンセプトを駆逐し、新しいパワーが古いパワーを滅ぼしている。古い社会は停滞し、新しい社会への生みの苦しみを味わっている。われわれはいまその真っただ中にいる。他方で、われわれ人類はカオスの中に漂っている。一体なぜなのか。

それは主権国家のせいである。この主権国家こそがカオスの本源であり、諸悪の根源なのだ。ではなぜ、主権国家が諸悪の根源なのか。

第二節　主権国家システムの本質

現在の国際社会の基本的な構造枠組みを成す「主権国家システム」は、一六四八年にヨーロッパで誕生した。今から三七六年前のことである。そして、およそ四世紀もの年月をかけて地球全体に広がっていった。では、この「主権国家システム」はどのような背景から生まれてきたのであろうか。

今から数百年前、ヨーロッパでは社会を根本から変える〝新しい風〟が吹き始めていた。ルネサンス（文芸復興）である。ルネサンスとは一四世紀にイタリアからはじまった古代ギリシア・ローマ時代の自由な文化を復興させようとする活動のことであり、文学、思想、美術、建築など多方面

にわたって新しい息吹をもたらし、新しい個人主義、世俗主義、人文主義、合理主義をヨーロッパ社会に芽生えさせた。

因みに、一〇〇〇年以上続いた中世時代を〝暗黒時代〟とヨーロッパ人自らが表現しているように、中世においてはキリスト教会がヨーロッパ社会の頂点に君臨していた。そして、聖書の教えに基づく道徳や倫理、禁欲主義などを人々に強要し、教会の教えを超えて個人は存在せず、個人の自由なども認められていなかった。また、教会の教えに背くものは〝異端者〟とされ、〝魔女狩り〟も行われていた。ルネサンスはこのキリスト教会の軛から人々を解放し、自由で人間性に満ちた文化を創造するきっかけを作った。

一五世紀中頃には〝大航海時代〟がはじまる。当時、北アフリカや中近東がイスラム王朝によって支配されていたためヨーロッパはアジアとの直接交易ができなかった。そのためイスラム王朝経由で割高な輸入品を買わざるを得なかった。しかし、アフリカ大陸沿いに南下し、喜望峰を経てインドに到達する新航路を発見。イスラム世界を迂回する形でアジアとの貿易ができるようになった。その新航路開拓の先陣をきったのが、ポルトガルやスペインである。それから熱に浮かされたように外洋世界への進出がはじまり、コロンブスのアメリカ大陸の発見やマゼランの世界一周航海と〝大航海時代〟が到来した。

大航海時代以前のヨーロッパといえば、自らの大陸と地中海世界以外はほとんど無知であった。中華文明やイスラム文明に比べてまだまだ野蛮な辺境の域を出ず、何千年もの間、ユーラシア大陸の片隅に閉じこもっていた。近隣の輝かしいイスラム文明に怯えながら暮らしていた。一三世紀にはペストが大流行し、ヨーロッパの人口の三分の一を失うという事態にも直面している。

しかし、大航海時代の到来によって、ヨーロッパ人ははじめて未知の世界に遭遇し、〝外の世界〟を体験したのである。それはさぞかし新鮮なものであり、驚きの連続であったであろう。この大航海時代の到来はヨーロッパに大きな〝情報革命〟と〝知的革命〟をもたらした。

一六世紀にはドイツで宗教改革が起きる。この宗教改革の本質は反カトリック運動であり、反バチカン運動であった。そのきっかけを作ったのがドイツ人神学者のマルティン・ルターである。一五一七年にルターは〝免罪符〟を売り出したバチカンを公然と批判し、「95ヵ条の意見書」を教会の扉に打ち付けた。

〝免罪符〟とは、一五一五年に教皇レオ10世が発売した贖宥状のことで〝免罪符を買えば犯した殺人が許され、地獄へ行かずに済む〟〝泥棒を働いた者でも免罪符を買えば天国へ行ける〟といった〝罪〟の〝免罪〟を認めた証文のことを言う。サン・ピエトロ大聖堂の建築費用調達の名目でバチカンは大々的にこの免罪符の販売に手を染め、罪が金銭によって贖われるようになった。

しかし、そんなことで罪が許されたのではたまったものではないと激怒したのがルターである。ルターの教会批判はグーテンベルクの活版印刷によりまたたくまに拡散し、ローマ教皇の世俗化、カトリック教会の腐敗と横暴、聖職者の堕落に対して以前から疑問や不満を感じていた諸侯、騎士、市民、商人、農民を巻き込みながらドイツ社会を根底から揺さぶり、カトリック教会の改革を求める宗教改革運動がヨーロッパ中に広がっていった。

ところが、カトリック教会はルターを異端者として破門。死刑すら宣告する。ここにローマ・カトリック教会を見限った人々が新しい宗派を創った。それが新教（プロテスタント）である。紀元前三九二年、ローマ帝国がキリスト教を国教にして以来、実に一九〇〇年間を経てキリスト教は二大宗派に大分裂したのである。それはカトリック教会の束縛から人々が解放され、自由になった瞬間でもあった。

一六一八年、新教徒（プロテスタント）の多いボヘミア地方（現在のチェコ）で反乱が発生する。当時、信仰の自由などまだ認められておらず、領民が領主と違う宗派を信じることなど許されなかった。熱心なカトリック教徒だったボヘミア王（後の神聖ローマ皇帝フェルディナント2世）は新教徒に改宗を迫り、弾圧をはじめた。この弾圧をきっかけに新旧宗教間の内戦がドイツ国内で勃発。ヨーロッパ最大にして最後の宗教戦争といわれる三〇年戦争がはじまった。

そして、ドイツの支配に野心を燃やすデンマーク王がプロテスタント諸侯の保護を名目にドイツ侵攻を開始。さらに、その背後ではプロテスタント擁護にまわったイギリス、オランダ、バルト海の支配を狙うスウェーデンが参戦し、さらにカトリック側についたスペイン、反ハプスブルグ家を掲げるブルボン家のフランスも介入しはじめた。そのためドイツでの内戦は一気に国際戦争化した。

一六四八年、ドイツで開催されたウェストファリア講和会議によって三〇年戦争は終結した。近代国際会議のはじまりとされているこの講和会議ではプロテスタント（新教）の承認、スイス、オランダ独立、アウグスブルク宗教和議の確認など様々なことが決められた。そして、ここが重要なのであるが、ドイツにあった三五五の諸領邦の〝主権〟と〝独立〟が認められた。

因みに、一〇七七年に聖職叙任権をめぐってローマ教皇グレゴリウス七世と争って破門された神聖ローマ皇帝ハインリヒ四世が北イタリアの雪の中で教皇に許しを願って許されるといういわゆる〝カノッサの屈辱〟と呼ばれる事件が発生した。〝カノッサの屈辱〟とは、神聖ローマ皇帝自らがカノッサ城門の前で雪の降る中を裸足で断食しながら破門の撤回を願い、教皇からの赦しを請うた事件を言う。

この事件が象徴しているように中世のヨーロッパ社会はローマ教皇を頂点にしたキリスト教会社会と下部構造としての封建社会から成り立ち、世俗の王や諸侯は教皇に対して自主権を持つことができず、あくまでも教皇の下僕だった。したがって、独自の外交権も国民軍も持っていなかった。ところが、〝主権〟と〝独立〟を認められたドイツ諸侯らはローマ教皇の絶対的権威から離脱し、自らの領地内で絶対君主となった。そして、独自の課税権や立法権など他国から独立した統治基盤を確立し、諸外国と外交関係を結ぶ権利をはじめ独自の軍隊を常備する力まで手に入れた。その結果、キリスト教を頂点にした中世の宗教的権威から解放された世俗的国家を「重要主体」とする「主権国家」がヨーロッパに登場したのである。

因みに、欧米列強進出以前のアジアと言えば中華帝国を中心に封建的な朝貢・冊封関係を持つ国と、そうではない非冊封国によって一定の国際秩序が成り立っていた。朝貢とは貢物をすることで、冊封とは簡単に言えば中国の皇帝が臣下の位を授けることを言う。つまり、朝貢・冊封関係とは中国皇帝と諸民族の王が君臣関係を結び、政治的に従属することを意味している。そして、ここに「宗主国」と「朝貢国」という外交関係が成り立ち、名目的にでもあれ域内の対立が解消されてきた。前漢の時代から清王朝に至るまでの何千年もの間、朝鮮半島の歴代王朝のように朝貢・冊封関係にあった国と、日本のようにそうではない非冊封国によってアジアの秩序は成り立っていた。

ところが、欧米列強が資源などを求めてアジア・アフリカを植民地化し、アヘン戦争に敗れた中華帝国が没落してゆく中で主権国家がヨーロッパ以外の地域にも波及しはじめた。そして、イギリスから独立したアメリカ合衆国、植民地化を免れた日本、ラテン・アメリカなどがつぎつぎと主権国家として独立しはじめた。この主権国家の数が一気に増大しはじめるのは、第二次世界大戦後のことである。そのきっかけを作ったのが、日本である。

一九四一年一二月一〇日、日本海軍の攻撃機九六式陸攻と一式陸攻がイギリス海軍の最新鋭戦艦プリンス・オブ・ウェールズと僚艦のレパルスを雷撃し、マレー沖で撃沈した。歴史上はじめて航空機が戦艦を撃沈した瞬間である。そして、大日本帝国陸軍はマレー半島に上陸、シンガポールを陥落させ、七つの海を支配した大英帝国のアジアにおける軍事的な拠点の攻略に成功した。このシンガポール陥落こそがEUからの離脱で散々もめた、現在に至るまでのイギリスの没落のきっかけとなった事件であったと私は思う。

〝欧米植民地からのアジアの解放〟を掲げた大日本帝国はイギリス、フランス、オランダの植民地に進出し、アジアから追い出した。その結果、大英帝国は軍事的に弱体化。第二次世界大戦後、インドやパキスタンなどイギリスから独立する国を許す羽目になった。そのため大英帝国は長い間植民地から得ていた莫大な富を失い、世界規模で解体の運命を辿った。

第二次大戦後、フランスやオランダはベトナムやインドネシアの再植民地化に乗り出したが、現地人の抵抗に合い失敗。戦後、ベトナムやインドネシアのように独立運動や武装闘争を通じて独立する国が相次ぎ、欧米列強の植民地支配は全世界で消滅化に向かった。そして、アジア・アフリカ諸国が独立を果たし、国際関係における「主体」としての地位を獲得した結果、数多くの主権国家が現れるようになった。

外務省のホームページによると、その数は現在一九六ヵ国を数えるようになっている。つまり、中世にヨーロッパで生まれた国家システムがおよそ四〇〇年をかけて地球全域に広がっていったわけである。そして、国際社会の根底で「主権国家システム」がその構造枠組みを支配し、多数の主権国家によって国際社会が分割統治されるようになったのだ。

それではなぜ、この主権国家が〝諸悪の根源〟なのであろうか。それは別名「西洋国家体系」あるいは「主権国家体系」とも呼ばれるこの国家システムの特徴を見てみれば分かるであろう。

第一に、この「主権国家システム」の中核を占めているのは文字通り「主権国家」であるということである。主権国家とは領土と人口、そして政府の三要素を備え、国際法を遵守する意思と能力を有し、他の「権力主体」から完全に独立した国家権力すなわち「主権」を持った組織体のことを言う。「権力主体」とは他ならぬ「主権」を持った「国家機関」のことを指し、本論を通じてこれは「主権国家」のことだけを意味している。「主権」の概念は二つある。

一つは、〝対内主権〟と呼ばれるもので、主権が国内で国家権力の〝最高位性〟を意味し、これは国内政治のありかたを最終的に決定できる権利のことであり、主に国家内の「統治権」を示す。もう一つは〝対外主権〟と言われるもので、国内外の事項・案件処理に関して他国から一切干渉されないことを示し、他の「権力主体」から独立していることを意味する「独立権」を表している。

つまり、「主権」とは、他の「権力主体」に隷属しない、国家としての「独立性」を保障したものなのである。言いかえれば、ほかの「権力主体」に対して独自の意思決定システムと、行動の自由を持った自己完結的な行動単位として位置付けることができるわけである。

第二に、この「主権国家システム」のもとで、諸国家は軍事力を常備し、最終的にその軍事力が「主権」を保障しているということである。これについては北朝鮮を見れば分かるであろう。あの貧しい国の独立を最終的に保障しているのは何か。総兵力一二〇万（予備兵力を含めると一〇〇万）ともいわれる軍隊である。この軍隊を背景に諸国家は独立を維持し、その「軍事的独立性」が自他の「権力主体」を明確に区別している。

第三に、この社会システムの下では世界秩序は主権の調整の上に成り立ち、それを律するルールとして主権の平等と絶対性、領土の不可侵、内政不干渉などの原則が定められている。しかし、多数の国家がひしめく小さな地球の中で生き残るためには他の「権力主体」との間で熾烈な生存競争すなわち〝パワー・ゲーム〟を繰り広げて生きていかなければならない。そのため軍事力を背景にした「パワー・ポリティクス」（覇道政治）が世界秩序を支配し、国家間の問題や軋轢が話し合いで解決されない場合、戦争や武力解決を誘発する土壌が出来上がってしまっている。

因みに、パワー・ポリティクスとは武力を背景にした外交のこと。パワー・ゲームとは相手が自分より強くならないように牽制しあう生存競争のことである。俗な言い方をすれば、国家間の足の引っ張り合いのことだ。

第四に、このシステムの下では国際社会が一種の無秩序・無法状態にあることである。通常、国家は国内秩序を保つために行政機構や議会をはじめ裁判所、警察組織を整え、これらの力を正当化しうる独自の法律体系を作りながら一定の社会秩序を形成している。けれども、国際社会はどうか。国家を跨《また》ぐ超国家的な行政機関や立法機関、司法機関、さらに警察組織が存在せず、超国家的な法体系も存在していない。

つまり、国内社会には国家を一つにまとめてゆくための中央公権力が存在し、社会全体が中央集権的な構造下にあるのに対して、国際社会には社会を一つにまとめるための超国家的な中央公権力が存在せず、地球全体が一種の分権的な構造下にあるわけである。ここでは、こうした状態を相対的に無秩序・無法状態にあると指摘している。

これが「主権国家システム」の主な特徴である。それでは、この特徴を理解した上で現在の国際社会を俯瞰してみると一体何が分かるであろうか。

例えば、日米関係である。両国は現在、政治、軍事、経済、貿易、文化、スポーツ、民間とありとあらゆる分野での相互交流が盛んであり、その関係は他の国家には類を見ないほど強固である。軍事同盟である日米安全保障条約に対する信頼も大きい。それを象徴したのが、「トモダチ作戦」であろう。

「トモダチ作戦」とは、二〇一一年三月一一日に日本の東北地方を襲った東日本大地震の際、放射能が舞降る中わざわざ東北地方に駆けつけてくれたアメリカ軍による災害救助・救援作戦のことである。参加した将兵の数は二万四〇〇〇人。原子力空母ロナルド・レーガンまで投入するという大規模な作戦だった。この「トモダチ作戦」は日米の〝絆〟を深める勇敢なオペレーションとなった。

だが、国際政治の本質を見るとき、最も注意しなければならないことは二国間の政治的・軍事的関係がどれだけ安定し、スポーツ界や草の根レベルでの交流も活発であったとしても、所詮日本とアメリカは異なる「権力主体」同士だということである。言いかえれば、「トモダチ作戦」がどれほど日本人を感激させ、メジャーリーグで大谷翔平がどれだけ活躍し、アメリカ市民を沸かせようと、両国の根底では常に熾烈なパワー・ゲームが繰り広げられているということである。

日米安全保障条約にしても、両国の生き残り戦略の一環として生まれたことを忘れるべきではない。そもそも日本とアメリカは太平洋戦争という世界史上最大規模の戦争を戦った間柄である。第二次世界大戦の日本側の戦死者は軍民合わせて約三〇〇万人とされるが、その大半がアメリカ軍との戦いによるものである。かつては〝ヤンキー〟〝ジャップ〟と互いに激しく罵しり合い、憎しみ合う敵同士だった。

ところが、今や世界最強の同盟関係である。そもそもなぜ、この同盟が生まれたのか。アメリカが原爆を二発も落としてまで徹底的に粉砕した日本を西側の一員として迎え入れたのは日本列島が極東ソビエト軍を封じ込め、ソビエト本土を爆撃する絶好の位置に横たわっていたからである。そのため、対ソ戦略上から日本と軍事同盟を締結する必要があった。

一方、日本は敗戦による国民の軍事アレルギーに考慮する必要があったこと。軍備増強よりも経済の復興に力を入れたかったこと。単独でソビエト共産主義に対抗できるほどの軍事力がなかったことからアメリカとの同盟から得られる利益が大きかった。つまり、お互いの思惑と利益が一致したためこの同盟が誕生したのである。この利益の一致こそが日米関係の根本であり、現在の友好関係もこの上に成り立っている。

〝国破れて山河あり〟。これが終戦後の日本の光景であった。アメリカのB29の執拗な爆撃により東京は灰燼に帰し、都市という都市が破壊され、日本は貧困のどん底に喘いでいた。子供たちの頭にはシラミが沸き、街はボロ着をきた失業者と復員軍人で溢れていた。日本人は食べ物すら欠き、腹を空かせていた。

しかし、日本人は懸命に働きに働き、努力と苦節の末に再び国力を回復する。そして、昭和三九年には〝もはや戦後ではない〟という有名な文言が「経済白書」に載った。一九七九年にはアメリカの社会学者エズラ・ヴォーゲルが「ジャパン・アズ・ナンバーワン」を著し、世界第二位の経済大国にまでなった日本的経営を分析し、称賛した。このころがまさに日本経済の絶頂期だった。

しかし、日本の台頭を脅威と感じたアメリカは何をしたか。経済戦略を立案し、日本の弱体化を計ったのである。

一九八八年には新通商法を制定し、輸出するばかりで輸入しない国に対して報復措置を認めたスーパー301条をちらつかせ、アメリカに有利な形で貿易問題を解決しようと試みた。また、為替相場を超円高に誘導し、日本を円高不況に陥れた。現在に至る日本経済の低迷と弱体化はバブル崩壊や日銀の金融政策の怠慢が遠因でもあるが、パワー・ゲームで日本がアメリカに敗北した結果でもある。

「国家に真の友人など存在しない。あるのは国益だけである」という格言があるように国家の最大の目的は〝生存〟であり、〝国益〟の追求である。政府は国を強く豊かにし、自国民を食べさせていかなければならない。自国を犠牲にしてまで他国に奉仕することなど、国家存立に反する行為である。

日米間に限って言えばこれまで繊維、鉄鋼、自動車、半導体などの貿易摩擦やダンピング問題は話し合いで解決されてきた。両国の根底を揺るがす大問題にはならなかった。これは貿易問題が利害の調整で解決できる問題であること。そして、やはり日米軍事同盟の存在と、その上に成り立った信頼関係が大きい。

しかし、もし貿易問題より高度な政治的、文化的、民族的な問題が生じたらどうなるか。あるいは新しい思想やビジョンが生まれ、そのイデオロギーの是非をめぐって亀裂が入ればどうなるか。利害の調整だけでは済まない抽象的な問題は貿易問題に比べて厄介である。そうなると、相手を打ち負かそうとより激しいパワー・ゲームがはじまるであろう。だが、それでも解決に至らない時はどうなるか。

武力行使である。そのよい例が、一九九〇年の湾岸戦争であろう。

イラン・イラク戦争（一九八〇ー一九八八）中、アメリカはサダム・フセインのイラクを支援した。もともとアメリカはイランと非常に良好な関係を築いていた。第一作目のトップガンでトムクルーズが操縦していた当時最新鋭のＦ14戦闘機をイランに輸出するなど、軍事的な結びつきも強かった。イランはユダヤ人国家イスラエルとさえ良好な関係を築いていた。

ところが、一九七九年、イランの近代化を進めていたパーレビ国王をホメイニ師が追放し、「イラン・イスラム共和国」を樹立すると関係は急速に冷却化する。近代化を否定し、イスラム原理主義の世界化を目指すホメイニ師のイデオロギーとアメリカの自由主義は根本から相容れなくなったのだ。そんな中、一九七九年一一月にイスラム法学生らが暴徒化し、アメリカ大使館を占拠するという人質事件が発生。ホメイニ師ら指導部はこの暴挙を黙認し、人質問題を放置した。〝イラン憎し〟がアメリカの世論を沸きたてる。

宗教政治とは一線を画し、近代化と世俗主義を押し進めていた隣国イラクのサダム・フセインもまたホメイニ氏によるイスラム革命の影響を恐れていた。そして、一九八〇年九月、イランの社会混乱の隙をついて軍事侵攻を開始。イラン・イラク戦争が勃発した。このときアメリカの高官としてバグダッドを訪問しサダム・フセインと笑顔で握手を交わし、イラクに支援を申し出たのが、二〇〇三年のイラク戦争を国防長官として指揮したドナルド・ラムズフェルド自身である。

約八年間続いた後、イラン・イラク戦争は終結。ところが、その終結からわずか二年弱でイラクとアメリカが戦争に突入した。一九九一年にはじまった湾岸戦争である。なぜ友好国であったイラクとアメリカは戦争をはじめたのか。その理由は、強大となったイラク軍が中東に石油を依存するアメリカの国益やイスラエルの存続にとって脅威となったからである。そのために数千キロも離れたアラブの土地へ六〇万人もの大軍を送り込み、イラクを叩きのめしたのだ。

〝今日の友は明日の敵〟。あるいは〝今日の敵は明日の友〟。世界情勢や国益、イデオロギーの変化に応じて敵味方がコロコロ変わるのが国際関係である。その一番良い例が日本であろう。そもそも日本こそアメリカとの国家総力戦を単独で戦った唯一の国なのだ。そのスケールは反米反西洋で粋《いき》がるイスラムテロリストたちとは次元が違う。

国際社会の一寸先は闇である。トランプ前米大統領が日本の核武装を容認する代わりに日米安保条約の解消を訴えていた時期もあったように、将来、何らかの事情で決定的な対立に追い込まれた時、日米安保条約は失われ、不幸にも再び戦争に突入するかも知れない。もちろん、その可能性は低い（ゼロではない）が、一蓮托生の友好関係にある日米関係も単に共通の国益という薄氷の上に成り立っているに過ぎず、決して盤石ではないのだ。

だとすれば、他のおよそ二〇〇ヵ国がどのような状態に置かれているのか想像することは容易なことであろう。目の見えないところでパワー・ゲームが日常的に繰り広げられ、時には武力を伴うような緊張関係に置かれてしまっているのである。

つまるところ、日米、日中、日韓、米ロ、米中、米朝、イスラエルとアラブ諸国、中近東の国家同士、インド・パキスタンのみならず、地球上のあらゆる国家が他の「権力主体」との間で何らかの緊張関係にある。そして、万が一に備えるために各国は軍事力を常備し、軍備を拡充している。その結果どうなってしまったのかというと、時には武力を伴うような構造的な対立関係が地球全体に構築されてしまった。

冷戦構造の崩壊が平和の到来につながらなかった真の理由もここにある。つまり、構造的な敵対関係に対応してゆくためには、他の「権力主体」に対して自衛し、武装していかなければならないという「主権国家システム」の原理が消滅したわけではなかったからである。

今、この世界システムは内部から崩壊の危機に立たされている。様々な問題の圧力に耐えられずに自壊しようとしているのだ。その先に待ち受けているのはどんな未来か。

ところで、これまで国際社会はバランス・オブ・パワー（勢力均衡策）によって世界秩序を維持しようとしてきた。バランス・オブ・パワーとは、軍事バランスを計ることで一定の秩序を構築する試みである。しかし、そこにはなるべく戦争が起きにくい状況を作り出したいという願望があるだけで、むしろ根本的には戦争を防ぐことを目的としているわけではない。というのも、バランス・オブ・パワーの法則がある程度は戦争を抑制する働きをもっていても、構造的な敵対関係を根本的に解消するような働きは持ち合わせていないからである。

むしろ、相手が核兵器で武装すれば核兵器を保有し、核バランスをとる。これがバランス・オブ・パワーの本質である。それを証明したのが、インドとパキスタンの核武装であろう。パキスタンはインドに対抗するため、インドは中国に対抗するため、中国やソビエトはアメリカに対抗するために開発したのである。つまり、バランス・オブ・パワーは〝諸国家の軍事化〟を必然的に招くだけなのである。

しかも、近年、北朝鮮、イラン、インド、パキスタンなど第三世界の国々でも兵器の開発が盛んにおこなわれている。特に、彼らは遠方の目標を攻撃できるミサイル開発を重視している。ある程度の破壊力と心理的な恐怖を与えられ、輸出して外貨も稼げるからである。そのため世界各地の軍事バランスが崩れ易くなっている。軍事バランスが崩れ、一人の独裁者が現れれば戦争が起きる。それはかつてサダム・フセインが証明したことである。

このような中で二〇〇一年一月に就任したブッシュ元米大統領（子）が打ち出したのが、外交よりも軍事的解決を優先するというブッシュ・ドクトリン（先制攻撃戦略）である。ブッシュ政権

（子）はこのドクトリンに基づき、二〇〇三年にイラクに侵攻した。サダム・フセインがあたかも核を保有しているように世界中に喧伝し、イラクの核武装阻止を名目に先制攻撃を行った。

このドクトリンの本質は何かというと、〝やられる前にやっちまえ〟というものである。もしブッシュ・ドクトリンを他の国々も真似したらどうなるか。脅威の芽は事前に叩きのめせと潜在的敵国に対する軍事攻撃が正当化され、戦争が安易にはじまるであろう。実は、このドクトリンを継承したのが、ロシアのプーチン大統領である。彼はNATO（北大西洋条約機構）に〝やられる前にやっちまえ〟とウクライナ侵攻をはじめたからだ。

イラク戦争で少なくとも六〇万人以上ものイラク市民が死亡したといわれている。ウクライナ戦争での死亡者数は分かってはいないが、六三三万人以上（二〇二三年一一月時点・国連UNHCR発表）の難民が発生している。バランス・オブ・パワーの破綻によって、今後〝やられる前にやっちまえ〟と敵国に戦争を仕掛ければどうなるか。全世界で戦争や紛争が多発し、国際社会は大混乱に陥る。このような油に火を注ぐような軍事ドクトリンは天下の暴論と言わざるを得ない。

ところで、国連は二つの戦争を認めている。一つは自衛戦争。もう一つが国連決議を経た戦争である。一九九一年の湾岸戦争の時のブッシュ（父）の時とは異なり、二〇〇三年のブッシュ（子）のイラク攻撃は国連決議を経ていなかったため、事実上国際法規を無視した〝侵略戦争〟に該当する。国連は英米軍の侵略戦争を阻止できず、イラク国民に多大な惨禍をもたらした。その責任は大きい。

二〇二二年二月二四日、ロシアがウクライナ侵攻した。ロシアがはじめたこのウクライナ戦争も、国際法規を無視した〝侵略戦争〟である。国連総会はこの暴挙に対してロシアの即時撤退を求める決議案を二度も採択した。一度目は三月四日で加盟一九三ヵ国中一四一ヵ国が賛成し、二度目は同二四日に行われ、一四〇ヵ国が賛成している。いずれも反対したのはロシアやベラルーシなど五ヵ国だけであった。にもかかわらず、侵略戦争を止めることができなかった。

同年四月五日、国連の安保理にオンラインで出席したウクライナのゼレンスキー大統領はロシアを安保理から排除するか。国連を改革するか。それとも国連を解体するか。国連には三つの選択肢があると訴えていた。果たして国連に今後とも複雑な国際問題を解決し、戦争を抑制してゆく能力があるのか、誰もが否定的であろう。

ところで、過去何十世紀もの間、ヘゲモニックな民族や国家が国際秩序の形成に一役買ってきた。ヘゲモニックとは〝覇権的な〟という意味で軍事力や経済力、技術力などにおいて他の集団を圧倒し、優越的な力を背景に他の集団を従わせる能力を持った民族や国家のことを指す。ローマが覇権を握っていた時代をパックス・ロマーナと呼び、一三世紀にモンゴルがユーラシア大陸を席巻していた時代をパックス・モンゴリカ、一九世紀にイギリスが七つの海を支配していた時代をパックス・ブリタニカと呼ぶように戦後はパックス・アメリカーナと呼ばれ、米・ソの力の押し付けによって世界秩序が維持されてきた。

冷戦終結後、世界一極支配を確立したアメリカは世界最強の軍事力を有し、全世界に展開できる史上最強の超大国となった。ところが、今、そのアメリカが超大国の座から滑り落ちようとしている。もしアメリカが没落すればどうなるか。

二〇年間以上、独裁者として君臨したサダム・フセインは秘密警察を通じて国民を監視し、恐怖政治によって国を統治した。そして、フセイン政権はその〝野蛮さ〟や〝非情さ〟ゆえにイラクに事実上の安定をもたらしていた。しかし、侵攻後、アメリカがサダム・フセインを排除した途端どうなったか。市民は暴徒化し、治安は大いに乱れ、略奪や暴行が日常化。そして、イスラム教スンニ派とシーア派の間で殺し合いがはじまり、さらに暴虐野蛮なテロリスト国家イスラム国（ＩＳ）が出現し、イラク国内は無法状態に陥ってしまった。

このフセイン政権をアメリカにたとえてみればわかりやすいかも知れない。要するに、アメリカの〝野蛮さ〟ゆえに国際社会はかろうじて安定を保っていると言えるからである。俗な言い方をすれば、アメリカは国際社会の〝番長〟なのである。そして、強面の〝番長〟が元気よく威張れば威張るほどならず者たちは〝恐怖〟を感じ、委縮して従う。そして、表面的にではあるにせよ一定の秩序が成り立つ。

情けない話であるが、これが国際社会の現実なのだ。そして、これこそが国際社会が〝超大国アメリカ〟を必要とする理由でもある。これは国際社会が抱える最も深刻な問題であり、人類がいずれ解決すべき矛盾ではある。この矛盾が解決されない限り、いつまでも国際社会は未開なままだからだ。

その一方で、超大国であるためには国際法規や国際法理を遵守する意思と理性を有していなければならない。そして、国際社会をどこに導いてゆくのか。ビジョンや思想、哲学を持ち合わせて人類に希望を与え、問題解決に対する優れた知性や理性、さらに諸事に対する寛容さや懐の深さが求められる。ところが、今のアメリカはどうか。

9・11事件よりはじまった愛国法の制定、自由の制限、国内の敵性住民への指紋押捺、異教徒監視、証拠なき逮捕のみならず、一期目のトランプ大統領就任以来、テロ多発国家パスポート保持者の入国禁止、メキシコとの国境沿いの壁建設、TPPからの離脱、パリ協定の離脱(バイデン政権にて再加盟)、イランとの核協定の破棄、INF(中距離核戦力全廃条約)の破棄、アメリカ大使館のエルサレム移設、米中貿易戦争、国連軽視、人種差別、国内社会の分断など自らの安全と利益を第一とする〝アメリカ・ファースト〟の国となってしまった。

超大国の第一の要件は、平和と秩序への〝強い意志〟である。しかし、アメリカはその意思もなければ軍事力以外に超大国として資質をすべて失ってしまった。最強の軍事力は帝国を支える根本要因ではあるが、それがすべてではない。ローマ帝国も滅亡時ですら世界最大級の軍隊を擁していた。だが、ローマは滅亡した。

アメリカはもはや超大国なく、没落しつつある大国である。ならば、アメリカの没落は何を産むであろうか。

自国ファーストを掲げた数多くの国々であり、エゴを丸出しにして生き残ろうとする多数の国家群の出現である。おそらく北朝鮮は核を装着した弾道ミサイルを完成させるであろう。それだけならまだよいが、自国の困窮を救うために秘密裡にブラックマーケットを通じて核兵器や核ミサイルの輸出を始める可能性がある。核兵器が必要ならばいかなる手段を講じても手にしようとするのが国家の本能であり、平和国家日本でも核武装論者が増えている。

したがって、アメリカが没落すれば核拡散が一気に進み、全く統制がとれなくなってしまうであろう。これに既存の国際問題が絡み、〝やられる前にやっちまえ〟と先制攻撃戦略が採られればどうなるか。それをいちいち説明する必要はなかろう。

盛者必衰は事の理である。アケメネス朝ペルシャ、アレクサンダー大王の世界帝国、ローマ帝国、大漢帝国、大唐帝国、モンゴル帝国、オスマントルコ帝国、ムガル帝国、大英帝国、いずれの帝国にも寿命があったようにアメリカ帝国だけが永遠だということはあり得ない。むしろパックス・アメリカーナは史上最速で没落するかも知れない。

だが、アメリカの没落は人類がかつて経験したことがないほどの衝撃をもたらす。巨大ダムが決壊して多くの人々を飲み込みながら一気に家々や街を押し流すような激しい大濁流である。おそらく、国際社会は奈落の底に落ち、出口の見えない無法時代に突入するであろう。

ところで、二一世紀はテロの時代でもある。今やテロリストは途方もなく大きな力を持ちはじめた。二〇〇一年九月一一日、テロリストにハイジャックされた二機の旅客機が乗客もろともニューヨークにある世界貿易センターに突入。二棟の超高層ビルは跡形もなく崩れ落ちた。また、ワシントン近郊のペンタゴン（米国防総省）にも三機目の旅客機が突入し、合わせて三〇〇〇人もの死者を出す大惨事が起きた。

このハリウッド映画を凌駕する空前絶後の大規模同時多発テロ事件は悪夢のような衝撃をアメリカ国民のみならず、全世界に与えた。〝これは地球規模の戦いである〟とブッシュ大統領（子）が語っていたように、わずか十数人のテロリストたちはナイフだけを頼りに三機の民間航空機をハイジャックし、二棟の高層ビルに激突させただけではない。世界情勢を一気に不安定化させ、地球規模の戦いに引きずりこんでしまった。まさか二一世紀のはじまりに米・アフガニスタン戦争がはじまるとは誰一人として予見していなかったであろう。

ここで思い出されるのが第一次世界大戦である。この世界大戦の発端は何か。二発の銃弾である。旧ユーゴスラビアのサラエボを訪問したオーストリア皇太子をセルビア人学生が暗殺し、これを境にそれまでヨーロッパに築き上げられていた複雑な同盟関係が突如として機能しはじめ第一次世界大戦が勃発。参戦国は最終的に三一ヵ国を数え、未曾有の惨劇をヨーロッパにもたらした。

第一次世界大戦と米・アフガニスタン戦争の共通点は〝ピストル〟と〝ナイフ〟という〝ポケットサイズの凶器〟が大戦争の引き金になったことである。改めて、この「主権国家システム」がいかに脆弱で危険極まりないかもお分かりいただけるであろう。われわれの社会はその脆弱性の上に成り立ち、たった一つのテロ事件によって世界大戦や紛争がはじまることを覚悟しなければならないのだ。

因みに、東西冷戦は西側の勝利で終わった。民主主義が共産主義に勝利したからである。以来、民主化が世界の潮流となった。

まず、旧ソビエトの衛星国であった東ヨーロッパが相次いで民主化。東欧の民主革命は欧州最後のスターリン主義国家と呼ばれ、鎖国政策を頑なに守っていたアルバニアにまで及んだ。アジアではモンゴルが複数政党制を導入。一九八九年、ベルリンの壁が崩壊した当時、サハラ以南に位置するアフリカ諸国四五ヵ国中、三八ヵ国は一党独裁もしくは軍部独裁の国だった。

しかし、一部の国では欧米型の民主主義を取り入れようという運動が高まった。だからと言って、民主化によって国家間の緊張関係が根本的に解消されるわけではない。厄介なことに、「主権国家システム」の冷徹な論理は民主国家間にも容赦なく入り込む。

例えば、一九九一年三月に解体された旧ソビエトを盟主とした軍事機構（ワルシャワ条約機構）の軛から脱した東欧諸国の前に立ち塞がった壁は何だったか。同じ民主国家であるドイツから身を守っていかなければならないという現実だった。そして、ナチスドイツの亡霊に怯えた東欧諸国が選んだ道は何か。NATO（北大西洋条約機構）への加盟である。

ドイツと同じ軍事同盟に隷属すれば、ドイツの再侵略から身を守れると考えたのである。皮肉にも、同じ民主国家を〝仮想敵国〟として見做したのだ。二〇〇四年四月、NATOに民主化したバルト三国、スロバキア、スロベニア、ブルガリア、ルーマニアの七ヵ国が加盟した。これらの国々も民主国家となったロシアから身を守るために加盟したものである。

一九九三年、マーストリヒト条約が発効し、EUが誕生した。しかし、その直前のフランスではどんな議論が行われていたか。賛成派は「ドイツの脅威から身を守るためにはEUが必要だ」と訴え、反対派は「ドイツのフランス支配につながるEUは不必要だ」とEU加盟の是非をめぐり国論が二分していた。

ということは、民主主義は対外的な脅威とはならない。戦争を抑制する機能がある。さらに市場経済や自由貿易は国と国を結び付ける機能を備えているという理屈は一面では真理をついているものの、諸国家の根底を支配しているパワー・ポリティクスの原理まで解消するには至らないことを示している。言いかえれば、民主主義だけでは世界から対立を無くすことはできないわけだ。それどころか民主国家が人類を滅ぼす可能性すらある。アメリカとロシアではじまった新冷戦である。

冷戦終結前後、アメリカとロシアの間でデタント（緊張緩和）が見られた。ゴルバチョフ書記長が登場し、ペレストロイカや新思考外交を始め、西側との関係が修復に向かったこと。軍縮条約が締結されたこと。ベルリンの壁が崩壊し、東西ドイツが統一を果たしたこと。軍事同盟（ワルシャワ条約機構）が消滅したこと。旧ソビエトが解体され、複数の主権国家が誕生したこと。ロシアが共産主義を捨て、民主化したことなどにより、ロシアを〝敵国〟とする根拠が失われ始めた。西側と同じ価値をロシアが共有し始めたかに見えた。

しかし、所詮アメリカとロシアは異なる「権力主体」に過ぎない。ロシアとアメリカが一つの国家に合体することは不可能である。ということは、大量の核兵器を互いに向けあう相手に警戒を怠り、手綱を緩めることなどありえない。つまり、パワー・ゲームを厭でも続けていかなければならず、デタントなどはじめから限界があるわけだ。

事実、アメリカがミサイル防衛システム（ＭＤ）をチェコやポーランドに配備する計画をめぐってロシアと対立し、プーチン大統領は「配備された場合には核戦争が起きる可能性がある」と激怒。ヨーロッパを標的にした中距離ミサイルの再配備を示唆した。二〇〇七年には欧州通常戦力（ＣＦＥ）条約の履行一部停止を宣言。この欧州通常戦力（ＣＦＥ）条約とは戦車、装甲車、火砲、攻撃ヘリ、戦闘機など核兵器以外の通常兵器の保有数を定め、上限を超える兵器の廃棄や条約順守のための査察について定めた条約である。二〇一五年、ロシアはこの条約からの離脱を表明した。

さらに、二〇一九年にはトランプ大統領が中距離核戦力全廃条約（ＩＮＦ）の破棄をロシアに通告し、これを受けロシアも条約を破棄した。この条約は一九八七年にレーガン米大統領とゴルバチョフ書記長の間で結ばれた軍縮条約である。米ソ双方が東西ヨーロッパに配備していた核弾頭装着可能な中距離ミサイルの削減を目的とした条約の発効により、一九九一年までに双方合わせて二五〇〇基以上のミサイルが破壊されたという。トランプ大統領の鶴の一声でこの条約が破棄された。

この新冷戦の最中で生じたのが、ウクライナ戦争である。なぜ、プーチン大統領はウクライナに侵攻したのか。おそらく理由は五つある。一つは緩衝地帯が欲しかったからである。

一九一〇年、日韓併合条約が調印され、当時の大日本帝国が大韓帝国を併合し、朝鮮半島を領有した。なぜ、このようなことが起きたのか。それは江戸末期から続いていたロシア帝国の南下政策により、朝鮮半島がロシア帝国の植民地となり、対馬海峡などを挟んでロシアと直接対峙する事態を日本が恐れたからであった。何としても朝鮮半島を緩衝地帯にしてロシアによる日本の植民地化を回避したい。これが日韓併合の動機であった。

ロシアのウクライナ侵攻の動機も同様である。一九九〇年、アメリカのベーカー国務長官はゴルバチョフ書記長に対して〝ＮＡＴＯを東方に一インチたりとも拡大しない〟という口約束を言い、ロシア側はこれを信じた。そして、旧ソビエトを盟主としたワルシャワ条約機構を解体し、旧ソビエト軍は東欧諸国から撤退した。しかし、実際には前述した理由により旧東欧諸国が加盟を望んだこともあり、ＮＡＴＯの東方拡大が推し進められた。

そして、気が付いてみると、ＮＡＴＯは隣国のウクライナまで飲み込もうとしていた。ウクライナが加盟すればロシアは緩衝地帯を失うのみならず、ウクライナとの国境でNATO軍と直接対峙しなければならない。ウクライナ東部では長年にわたりロシア系武装勢力とウクライナ系武装勢力が内戦を繰り広げている。となると、ウクライナが発火点となり、ロシアとNATOとの全面戦争に発展するのは時間の問題である。

全面戦争になれば核戦争に発展し、ロシアは滅亡する。アメリカも滅亡し、人類もまた滅ぶであろう。これを回避するためにはどうするべきか。NATOの東方拡大を阻止しなければならない。そのためにはゼレンスキー政権を倒すしかない。これがウクライナに侵攻した二つ目の理由である。

因みに、もし私がプーチン大統領であったなら、〝NATOのウクライナへの拡大は緩衝地帯を失わせ、NATOとの全面戦争に発展する。そうなれば核戦争に発展し、全人類が滅ぶ。拠って、人類を滅亡から救うためにはこれ以上のNATO拡大を阻止しなければならない。ウクライナ侵攻は人類の滅亡を阻止するためには止むを得ない苦渋の選択である〟と述べ、NATOとの全面戦争による人類滅亡の阻止を前面に押し出し、ウクライナ侵攻を正当化したであろう。

ところが、プーチン大統領はこのように喧伝し、強調もしなかった。なぜか。そもそもプーチン大統領の頭の中には人類や世界平和などどうでもいいからだ。彼の頭の中にあったのはロシア帝国復活への野心だけである。この野心こそが三番目の理由である。そして、このウクライナ戦争がプーチンの戦争を呼ばれる所以である。

四つ目の理由はゼレンスキー大統領の国際政治に対する無知である。「主権国家システム」の本質を理解し、NATO加盟は慎重に考えるべきであった。NATO軍の駐留は第三次世界大戦への大いなる布石になることは明らかだからである。クリミア半島をロシアに取られたことに対しては誰もが同情するし、ロシアに対する敵愾心も十分過ぎるほど理解できる。だからといって、第三次世界大戦への火種を作ってはならないのだ。

そもそもNATOの真の目的は何か。ウクライナを加盟させることだけではない。ロシアをもNATOに加盟させることも目的としていた。なぜか。太平洋側には韓国や日本、フィリピンなどアメリカの友好国が存在している。これにロシアを加えればどうか。太平洋国家とユーラシア大陸を利用した壮大な「対中国包囲網」が完成する。この「対中国包囲網」を構築することこそがNATOの最終戦略であった。

しかしながら、プーチンはこの意図を完全に読み違え、NATOがロシアを侵略しようと考えたのである。逆に言えば、NATOの戦略が破綻したともいえる。これが五番目の理由である。

それぞれの思惑や生き残り戦略、野心や読み違いが交差しながらウクライナ戦争がはじまった。その惨劇はTVの報道やインターネットに溢れている通りである。ロシア軍は市民だけでなく、原子力発電所や病院などの社会インフラまで容赦なく攻撃している。これがロシア人のやり方なのか。明らかに常軌を逸していよう。

ここではウクライナ戦争の詳細について述べるつもりはない。ただ一つ指摘しておきたいことは、国家というものはライバルを蹴落としてでも生き残ろうとするし、自国を守るためには明らかに〝不正義〟であり、道理を欠く行為であっても容赦せずに実行に移すということである。つまり、ロシアにとってウクライナ侵攻は〝正義〟なのだ。イスラエルによるガザ侵攻もまた〝正義〟である。自国を守るという立場に立てば、何でも正当化されるのである。

語弊を恐れずに言えば、ロシアがウクライナに対して核兵器を使用しようが、NATOが反撃して全面戦争発展しようが、それは〝正義〟の行使である。中国が共産主義を奉じて国際社会に迷惑をかけようが、全世界から富を吸い上げようが、北朝鮮が日本人を拉致しようが、日本政府が北朝鮮に制裁を加え、何百万人もの餓死者が出ようが、それは〝正義〟なのだ。

国際社会には国家の数だけ〝正義〟がある。そして、それらの〝正義〟は生き抜くためには何でも正当化される。これが「主権国家システム」の真の顔であり、世界秩序の〝裏の顔〟である。

そして、この〝不正義〟は民主主義では救えない。仮に一九六ヵ国すべてが民主国家に移行しても他国に対して武装するという国家構造に何ら変化が訪れないからである。近代デモクラシーにもはじめから限界があるのだ。言いかえれば、自国本位の〝正義〟が国の数だけ永遠に存在し続けるわけである。

民主主義が世界を平和にするというのは〝幻想〟に過ぎない。それを一番よく自覚していたのが、プーチン大統領であろう。プーチン大統領は狂ったわけでも、呆《ぼ》けたわけでもない。冷徹冷厳に徹してロシアを守ろうとしただけなのだ。

地球は今、諸国家が群雄割拠し、国家分立の状態にある。現行の世界システムが続く限り、武器の拡散もまた無期限・無制限に続き、諸国家の核保有や軍事化は必然的に拡大の一途をたどる。そして、これに国益や伝統的、地域的、民族的対立、さらに〝やられる前にやっちまえ〟という先制攻撃戦略が発動されれば紛争や戦争が多発する。

さらに、バランス・オブ・パワーの破綻、超大国の没落、共産中国の台頭、核兵器の輸出と拡散、無差別テロの脅威、国連の弱体化、近代デモクラシーの限界、貧富の格差の増大、ドル暴落、世界恐慌、人口の大爆発、食糧危機、気候変動、ペスト大流行、破綻国家の増大、社会の分断の深刻化、自由と寛容な精神の消滅などが加わればどうなるか。

地球は自らの問題の大きさに耐えきれずに大崩落し、一気にアナーキー化、無政府化・無法化する。本格的な天下大乱、地球規模の〝永久無秩序・永久無法化時代〟の到来である。一体、その先に見える未来は何か。

〝地球の暗黒化〟である。残念ながら国家同士、民族同士、人間同士が血で血を洗う闘争に満ちた〝暗黒の地球〟以外の未来を見出すことは困難である。つまるところ、国家間に構造的な緊張状態をもたらす、主権国家、軍事力、パワー・ポリティクスを基底にして成り立つ「主権国家システム」がわれわれの前途を脅かす〝諸悪の根源〟なのだ。

地球周回軌道を何千個もの人工衛星が回り、技術革新が地球の一体化を促しているにもかかわらず、蒸気機関車もなく、人馬で国を統治していた時代に誕生した古い世界システムの上に現代社会が成り立っていることがまさに問題なのである。そして、およそ四〇〇年前の中世ヨーロッパの暗黒時代に誕生したこの「主権国家システム」を解体しない限り、地球は血とカオスにまみれた〝永久戦国時代〟〝永久乱世〟へと突入し、阿鼻叫喚の地獄絵が地球全体を覆うことになるであろう。

ウクライナやガザ、シリアはその〝序章〟に過ぎない。われわれ人類の真の〝敵〟はロシアでも、中国でも、アメリカでもなければ北朝鮮でもイランでも、イスラエルでも、イスラム文明でもない。

敢えて言ってしまえば、プーチンでもなければ習近平でも金正恩でもない。彼らは「主権国家システム」の上で踊らされている〝操り人形〟に過ぎないからである。

「主権国家システム」こそが〝真の敵〟である。そして、この国家システムを地球上から完全に一掃しない限り、真の平和が地球に訪れることは永遠にない。では、どうすればよいのか。地球の暗黒化を阻止する手立てはあるのであろうか。

世界の統一である。世界統一とは何か。具体的に言うと、主権国家、軍事力、パワー・ポリティクスを基底にして成り立つ「主権国家システム」を地球規模で解体し、それに代わって普遍的強制力、超国家権力、超国家法体系から成る「普遍国家システム」を築き上げ、地球を一つの〝IT地球国家〟に変革することである。

それでは天空に向かって高く聳えるほどの城壁をめぐらし、何十万、何百万もの武装した兵士に守られた約二〇〇ものいわば要塞国家を如何にして解体し、世界を統一するのか。その方法はあるのか。

答えは〝YES〟である。しかも、そのヒントは二〇〇〇年以上も前に書かれた書物の中に記されている。その書物とは何か。

『孫子の兵法』である。この『孫子の兵法』をもってすれば、いかに要塞国家が天高く張り巡らされた分厚く堅牢な城壁で囲まれていようと攻略できる。もちろん、二〇〇ヵ国もの国家を正面から正攻法で攻略することは不可能である。ならば、如何に攻略するのか。

〝兵は詭道なり〟。『孫子の兵法』の〝計篇〟に記載されているこの有名な用兵思想を用いて攻略する。〝兵は詭道なり〟とは通常のやり方に反した奇策を用いることであり、誰もが思いも及ばぬ詭道を用いて兵を動かすという意味である。そこで、この奇道奇策を用いて、たとえて言うならば〝地下〟から主権国家を攻めるのだ。

つまり、〝モグラ〟を作り、〝モグラ〟に〝穴〟を掘らせ、諸国家の城壁を地下から一つに結びつけてその「軍事的独立性」を解いてしまうのである。要するに、国家独立の要を内側から無力化してしまうわけだ。

おそらく、子供の頃誰もがゲームセンターや温泉街で〝モグラ叩きゲーム〟を楽しんだことがあると思う。ニュアンスはかなり異なるものの、世界統一の本質はこの〝モグラ叩きゲーム〟で簡単に説明できる。次にその概略を明かそう。

第三節　世界統一の仮説

欧州連合（ＥＵ）の加盟国は現在、二七ヵ国を数えている。その起源は一九五一年にフランスとドイツの間で創設された欧州石炭鉄鋼共同体に遡ることができる。一九五七年、この共同体をベースにフランス、ドイツ、イタリア、ベルギー、ルクセンブルク、オランダからなる欧州経済共同体（ＥＥＣ）が誕生した。当初は六ヵ国であった欧州経済共同体も一九七三年にイギリス、アイルランド、ノルウェーが参加し、加盟国が増大した。

一九九一年にはマーストリヒト条約が締結され、単一通貨ユーロの導入を主軸とする広範囲な経済・政治統合を視野に入れた欧州連合（EU）が発足。そして、冷戦終結後、旧ソ連邦の支配下にあった中東欧諸国が次々と参加しはじめ最盛期には二八ヵ国を擁する国家連合体となった。だが、二〇二〇年一月、イギリスがEU連合を離脱した。この欧州統合の特徴は何か。

外交・軍事など主権国家の根幹を成す分野の統合を先送りし、後回しにして人、物、サービス、資本の自由移動など比較的に統合しやすい分野からの《国家統合》を目指したことである。その中核を成したのが共通通貨ユーロであり、ユーロ導入によって域内の《経済統合》が実現した。さらに、現在、共通の関税政策、通商政策、農業政策、エネルギー・環境、公衆衛生、司法分野など政治分野にまで及ぶ広範囲な統合を模索中であり、その最終目標は外交・安全保障政策をも共通化した一つの連邦国家すなわち〝欧州連邦〟の創出である。

だが、この〝欧州連邦〟の実現は九九パーセント失敗するであろう。戦術的な失敗はのちのち修正が効くが、より高度な戦略的見地からの失敗は修復不可能だと言われるように、欧州統合はそもそも戦略的なアプローチがはじめから間違っているからである。その具体的理由は第四章で綴っている。

はじめから〝統合の核心〟を突くべきだったのだ。その〝核心〟とは何か。〝軍事基地〟の〝一体化〟である。

それでは、如何にして現行の「主権国家システム」を解体し、新しい「普遍国家システム」を全地球規模で実現しようとしているのであろうか。つまり、本構想では諸国家のどの部分を〝統合〟し、世界統一を試みようと考えているのか。そして、世界統一の仮説は如何なるものなのか。

本論の統合分野をひと言で表せば、諸国家の〝軍事基地〟である。しかも、諸国家の保有する軍隊はその〝対象外〟である。意外に思われるかも知れないが、地球上のすべての〝軍事基地〟を一体化し、互いに連動させることだけが唯一の統合分野なのである。なぜか。

その理由は至極単純である。地球規模で〝軍事基地〟を統合し、一体化してしまえば核戦争も国家間戦争も成り立たなくなるからである。これは一体どういうことか。

ところで、一般に《統合》とは「自立的な社会単位の相関関係が変化し、その結果もとの諸単位が自立性を失って、より大きな社会単位の一部に収斂されてゆく過程及びその結果」と定義できる。そして、この社会単位には部族社会、都市、州、藩、国家、市町村などを当てはめることができる。では、この定義に主権国家を当てはめるとどうなるか。この定義だけでは分かりづらいので、私なりの観点から《統合》を再定義したみたいと思う。

まず、《統合》の定義によると〝自立性〟という言葉がポイントになっていることが分かる。主権国家の場合、この〝自立性〟は〝独立性〟という言葉に置き換えることができる。では、主権国家の〝独立性〟を保障しているものは一体何であったろうか。

前節で述べた主権国家システムの特徴に基づくと三つある。

一、主権を最終的に保障しているのは軍事力である。

一、「軍事的独立性」が自他の「権力主体」を明確に区別している。

一、主権国家とは独自の国家権力システムと行動の自由を与えられた自己完結的な行動単位である。

以上のことから、主権国家の〝独立性〟を支えているのは軍事力であり、「軍事的独立性」だと言える。さらに、国家の自己完結性を支える独自の国家権力がこれに加わり、一つの「権力主体」を確立して、ほかの「権力主体」に対する〝独立〟を維持している。つまり、主にこの三つの要素から成り立っているのが主権国家だということである。

言いかえれば、これら三つの要素が変化してはじめて〝独立性〟が失われるということでもあろう。ならば、仮に異なる「権力主体」同士が〝独立性〟を失うとすればどのような状態の時であろうか。おそらく、何らかの形で「軍事的独立性」が失われたときではないだろうか。なぜならば、諸国家の〝独立性〟を強固なものにしているのは「軍事的独立性」に他ならないからである。

言いかえれば、諸国家が「軍事的独立性」を失ってはじめて他の「権力主体」に対する〝独立性〟を失うという現象が生じるということではないだろうか。問題はどのような状態に陥ったとき、「軍事的独立性」を失うのかということであろう。それは全地球共通の安全保障システムの下で、すべての国の〝軍事基地〟を一体化させることによってなのであるが、もしこれが実現すれば主権国家はどのように変化するであろうか。

おそらく、究極的には主権国家としての自己完結的な国家権力システムそのものを弱体化もしくは部分的に崩壊させるのではないだろうか。なぜならば、他の「権力主体」に対する「軍事的独立性」に変化が生じれば、その「軍事的独立性」と表裏一体の関係にある主権国家の〝自己完結性〟

にまで変化が及ばないわけがないからである。

理詰めになって申し訳ないが、それでは国家権力を弱体化させると、どのような立場に諸国家は追い込まれるであろうか。より高次の権力機構を必要として自発的にその一部に組み込まれようとするのではないだろうか。というのは、国家権力システムを崩壊させた諸国家は、より高次の権力機構の政治的・軍事的枠組みの中で再び〝自己完結性〟を確立し、その下位システムの一部として機能し、生き延びようとするからである。

それでは、〝より高次の権力機構の政治的・軍事的枠組み〟とは一体何なのであろうか。この場合、一般に使用されている言葉を使えば〝世界連邦〟や〝世界政府〟あるいは〝地球政府〟や〝超国家的機構〟ということになるであろう。この四つの用語の意味はほぼ同じであるが、本論では主に〝地球政府〟というコンセプトを用いている。

したがって、《統合》とは、それぞれの「権力主体」の「自己完結性」が互いに変化した結果、より大きな社会単位である地球政府の枠組みの中へと収斂され、その枠組みのもとで再び「自己完結性」を確立し、地球政府の下位システムの一部として機能しはじめることと再定義できる。そして、これらのことがいわば統合の必然的な結果として生じるのが、《統合》の本質なのである。

ところが、これまでの国際統合論は主権国家を支えているのが軍事力であるにもかかわらず、これをまったく無視し、「軍事的独立性」をいかに解消してゆくのかという点を考慮せず、むしろ物、サービス、通貨、経済など統合の核心とはあまり関係のない部分からの統合を推し進めてきた。さらに、おのおの独立的である国家権力システムをいかにより大きな社会単位に自律的に収斂させ、その中に組み入れてゆくのかという考察も欠いていた。

そのため現実の政治力学の前に説得力を欠き、行き詰まってしまったのである。その行き詰まりを象徴しているのが、EU統合である。仮にこの指摘が正鵠を得たものであり、〝核心〟を突いたものであるとすると次のことが分かる。

それは《統合》の最終段階でそれぞれの「権力主体」が「軍事的独立性」を形骸化させ、「自己完結性」を崩壊させても、その後、より高次の権力機構の政治的・軍事的枠組みの中で諸国家の「自己完結性」を再び確立できるようにしなければならないということだ。そうでなければすべての国家権力が混乱し、不安定な状態に陥ってしまうからである。では、統合の最終段階で諸国家が再び「自己完結性」を回復するためにはどうすればよいのか。

それは〝地球政府〟の政治的・軍事的枠組みを最初から形成することである。そうすれば諸国家は不安定な状態をさまようことなく、超国家的な枠組みの中に自律的に収斂され、再び「自己完結性」を確立できるからである。それでは、地球政府の政治的・軍事的枠組みを最初から形成できるものは何か。

それはただ一つ。最終的に既存の国家すべてを組み込むことのできる包括的で普遍的な全地球規模の安全保障システムである。これならば統合の過程で、地球政府の軍事的・警察的枠組みすなわち全地球的な治安システムを形成できるからである。ならば、この〝全地球治安システム〟を築けるものは何か。

それは「普遍的性格」を帯びた新たな強制力しかない。普遍的な軍事・警察機構以外に超国家的な次元からすべての〝軍事基地〟に〝常駐〟し、すべての主権国家を一つにまとめられる存在はないからである。そこで本論で構想したのが、〝連邦警察軍〟である。この名称はワールド・ポール（世界警察）、超国家的軍隊、世界統一軍と何でもよいが、ここでは「地球連邦警察及び軍」を略して「連邦警察軍」とした。

本書では、この連邦警察軍を頂点にしながら、地球上の〝軍事基地の一体化〟を目指す《軍事統合》が《国家統合》の根幹を占めている。けれども、この《軍事統合》とは、将来、連邦警察軍が〝普遍的強制力〟として〝普遍的警察権〟を行使し、地球全体の治安を担うために諸国家の軍事基地を「根拠地」化し、活動できる支援体制を整えてゆくことを指すのであって、連邦警察軍を主体に諸国家の軍隊を統合・合体させ、新たな国家連合軍を生み出すことを意味してはいない。つまり、〝軍事的一体化〟の対象はあくまでも陸・海・空軍基地や通信基地、レーダー基地、各種司令部、軍事衛星などの〝軍事施設〟や〝軍事機能〟あるいは〝軍事情報〟などの〝軍事資産〟だということである。

因みに、「根拠地」化とは、将来、連邦警察軍が地球上の治安を担ってゆく上で求められる作戦基地や活動拠点をすべての国家に設け、輸送支援や物資の事前集積、通信・情報網、整備・福利厚生体制を確立し、緊急時にはそれらの治安拠点を自由に利用し、世界各地に迅速に展開し、紛争を平定し、秩序回復を計れる地球規模の治安維持システムを構築することを言う。つまり、既存の軍事基地の持つ様々な〝軍事機能〟と連邦警察軍が一体化し、諸国家が〝全地球治安システム〟の一部として機能すること、これを「根拠地」化というわけである。

国家生存の根本部分と直結しているのが、〝軍事基地〟であることを思い起こしてほしい。アメリカ軍もロシア軍も中国軍もイスラエル軍も軍事基地がなければ存在すらできないだけでなく、自由に使用できなければ軍事活動自体が制約されてしまうのである。ならば、軍事基地を一体化してゆくだけで「主権国家システム」を解体できるのであろうか。全地球治安システムだけで地球政府は登場するのか。

ここで思い出して頂きたいのが〝モグラ叩きゲーム〟である。実際のゲームとは異なるが、ここでは軍事基地がモグラの穴、軍隊がモグラだと仮定してみよう。また、現在の主権国家の数が約二〇〇ヵ国であるから、仮に一ヵ国に付き二五ヵ所の軍事基地を持ち、合計五〇〇〇ヵ所の基地が地球上に存在するとしよう。そして、軍事基地を盾にして国全体を高く分厚い城壁で囲み、その城壁の中では何十万、何百万ものモグラ軍団が常時戦いに備えている。

これまで戦争はモグラが穴から出てほかのモグラを攻撃することからはじまった。モグラが穴の中にいるだけでは決して戦争は始まらない。自国（モグラの穴）にとどまり続けるかぎり、脅威は残るが戦争自体は起こりえないからである。そして、これまですべてのモグラ（軍隊）を抹殺しないかぎり、地球上から戦争は無くならないと考えられてきた。

しかし、理屈ではあるが、モグラは殺さなくてよいのである。モグラの穴をふさいでしまえばよいからだ。つまり、連邦警察軍がすべての国の軍隊と一緒にモグラの穴（軍事基地）に同居し、住み着いてしまうのである。そうすれば、モグラは生きてはいるが、穴から出て戦争を仕掛けるなど勝手なことは出来なくなるからである。

この理屈を自衛隊に当てはめてみれば分かるであろう。日米安全保障条約によってアメリカ軍が日本国内に常駐しているため、自衛隊はアメリカや韓国に侵攻するなど身勝手なことが出来なくなっている。アメリカ軍のプレゼンス（存在）によって、自衛隊は軍事的制約下に置かれてしまっているからである。

しかも、仮に自衛隊が在日アメリカ軍の目を盗んで韓国に軍事侵略できたとしても、そこで目にするのは韓国駐留のアメリカ軍であり、同盟国のアメリカ軍とも戦わなくてはならないという訳のわからない軍事的ジレンマに陥ることになる。つまり、アメリカ軍が常駐しているため、自衛隊による韓国侵攻は事実上不可能なのである。

もちろん、その逆もしかりである。韓国軍が日本侵攻をはじめれば、やはり同盟国のアメリカ軍と戦わなくてはならないという訳のわからない現実に直面する。同様のことは北大西洋条約機構（NATO）加盟国同士にも言える。アメリカ軍が常駐しているため加盟国間の戦争が事実上統御されているからである。

では、仮に数百万規模の連邦警察軍が地球上の軍事基地に駐留すればどのようなことが起きるであろうか。その姿を頭の中でシミュレーションしてほしい。連邦警察軍がすべてのモグラの穴に住み着き、五〇〇〇ヵ所の基地をまるで親類縁者のように結び付けているはずである。しかも、その一方で、地球全体が一つの共通の安全保障システムによって覆われ、連邦警察軍がすべての国家を〝軍事制圧〟あるいは〝軍事支配〟しているようにも映るはずである。

さらに、イメージを膨らませてほしい。このとき、すべての国家は互いに戦争が出来なくなっているはずである。なぜならば、連邦警察軍がすべてのモグラの穴をふさいでいるだけでなく、連邦警察軍独自の全地球治安システムでモグラの穴を密接に結びつけてしまっているからである。このような状態では、たとえばAというモグラ軍団が勝手に穴（国）から飛び出し、Bというモグラ軍団のいる穴（国）を攻撃するというわけにはいかなくなる。

なぜならば、今のべたようにBというモグラの穴（国）にも連邦警察軍が住みついているからである。というより、それ以前の問題として、はじめからBの穴（国）にも連邦警察軍が存在しているのであるから何のために攻撃を仕掛けるのか、その理由さえ失うことになるはずである。しかも、A、B、C、D、E、F、G、H、I、J、K・・・・・二〇〇匹すべてのモグラが同じような軍事的ジレンマに陥ることになる。

たとえば、連邦警察軍がアメリカと北朝鮮に常駐すれば、両国は事実上〝同盟国〟になるのでそれだけで戦争は互いに抑制されるであろう。しかも、《統合》の最終段階で連邦警察軍の活動をサポートするという大義名分のもとでアメリカ軍が北朝鮮国内すべての軍事基地に進駐し、同じく北朝鮮の部隊がアメリカに進出すればどうか。なおさら戦争は不可能になる。これは本論で「相互軍事制圧」と呼ぶものであり、具体的には第四章で述べている。

さらに、最終段階において、連邦警察軍が主に軍事衛星から得た画像などを含めた様々な軍事情報を世界中の人々にインターネットを通じて公開すればどうか。世界中の人々がパソコンやスマホを通じてすべての国の軍隊を常時監視できるようになる。そうなればより確実に国家間戦争を予防できるであろうし、核兵器の完全廃絶も現実味を帯びるであろう。さらに、このような状況下では各国の軍部の影響力が大いに削がれて国際問題も解決しやすくなるだけでなく、民主主義もまた広げやすくなるに違いない。

それでも何らかの軍事衝突が突発的にでも起きたらどうするのか。連邦警察軍が各国の根拠地から出動し、鎮圧すればよいだけの話である。つまり、モグラ叩きゲームのハンマーの役割を担うわけである。したがって、幾重にも張り巡らされた〝戦争防止装置〟を備えた全地球治安システムの下では戦争は事実上成り立たなくなるはずである。

ここで考えてほしいことは、このときすべての国家が国家主権の究極的な発現形態である〝戦争権〟を同時に失うということである。事実上、戦争行為が成り立たなくなっているからである。それでは、たとえばAというモグラがBというモグラを攻撃したくなるような極めて深刻なケンカが起きたらどうするのであろうか。

もちろん、戦争というゲームは成り立たない。となると、別のゲームでケンカのケリをつけなければならない。では、その別のゲームとは何か。

〝法廷〟でのゲームある。つまり、国家を超えた次元での新たな超国家権力機構を産み出し、新たなルールすなわち執行力のある超国家法体系を制定して、それを基盤に〝地球法廷〟での決着を計るのである。

〝戦争〟ができないということは〝主権〟を失うということである。なぜならば、国家主権の究極的な発現形態こそが〝戦争〟だからである。そして、戦争ができないということはこれまでの〝国家主権〟のあり方が根本的に変質化し、主権国家として他国に干渉されず自由気ままに生きてはいけないことを意味している。

というのは、戦争が出来ず、第三者的なケンカの仲裁役（超国家権力や地球法廷）を必要とするようでは〝主権〟の概念は根本から変質し、もはや主権国家などと定義はできないからである。それだけではない。突き詰めてゆくと、戦争が出来なければ軍事力の存在意義まで問われはじめるであろう。

しかも、第三章で証明するように、国家主権の変質は必然的に主権国家の「自己完結性」の解体にまで及ぶ。つまり、諸国家は独自の国家権力システムまで変化させることを余儀なくされるのだ。というのは、繰り返しになるが、国家間の問題を戦争以外の第三者的な超国家機関に頼らなければならなくなるということは、究極的には他の国家に隷属しないと認められた国家主権の「最高位性」を否定し、自己完結的な国家権力それ自体を根本的に弱体化もしくは崩壊させることになるからである。

本論では、これを「国家主権の根本的変質」と呼んでいる。つまり、「国家主権」を根本的に変質させ、国家権力を弱体化させることを「国家主権の根本的変質」と定義しているわけである。ならば、「国家主権の根本的変質」がすべての国家の間で達成されれば諸国家はどのように変化するであろうか。

ひと言で表現すれば、すべての国家が〝自己変質〟もしくは〝（部分的な）自己解体〟を余儀なくされ、「主権国家システム」は解体の道を辿る。つまり、現代国際社会の根本的な構造枠組みを成す「主権国家システム」が地球規模で雪崩をうって崩れ落ち、〝崩壊〟しはじめるのだ。

だが、この時〝地球政府〟や〝世界連邦〟が誕生するのではないかと考えたことが、この本論の大きなポイントとなっている。というのは、「自己完結性」を崩壊させたすべての国家はより高い次元での「自己完結性」を求めざるを得なくなり、その結果、超国家法体系を基底とする超国家体制の枠組みの中へと自律的に収斂され、その下位システムの一部として機能し、生き抜こうとし始めるからである。

以上のことを仮説としてまとめると、《「国家主権の根本的変質」によって、地球政府が登場し、国際法体系（超国家法体系）に基づく世界秩序が誕生する》となる。そして、この仮説に基づく限り、《軍事統合》だけで地球政府は誕生するのである。したがって、本書では〝軍事基地〟を唯一の統合分野とし、《世界統合》とは全地球治安システムを確立してゆく過程だけを指している。

言いかえれば、欧州統合のような通貨統合や経済統合は本論では考えていないし、まったく扱っていないということである。本論が最重要視しているのは「軍事的独立性」の崩壊が必然的に〝超国家権力〟や〝超国家法体系〟の誕生に結びつくことを理論的に証明することであり、これが第三章までの目的となっている。

因みに、本書の第三章（前半部分）までは、様々なシミュレーションを通じて世界統一の仮説を数学的な演繹的手法を用いて証明することに重点を置いている。一方で、第四章からはじまる後半部分では、第三章までが教科書的な説明に終始していたのに対して、世界統一理論をベースにしてより具体性・実行性のある戦略を考案し、最終的に主権国家を解体に導く102の戦略としてまとめ上げている。

つまり、本書は前半の〝教科書編〟と後半の〝戦略編〟の二部構成になっているわけである。そして、後半の〝戦略編〟では前半の〝教科書編〟を否定することなども述べている。

尚、本書では以下のことも〝発見〟し、立証している。カンのいい人ならばもう理解できるかも知れない。

一、世界統一はすべての〝軍事基地〟を一体化・連動化してゆくだけで可能であること。

一、世界統一は原理的に戦争を伴わずに達成可能なこと。

一、諸国家の軍事力が世界統一の妨げにはならないこと。《世界統合》過程において、国家主権は尊重され、その過程そのものが主権国家の解体に結びつかないこと。

一、現在、地球上に存在する様々な国際問題は地球政府の枠組みの中で解決可能なこと。地球政府はパワー・ポリティクスの原理によって支配されず、「徳治政治」や「哲人政治」が必ずしも理想にとどまらないこと。

一、スマートフォン（パソコン）が世界統一のデバイスになること。全人類参加型の統一が可能であること。

これらのことは、いずれも複数の論理的帰結として立証されているものである。しかも、読者諸賢はこれ以外にも数多くの〝発見〟をするに違いない。たとえば、全世界の民主化（中国を含む）は孫子の兵法を用いて達成できる。欧米列強の植民地解体によって世界統一のための土壌が生まれていたなどの新たな発見もあるであろう。

けれども、ここで極めて深刻な問題を指摘しておかなければならない。それは〝連邦警察軍〟という軍事・警察組織はそれ自体単独で存在できないということである。つまり、連邦警察軍を生み出すためにはそれを編制し、指揮する機構がなければならないということである。それだけではない。

新たな機構を産み出すためには、それを支える新しい「地球共同体」も求められるのである。なぜならば、新しい機構を支えるのは主権国家ではなく、むしろ「地球共同体」の方だからである。そして、「地球共同体」には〝市民〟が存在しなければならない。民族、宗教や人種を超えた〝地球市民〟の存在なしに、「地球共同体」は成り立たないからである。

しかしながら、現在の国際社会には〝人類主権〟も〝地球市民〟も〝連邦警察軍〟も、それを支える〝機構体〟も存在してはいない。ではどうするのか。

新しく創るのである。

第二章

地球連合の全体像

第一節　地球連合アプリ

世界統一の出発点はまず、新しい「地球共同体」を創出することからはじめなければならない。そして、その「地球共同体」には何十億人もの〝地球市民〟が存在しなければならない。では、どのようにして〝地球市民〟を生み出すのか。

〝アプリ〟を使う。そして、アプリをダウンロードしてもらい〝地球市民〟を生み出す。これは一体どういうことか。その参考になるのが、すでに一つの「地球共同体」を実現しているフェイスブック（ＦＢ）であろう。

フェイスブックは二〇〇四年にハーバード大学に在学中であったマーク・ザッカーバーグなど数人の学生によって設立された。会員になるためには実名・本人の顔写真・生年月日・勤務先・趣味・出身校といった個人情報の登録が求められ、当初会員はハーバード大学の学生に限定されていた。しかし、二〇〇六年以降、すべての大学生、高校生、一三歳以上の一般人へと徐々に開放され、国境を超えて世界中に広がっていった。

二〇一〇年には会員数が五億人を越え、その二年後には一〇億人、さらにその三年後の二〇一五年には一五億人を突破。二〇一七年には二〇億人を越え、二〇二〇年には二七億人にまで膨れ上がった。そして、地球人口の約三分の一のユーザーを獲得した巨大なソーシャル・ネットワーク・サービスに成長した。

驚嘆すべき人数。驚くべき速度である。地球全体に新しい社会を構築したフェイスブックはまさに時代の革命児であり、先駆者である。しかしながら、数十年後にはその先駆者も〝倒産〟の憂き目にあうかも知れない。なぜならば、所詮はアメリカの一私企業の交流サイトに過ぎないからだ。

このフェイスブックの特徴はどのようなものかというと、情報共有機能をはじめ様々なアプリケーションを備え、ネット上で同じ趣味を持つ人など交流したい会員とのコミュニケーションをはかれることである。しかしながら、その本質は「友達や同級生、同僚や仲間たちとの交流を深めること」を目的とした〝交流サイト〟に過ぎない。つまり、〝電縁〟でつながった仲間同士の〝お友達クラブ〟でしかない。

そこには、もちろん議会も政党もなければ法律も軍隊もない。これから述べることは、「人類主権」という新たな権利・権力をこの〝お友達クラブ〟に持ち込んだらどうなるかという話である。だが、その舞台はフェイスブックではない。

かつて人間は自らの住む世界がすべてであった。多くの人々の意識は小さな共同体の中にあった。家族や兄弟、親類縁者や隣近所を核とした家族愛と素朴な郷土愛、信仰と労働が共同体のすべてであった。そして、今よりもはるかに人生は単純だった。

しかし、近代に入り、交通手段が発達し、人々の移動が頻繁に行われるようになるとその意識は小さな共同体を越えはじめた。やがて近代国家が生まれると、より大きな共同体への帰属意識を感じるようになり、そこに新たな〝共同体愛〟すなわち〝愛国心〟が芽生えはじめた。

そして、近代兵器で武装した国家は愛国心でさらに国を囲んだ。この愛国心が外部に対していかに多くの悲劇や惨劇をもたらしてきたかを今更語るまでもないだろう。近代社会とは国家間の闘争の場であり、戦争の歴史であった。人々は国家の目的と利益のために駆り出され、たとえ個人的に何の恨みも私怨もなくても、国家の〝敵〟は個人の〝敵〟とみなされた。

二〇世紀の終わりに核保有宣言をしたインド国民は必要とあればパキスタンに対する核攻撃を容認する姿勢を貫いているし、同じ核保有国のパキスタン国民も同様である。ユダヤ人はパレスチナ人を敵として扱っているし、パレスチナ人もまた同じである。こうした〝敵意〟や〝憎しみ〟は地球上の至るところに存在している。そのほとんどが個人的にはまったく何の恨みも私怨もないのである。

人間というものは他人に対して憎しみを感じることがあり、この憎しみは人間が持つ感情の一つである。しかし、一般的に騙された、裏切られた、侮辱された、不快に感じたといった身近な相手にいだかれるものである。話したこともなければ出会ったこともない相手にいだく感情ではない。ましてや普段、見知らぬ他人を殺傷してやろうなどとは異常者以外は思いもしない。

ところが、ときに人間はごくごく普通の人であってもある国民や民族に対して敵意や憎悪をいだき、まるで異常者の如く振る舞うことができるのだ。なぜか。

国家が陰日向にそれを強要しているからである。つまり、国家の利害と目的のために〝敵〟を憎み、殺すように洗脳しているからである。そのため国家の〝敵〟は個人の〝敵〟ではないにもかかわらず、偏見や敵意を心に埋め込まれてしまった。人間の精神の一部が国家によって抑圧され、歪められてしまったのだ。

この国家による抑圧がつづく限り、人間の良心は歪み続け、その精神の一部は国家の奴隷であり続ける。国家はそれをよいことに憎しみを煽り、人々を戦場へと送る。

ある意味で、国家が押し付ける偏狭な精神から解き放たれて人間はより自由な存在になれるのだ。なぜならば、国家の抑圧から解放された人々は本来の自由な意志と判断にしたがい、自らの意思に基づいて生きられるからである。おそらく、国家の抑圧からの〝人間の解放〟を実現し、小さな共同体からの〝人間の独立〟を促さないかぎり、二一世紀も二〇世紀以前からつづく悲劇が繰り返されるだろう。

けれども、この〝人間の解放〟とは言語や文化、伝統、歴史、慣習をかなぐり捨てて国家や民族から独立しなければならないということではない。それは不可能な話である。なぜならば、人々に家族愛があるかぎり、家族を捨てることはできないし、故郷があるかぎり、郷土愛を捨てることはできないからである。そして、民族があるかぎり民族愛を捨てることはできないし、祖国があるかぎり、祖国愛もまた捨て去ることなどできるものではない。それが人間というものなのだ。

しかし、家族愛があり、郷土愛があり、民族愛があり、祖国愛があるならば〝地球愛〟を抱くこともできるはずである。〝人間の独立〟とは、要するに国家や民族という小さな共同体からより大きな共同体への帰属意識を育むことなのだ。そして、〝地球愛〟が生まれれば〝地球愛〟を基盤にして真の〝人類〟が生まれ、国家や民族からの〝人間の解放〟を実現することもできるはずである。

ところが、われわれの社会は相互に密接にかかわりあっているにもかかわらず、いまだに〝地球愛〟もなければ〝人類意識〟もない。なぜであろうか。その理由は、国家を中心とした〝国際社会〟は存在しても、〝地球市民〟を中心とした〝地球市民社会〟が存在していないからである。ではなぜ〝地球市民〟も、〝地球市民社会〟も存在していないのか。

それは全人類共通の〝主権〟や〝市民権〟が与えられていないからである。これが根本的原因である。だからこそ、われわれは国家や民族の枠組みの中に押し込まれ続けているのだ。言いかえれば、人類共通の〝主権〟や〝市民権〟がもたらされてはじめて国家や民族、人種、国境、宗教の枠組みを超えた〝地球市民〟を生み出し、より自由な社会へと飛翔できるのである。

では、どのように飛翔するのか。その翼を与えてくれるのが〝主権アプリ〟である。〝主権アプリ〟とは何か。これはアプリを介して一八歳以上の地球上の全市民に付与される人類共通の「人類主権」のことである。

近年のIT技術の進歩には実に目を見張るものがある。単に生活が便利になった、世界中の情報に一瞬でアクセスできる、SNSを通じて個人の情報発信力や影響力が増したというだけではない。明らかに個人個人が企業や組織、国家や社会に対して〝新しい影響力〟を身に付けつつある。一体、この急激な進化はどこに向かうのか。最終目的地はどこなのか。

「人類主権」すなわち、「地球市民主権」の確立である。そして、この「地球市民主権」が確立されてはじめて真のIT革命の一端が実現するのである。以後、本論では「人類主権」を「地球市民主権」や「市民主権」とも呼ぶが、この「市民主権」とは一体何なのか。

「市民主権」とは、国家や民族の枠組みを超えて各個人に直接付与される〝地球市民〟の一員としての〝主権〟や〝権利〟のことを指し、世界政治に参画できる政治的公権力のことを言い表している。そして、この公権力の中核を成すのが、「地球統治権」であり、「歴史の議決権」である。

具体的には後述するが、この「地球統治権」とは主に「地球（連合）議会上下両院」の〝連邦議員〟に任意登録するだけでなれる権利のことであり、「歴史の議決権」とは仮想空間（メタバース）に作られた地球議会で議決権を行使し、歴史の方向性を決定できる人類共通の公権力のことを指している。

私はフェイスブックもインスタグラムも使ったことのない人間なのでこれら私企業のアプリがどのようなアプリを付帯させているのかまったく知らない。しかし、「地球統治権」や「歴史の議決権」を付帯させた〝主権アプリ〟はこの他にも様々なアプリを付帯できるはずである。

具体的な中身については後述するが、前もってその一例を列挙しておくと、仮想通貨を使用できる超国家通貨アプリ、新しい地球経済市場に参画できる地球市場アプリ、人類共通の地球市民証（ID）となるパスポートアプリ、連邦警察軍の出動要請ができる治安アプリ、軍事衛星などからの軍事情報をスマホなどでモニターできる世界平和アプリ。この他に世界中の企業が発行する様々なアプリも包括し、電縁・政治・経済・軍事・行政などを含んだ〝マルチ機能〟を有する可能性を秘めている。

本論では〝主権アプリ〟を含む〝マルチ機能〟を備えたアプリの総称を「地球連合アプリ」と呼ぶ。そして、この「地球連合アプリ」をダウンロードした人々は「市民主権」のみならず地球規模の様々な機能や利便性を手にできることを想定している。したがって、その魅力は約三〇億人もの〝ユーザー〟を獲得しているフェイスブックをはるかに凌駕し、数十億単位もの〝地球市民〟を生み出すことも夢物語ではないと考えている。

つまるところ、ＩＴ技術を駆使し、アプリを通じて〝地球市民〟を生み出すわけである。そして、この〝地球市民〟とフェイスブックの〝ユーザー〟の違いは何かというと、人類共通の主権の有無であり、私企業であるフェイスブックではこの公的な政治公権力を生み出せないのだ。

最も、このアプリには〝開発元〟や〝発行体〟が必要である。誰かがアプリを開発し、責任をもって発行しなければならないからである。では、一体誰がこのアプリを開発し、公式の発行者とするのか。

それが「地球連合」である。「地球連合」とは何か。

まず、この「地球連合」は新しい世界機構に該当し、第一世代を国際連盟、第二世代を国際連合とすると、第三世代の機構体として位置付けることができる。そして、その創設目的は世界統一の「戦略主体」として、第四世代の「地球政府」すなわち「ＩＴ地球国家」を生み出すことにある。この連合の最大の特徴は何か。

それは新しい次元の「地球共同体」を母体として生まれ、地球市民を活動主体として運営されることである。つまり、主権国家のみを「重要主体」として運営される国際連合とは哲学、思想、求められるシステムが根本的に違うわけである。地球市民こそが真の主役だからである。

しかし、主権国家もまた地球連合を支える「重要主体」であることには変わりない。主権国家の加盟なしに、そもそも地球連合は成り立たないからだ。

ところで、本構想では既存の国際連合を世界統一の「戦略主体」とはしていない。その理由を挙げればきりがないが、ここで敢えて三つだけ挙げておく。

一つは、国連は人類に対して〝主権〟を与えていないからである。言いかえれば、国連には〝地球市民〟が存在していないからである。二つ目は、米英仏中ロなど安全保障理議会を構成する五大国に拒否権を与えているからである。そのため五大国を頂点としたヒエラルキー構造が形成されてしまっている。しかも、国連はこの支配構造を永遠に変革できそうもない。

三つ目は核武装してようが、共産主義国家であろうが、独裁国家であろうが、民族自決権を認めない国家であろうが、内戦中の国家であろうが、国家主権を有すれば国連に加盟できることである。いわば非民主国家であろうと〝ならず者国家〟であろうと加盟できる点が問題なのである。なぜならば、超国家体制は非民主国家やならず者国家が存在していたのでは成立し得ないからである。

世界統一とは《軍事統合》であると同時に、〝ならず者国家〟を〝真っ当な国家（民主国家）〟に変えてゆく過程であり、そうした過程でもなければならない。したがって、どのような国家であろうと地球連合に加盟させてよいわけではない。では、どのような国家ならば加盟できるのか。

参考までに、地球連合への加盟条件は主に七つある。

一、民主主義国家でなければならない。

超国家体制は独裁国家、共産主義国家、非民主国家、テロ支援国家、破綻国家、内戦中の国家、核武装国家などが混在していたのでは成り立たない。なぜならば、様々な政治体制や政治原理が混在していたのでは共通のルールやシステム、法体系によって諸国家を結び付けることができず、機構運営の一体性を欠いてしまうからである。

戦後、米ソ双方がイデオロギーの優越性を巡って争ったため国際社会がどうなったかを考えてみれば分かるであろう。国際社会は東西二大陣営と第三世界に分裂し、対立と混乱によって支配されていた。この教訓から言えることは、国際社会が一つの政治原理を共有してはじめて超国家体制は成り立つということである。

冷戦終結の真の意義は何か。西側民主主義陣営がソビエト共産主義陣営に勝利したことではない。将来の超国家体制が民主主義を根本原理として運営されるべきことが明らかになったことである。私はこれこそ冷戦終結の真の意義だと考えている。したがって、地球連合加盟国は民主主義国家でなければならないし、これ以外の国を加盟させるべきではない。

尚、本論では市民主権、複数政党制、議会政治、言論の自由、人権の尊重、核武装の放棄、「民族永続の権利」などを尊重した国を民主国家と定義している。

二、「民族永続の権利」を尊重し、民族間の主従関係を解消しなければならない。

世界統一とは民族の〝覇〟を競った「人類前史」に終止符を打ち、人類の永続を前提とした新たな時代すなわち「人類後史」を切り拓くことである。と同時に、人類永続とは異なる言語、文化、伝統、歴史、アイデンティティを持つ地球上の諸民族の永続化も意味している。言うなれば何百何千もの民族が互いに〝華〟を競い、地球全体に壮麗なる民族文化が咲き乱れる時代すなわち〝民族ルネサンス〟あるいは〝人類ルネサンス〟がどれだけ華麗に開花するかが「人類後史」の繁栄と栄華の鍵を握る。

にもかかわらず、「人類後史」の下でも民族抑圧が存在すればどうか。血で血を洗う民族対立が継続し、超国家体制が安定することなど決してないであろう。したがって、「人類後史」を切り拓くにあたって地球上に存在するあらゆる民族間の主従関係を解消しなければならない。

この観点から生み出されたコンセプトが「民族永続の権利」である。この「民族永続の権利」とは〝民族自決権〟の延長線上にあるもので個々の民族が有する文化、伝統、言語、生活様式、アイデンティティのみならず、その〝尊厳〟や〝魂〟を互いに認め合い、助け合い、これを永久に軽んぜず、抑圧せず、脅かさず、ある一定の行政区域内での文化的・民族的自治を保障する権利のことを言う。

三、核武装を放棄しなければならない。

冷戦時代には米ソ両国だけで地球を数十回も破壊尽くせるだけの核兵器を保有していた。冷戦終結後、核戦略交渉に若干の進展が見られたものの、核戦略体制は今も健在でわずか数時間足らずでわれわれの惑星を壊滅できる状態にある。

しかも、この大量破壊兵器は北朝鮮やパキスタンなどにも拡散中であり、いずれテロリストたちの手にも渡るのではないかと懸念されている。さらに、プーチン大統領とバイデン大統領の決断次第ではいつ全面核戦争が勃発してもおかしくはなく、今まさにわれわれは〝人類滅亡か〟という深刻な時代に生きている。

われわれの前途を大きく阻害しているのは核兵器の存在である。もし北朝鮮が東京の上空で水爆を爆発させれば関東一円に膨大な死傷者が出るだけでなく、事実上日本は滅亡する。その悲劇はコロナ禍の比ではない。たった一発だけで何十億倍もの惨禍を地上にもたらす。

敢えて指摘するまでもなく、この大量殺人兵器が一発でも地上に存在していたのでは「人類後史」を切り拓くことはできない。ということは、すべての国家から核兵器を取り上げなければならないし、諸国家は核兵器を保有していてはならない。したがって、これを加盟条件とすることは道理である。

だが、核兵器の全廃は口先の理想主義だけで実現できるものではないし、諸国家から核兵器を取り上げれば済むという単純な問題でもない。究極的には国家間の核戦争が九九パーセントではなく、一〇〇パーセント起こりえないような全地球治安システムを構築し、地上のすべての市民の絶対的安全を一〇〇パーセント確約するということだからである。

四、特定の国家との軍事同盟を解消し、侵略戦争を放棄しなければならない。全地球治安システムに組み込まれ、最終段階で「相互軍事制圧」を受け入れなければならない。

地球連合は新しいタイプの安全保障同盟でもある。アメリカ軍を覇権的強制力とするならば、連邦警察軍という「普遍的強制力」を中核にした二一世紀型の安全保障同盟であるという見方もできるからである。ということは、この新しいタイプの軍事同盟に参加しながらほかの国家とも軍事同盟を結ぶということは軍事的にも、政治的にも、道義的にも矛盾をはらむことになる。したがって、軍事条約の解消が加盟条件になることは当然のことであろう。

侵略戦争の放棄も当然である。これは加盟国としての最低限守られるべき規範である。さらに、国内の軍事基地に連邦警察軍を常駐させ、自由自在にアクセスさせなければならないし、統合の最終段階では「相互軍事制圧」受け入れ、隣国の軍隊であれ、仮想敵国の軍隊であれ、国内に迎え入れ、核武装の解除を含む戦争抑止のためのあらゆる平和軍事活動を容認しなければならない。

因みに、特定の国家との軍事条約の解消はあくまで教科書的な立場から述べたものであり、戦略論の立場に立つとまた違った〝道理〟が見えてくる。そして、原則論を貫くのか、それとも戦略論を選択するのか、それを決めるのは〝電脳議会〟すなわち〝地球議会〟である。

五、すべての国家・民族は諸問題解決にあたって〝国家的・民族的犠牲〟を受け入れなければならない。〝人類の一員〟としての〝証〟を立てるためにすべての国家・民族は〝大いなる喜捨〟を行わなければならない。

国家にとって戦争、紛争、争いの本質は何か。それはパイの奪い合いである。つまり、国益や利害の争奪戦であり、防衛戦である。国益こそが国家生存を保障する唯一のよりどころだからだ。それ故に、すべての利害関係者が満足する形での解決が不可能なのが国際問題である。交渉相手に譲歩すれば利益を失い、解決できなければ問題は永遠に残り続ける。

しかし、先史時代より長く続く血で血を洗うような社会から地球市民は解放されなければならない。なぜならば、それこそが「人類前史」と「人類後史」の根本的相違でなければならないからだ。

主権国家が誕生して以来、国益至上主義がまかり通ってきた。これは「主権国家システム」の性格をみればやむを得ないことである。しかし、これからは人類全体の利益というものを視野に入れ、それが満たされて諸国家の生存条件が成り立つということも考えていかなければならない。つまり、国益よりも人類の利益を優先すべきだということである。

だからといって、理屈としては正しいことだと理解していても、それができないのが国家の本性というものである。彼らは生き残りを賭けて常に戦っているのだ。国益を手放すことなどすべきことではないし、許されることではない。

けれども、国家の意志や存亡、利害がどのようなものであれ、人類全体の利益や秩序を優先させなければならない限り、超国家体制が実現しないのも相反する事実である。言いかえれば、世界統一以前にすべての国際問題は解決されなければならないということである。とは言っても、今までのやり方では到底不可能であろうし、これまでにない発想と新しいアプローチが求められよう。

そこで、すべての国家、民族に〝人類〟となるための〝通過儀礼〟あるいは〝通過儀式〟として、国の人口や面積や、経済力、軍事力の差を問わず、全人類の未来に対する何らかの〝喜捨〟を等しく義務付けるのはどうだろうか。〝喜捨〟とは、誰がために自らの大切なものを差し出すということであり、本論の場合、人類存続のために諸国家・諸民族が払う〝国家的・民族的譲歩〟を意味している。

他国に対する〝譲歩〟は外交的敗北にもなるが、〝喜捨〟ならば全人類に対する〝犠牲〟となる。しばしば他国に対する譲歩は国民の間に不満やしこりを残し、場合によっては合意や協定を反故にする勢力が現れ、破られることもある。

そこで、この際、国家間の合意や協定、条約などは一切やめて〝喜捨〟とし、これを〝大義名分〟として諸問題の解決を計るのである。いちいち何百何千もの合意や条約を締結するより、〝喜捨〟させるほうがはるかに効率的であろう。〝喜捨宣言〟一つで済み、問題を解決できるからである。

〝喜捨〟とは〝高貴な人間精神〟の体現である。そして、〝喜捨〟を行った国にはその代償として「普遍国家」としての法的枠組みを、民族に対しては「民族永続の権利」をもたらすのはどうだろうか。国家や民族にとっても、その目的が生存ならば〝喜捨〟により「普遍国家」の地位を確立し、「民族永続の権利」が保障され、地球政府が永続的に保障すればその見返りは国家の本能とも合致するであろう。

つまるところ、諸国家・諸民族の〝高貴な精神〟を持って国際問題を一気呵成に解決に導くわけである。したがって、すべての国家・民族は人類の一員〟としての〝証〟を立てるために〝大いなる喜捨〟を受け入れなければならないし、これは義務であり、使命であり、戦争ばかり行っていたわれわれが子孫に対して残せる崇高なる遺産となる。

六、「地球市民主権」を保障し、地球市民の一員としての新しい権利を認めなければならない。

超国家サイバー警察を常駐させ、捜査権（逮捕権）を与えなければならない。

地球上に生まれた人間は国家、民族、宗教、言語、文化に区別されることなく等しく「地球市民権」を有する。すべての人間は〝地球市民〟として生きる権利を保有する。いかなる国家、民族、集団、組織もこの「市民主権」を尊重しなければならないし、保障しなければならない。

今や日常生活のみならず、人生そのものの根幹を支え、誰にとっても必要不可欠な存在となったのがインターネットである。超国家体制を根本で支えるのも、実はネット社会であり、地球政府自体がネット空間に大きく依拠する。だが、最近では様々なサイバー犯罪も多発している。ネット環境が遮断されたり、中断されたり、ハッキングされたりすればＩＴ地球国家そのものが機能不全に陥り、そのダメージは計り知れない。

将来、サイバー犯罪に迅速に対処できる地球規模の警察組織が必要不可欠である。言いかえれば、地球市民権、民主主義、超国家通貨、超国家議会などから成るＩＴ地球国家を守るためには国家、地域、国境をまたいだサイバー犯罪に対処できる、それに特化した超国家サイバー警察機構の設立が求められるということである。したがって、加盟国はそのサイバー警察を国内に受け入れ、独自の捜査権（逮捕権）を与えなければならない。


以上が地球連合への加盟条件となる。六つの条件しか提示していないが、七つ目は「世界統一に失敗した場合、アメリカの恒久覇権を認める」という加盟条件が加わる。このアメリカの恒久覇権とは、新生アメリカ軍による世界統一を容認するという意味でもある。だが、混乱を避けるためこのプランBについては〝戦略編〟で扱っている。(世界統一は一応プランAからプランDまであり、第三章まではプランAの〝教科書編〟に当たる)。

実際には加盟条件は七つだけでは済まないだろうが、一応本構想で取り上げておくべき基本的なものはこれだけで揃う。しかしながら、ここでも重大な指摘をしておかなければならない。それは六つの加盟条件ですら満たせる国は現在の国際社会にはほとんどまったく存在しないと言うことだ。

たとえば、西側諸国はNATO(北大西洋条約機構)に加盟しているし、日本や韓国にはアメリカ軍が常駐している。中国のような共産主義国もあれば、英仏米ロなどは核兵器を保有している。さらに、アフリカには貧しく政情不安定な国も多く、統治基盤が破綻している国も存在する。中近東の国情は常に紛争と紙一重の状態である。

要するに、たった六つだけでもこれらを加盟条件とする限り、地球連合の創設は事実上不可能だということである。だからといって、この加盟条件を撤回できるわけでもなければ撤回してよいわけでもない。最低限の条件だからである。したがって、そこは臨機応変に考えるべきであろう。つまり、参加を望む国は加盟条件を満たすことを〝誓約・公約〟してもらい、ある程度の猶予期間を与える。

たとえば、猶予期間が一年以内ならば、日本の場合、アメリカとの軍事同盟を加盟公約後一年以内に解消しなければならない。北朝鮮ならば加盟表明後一年以内に民主選挙を導入しなければならない。それができないのならば正式加盟できない。このように加盟条件自体は変更しないものの一定の猶予期間を設ければ加盟できる国も現われるのではないだろうか。

では、どのようにして地球連合を生み出すのか。その第一歩は世界統一に賛同し、加盟条件の受け入れを〝誓約・公約〟した国の首脳陣が参集して〝地球連合創設委員会〟を結成する。そして、「地球市民憲章」の明文化と「地球連合アプリ」の開発に取り掛かる。この「地球連合アプリ」完成後、世界中の人々にダウンロードしてもらう。この段階で〝地球市民〟が登場し、新しい「地球共同体」が生まれる。そして、その後〝地球市民〟と共に加盟国首脳が「地球連合」の創設を正式に宣言し、機構運営を開始する。

それでは、地球連合の組織構造はどのようなものになるのか。次にそれについても述べておきたい。

図Ⅰが地球連合の組織構造である。あらかじめ断っておくが《世界統合》は前期・中期・後期の三段階に分けられ、地球連合は自らの運用システム（意思決定システム）を各段階ごとに自律的に変異・進化させてゆく。そして、本章で述べるのは黎明期に当たる第一段階の運用システムであり、第二、第三段階に関しては第四章の〝戦略編〟で扱っている。

本論で構想している主な組織は以下の通りである。①閣僚理事会、②最高戦略会議、③地球（連合）議会上院、④地球（連合）議会下院、⑤主権IT省（地球市民省）、⑥電脳議会省、⑦連邦通貨省、⑧連邦企業省、⑨連邦法務省、⑩地球安全保障省、⑪連邦警察省である。

①の閣僚理事会は加盟国首長、外務大臣、そのほかの閣僚からなる地球連合の最高意思決定機関となり、その役割は機構全体を統括し、加盟国や地球議会上下両院などから出された政策提言や決定事項を②の最高戦略会議に実行させることである。この閣僚理事会が地球連合の頂点を司る。し

図 I

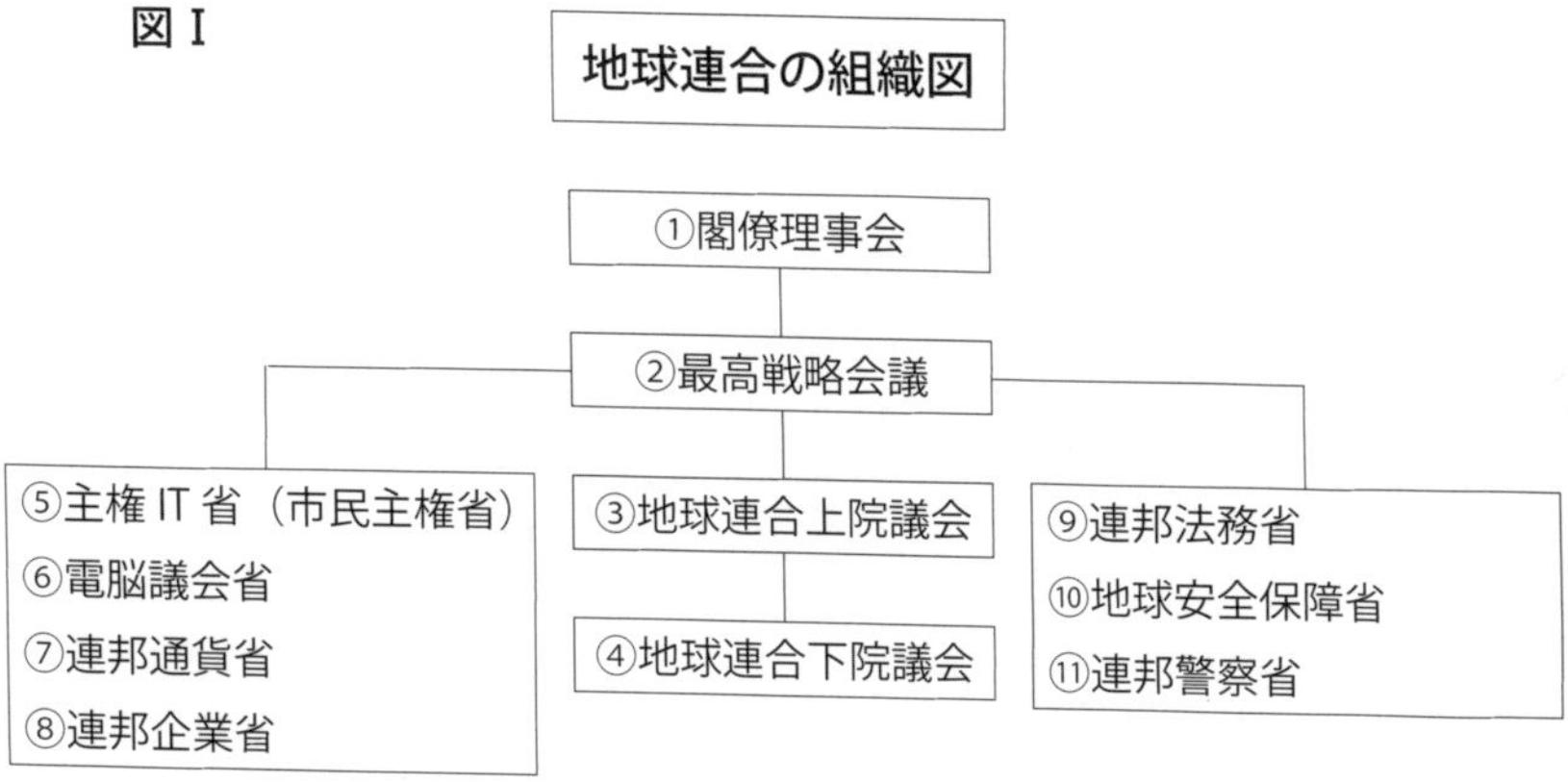

かしなぜ、主権国家の代表からなる閣僚理議会が頂点に君臨しているのか。ひと言で述べると、黎明期においては地球市民が運営に関して全責任を持つのはまだまだ時期尚早だからである。

②の最高戦略会議は国連の事務局、主権国家の内閣に相当し、地球連合の行政機関を統括する最高意思決定推進機関となる。拠って、普段はこの最高戦略会議が中心となって各種行政機関を束ね、指揮・監督したり、閣僚理事会の決定や二つの議会が要望し、決議した事案を執行したりする。第一段階では閣僚理事会がこの最高戦略会議のメンバーを任命する。

④地球（連合）議会下院は立法機関となる議会である。下院議会となっているが、これは〝議会〟というよりも、その本質は〝地球市民社会〟である。が、同時に〝地球市民社会〟というよりもその役割はやはり〝議会〟でもある。どういうことか。

まず、この下院議会の議員には「地球連合アプリ」をダウンロードし、「地球市民憲章」に同意し、〝地球市民〟として〝登録〟した一八歳以上のすべての〝主権者〟に門戸が開かれる。議員になるためには「地球連合アプリ」の中の「政治公権力」の画面を表示し、以下の中から選択する。

①連邦下院議員になる

②連邦上院議員になる

③今はどちらもならない

この三つである。このうち①をクリックした市民が〝下院議員〟となり、地球議会下院に〝議席〟を確保することができる。つまり、〝ポチる〟だけで〝連邦議員〟になれるのかといえば、その通りである。選挙を行わないのかといえば、その通りである。誰もが自由意志で〝連邦議員〟になれることが、この地球連合の最大の特徴である。

なぜならば、この地球連合は〝市民社会〟だからである。けれども、これだと億単位もの〝連邦議員〟が誕生する可能性もあるが、それを承知しているのかというと、もちろん承知の上である。むしろ、それを目的としているのだ。その理由は人類上はじめて人間同士が〝地球市民〟として顔を突き合わせる、国家を超えた大きな舞台を設けることができるからである。

しかしながら、あくまでもこの議会は〝ネットワーク〟上のものである。つまり、〝仮想空間〟に創られる〝電脳（メタバース）議会〟である。〝議席〟がもたらされるのも仮想空間上だけであり、アバターや自分の写真などを通じて議席を確保してもらう。ＩＴ技術とは素晴らしいもので、仮想空間でならば何十億単位の議席であろうと生み出すことができる。

では、この下院議会の役割は何なのか。「歴史の議決権」や「地球統治権」を〝連邦議員〟に行使してもらい、政策の是非を採決してもらう。つまり、世界政治の大舞台で自らの意志や考えを直接表明してもらい、地球の歴史の流れを定めてもらうのである。理念上、あるいは原則的にすべての歴史の方向性はこの下院議会での多数決で決められることを想定している。最終的に下院議会での電子投票結果によって、人類の進路が決定され、様々なルールや政策、超国家的な法律が決まることを想定しているからである。

では、どのように決めるのか。その議決方法は如何なるものなのか。「歴史の議決権」や「地球統治権」の具体例は本文中でいくつか描かれているが、いきなり究極の選択例をここで挙げると、連邦警察軍の核武装についてであろう。自主開発しなくとも連邦警察軍は地球上の核兵器を管理することになるであろうが、その一部を自らの核武装に用いるべきかどうかを多数決で決してもらうのだ。その方法は単純である。

①賛成
②反対
③棄権

この三択の中から一つだけ選択し、クリックしてもらう。ハッキングが不可能とされる次世代の量子コンピュータの処理速度ならば何十億人もの議員が投票に参加しようが、その結果を〝六〇秒〟もかけずに導くことができる。つまり、選択肢を毎回三択だけに絞り、スーパーコンピュータを活用することによって地球議会（以後、電脳議会とも呼ぶ）内において採決を行うわけである。

実際には二四時間以内に議決してもらうであろうが、これで〝人類の意思〟をまとめ上げ、歴史の方向性を決定できるのである。しかも、いちいち投票所に足を運ぶ必要もなく、スマホさえあればどこの街にいようとどの国にいようと参加できる。このことは一体何を意味しているのであろうか。

それはＩＴ技術のお陰で地球規模の民主政治が実現できるということである。そして、その実験場であり、実践の場となるのが〝電脳議会〟なのである。いいかえれば、④の下院議会は地球規模の民主政治実現のためにも構想されているわけだ。

連邦警察軍の核武装はあまりにも唐突過ぎたかも知れない。後述するように、これは〝対国家〟ではなく〝対巨大隕石〟迎撃などを想定したものであるが、何を強調したいのかというと、古の王国の君主や領主たち、現代では米ロの大統領たちが時として国内外の人間の殺生与奪の権力を持つように、同じような強大な権力がひとりひとりの地球市民にもたらされるということである。言いかえれば、クリック一つで済むからといって、その行使には重大な責任と緊張がともなうわけだ。

いずれにしても、下院議会は電子投票を通じて〝歴史の決断〟を行い、歴史の方向性や政策を決めるために構想されていることを頭に入れていただきたい。では、③の地球議会上院はどうなのであろうか。

話は逸れるが、もし私がテロリストならばターゲットに何を選ぶであろうか。私なら〝2進法〟を選ぶ。私はコンピュータを根源で支える2進法が大嫌いなのだ。2進法と聞くだけで虫唾《むしず》が走る。本能的な嫌悪を感じる。理由は不明である。そもそも機械類が苦手なのかも知れない。

その点、私の母は得意であったそうで、高校時代、授業中に自分の腕時計を分解し、授業の終わりまでに組み立て直せたと言っては自らの優秀さを自慢していた。というより、そう言ってはたびたび私の不甲斐なさを皮肉ってきた。もう何十年も前の話であるが、その母がかつての同級生とはじめて海外旅行に行くことになり、シンガポールを訪れることになった。

その前日の晩、私は世界地図を取り出し、シンガポールはどこにあるのか指で指すようにお願いすると、この辺りではないかと迷いながらフィリピンを指していた。おまけに当時あった出入国カードの出発地の欄に〝成田〟と記入すべきところを最寄りの私鉄沿線の〝駅〟を記入し、友人らに大笑いされたそうである。

そんな母はどこにでもいる平凡な人間であるが、自然災害が起きると寄付を行い、ユニセフや国境なき医師団への募金も毎年行っている。高齢になるまではボランティア活動にも積極的であったし、人々の幸せへの思いも人一倍強く、戦争を憎んでもいる。

何が言いたいのか。普通の人間は海外旅行には行きたがるであろうが、世界の国々のことなどほとんど分からないし、戦争を憎むかも知れないが、世界政治などに興味もなく、参加もしたがらないということだ。戦後の日本経済の発展を陰で支えたのはサウジアラビアの石油である。にもかかわらず、サウジアラビアがどこにあるのか知らない日本人が大勢いるように、日本がどこにあるのか知らないアメリカ人もいる。

残念ながら、それが人間というものである。言いかえれば、これこそがいわゆる〝地球市民〟の本質なのだ。それ故に、世界情勢に無関心な〝地球市民〟が歴史の方向性を決める重大な決断などできるのか。笑止千万であるとの声も必ず上がりそうである。

この点についてひと言添えておくと〝地球市民〟を美化してはならないのは事実である。〝グローバルに考え、ローカルに行動しよう〟という標語があるが、実際にはローカルに考え、ローカルにしか行動できないのが人間というものである。しかし、たとえそうであったとしても、あくまでも地球市民の、地球市民による、地球市民のための議会は必要である。その理由は最後までお読み頂ければ十分納得されるであろう。

だからといって、世界情勢などに関心のない普通の市民に余計なストレスや精神的負担をかけるべきではない。そこで、議会を上下両院の二院制にしたのである。

③の上院議会は自らの意志で〝上院議員〟になると決意し、〝上院議員となり、その責務を果たす〟ことに同意した人から構成される。もちろん、上院議員選挙に立候補する必要もなければ、落選もない。登録も登録抹消も自由である。あくまでも任意であり、義務ではないからだ。要するに、〝上院議員〟として〝登録〟した市民なら誰にでも上院議会に〝議席〟が用意されるわけである。もちろん、上下両院とも無給である。

この上院議会の特徴は何か。まず、下院議会が主に〝議決及び（総）選挙のための議会〟だとすると、上院議会は〝議論するための議会〟となる。したがって、日ごろから地球上の諸問題に高い関心を寄せている市民が中心となって構成され、その解決に向けて努力してもらうことになる。では、どのように〝上院議員としての責務を果たす〟のか。

〝超国家政党〟を結党してもらう。超国家政党とは国籍や民族、宗教や人種の次元を超えて活動する政治団体のことであり、その使命は超国家的な議会政治を実現することである。もし、複数の超国家政党が上院議会に生まれればどうか。将来、下院議会（地球市民社会）を舞台に〝総選挙〟を実施し、多数派となった政党が〝超国家内閣〟を組閣できるようになる。言いかえれば、地球政府の中枢組織となる超国家内閣の〝組閣化〟への道が切り拓かれるわけだ。

しかも、それは民主手続きを経た合法的なものである。いうなれば、そのためにこそ上下両院議会にしたのであり、「市民主権」というコンセプトを考案した本源も、実はここにある。だが、〝組閣〟が可能になるまでには十数年以上はかかる。拠って、その間は閣僚理事会や最高戦略会議が運営責任を果たすことになる。

この①から④までが地球連合の意思決定システムの根幹を占めている。そして、②の最高戦略会議に属しているのが、⑤から⑪までの行政機関である。

この⑤から⑪のコンセプトについては適当な場所で説明する。取り敢えず簡単に説明しておくと、⑤主権ＩＴ省（地球市民省）は「地球連合アプリ」の開発する行政機関であり、様々なアプリを包括し、更新する役割を担う。⑥電脳議会省は地球（連合）議会上下両院をサポートし、管理する組織である。⑦連邦通貨省は超国家通貨を発行し、これを地球市民社会に流通させる機関である。⑧連邦企業省は超国家通貨を基軸通貨とした経済市場を創設し、運営・監督する組織であり、新しい資本主義の構築を目指す。⑨連邦法務省は超国家法を立案する司法機関である。⑩地球安全保障省は連邦警察軍を創設・指揮する安全保障機関であり、⑪連邦警察省はサイバー空間を利用した犯罪の取り締まりに特化したサイバー警察省となる。

しかしながら、忘れてはならないのが地球連合の本質であろう。この機構体の本質は何かというと〝SNS〟である。つまり、ひとりひとりが〝電縁〟でつながったフェイスブックのような〝交流サイト〟でもある。したがって、たとえば電脳議会に創られたアバターなどをクリックしてもらえば各自のプロフィールや趣味や関心事を紹介できたり、フェイスブックやインスタ、Xなどとリンクさせ、自己アピールしたり、仲間を作ったりできるようにもするべきであろう。

この他にも、NGOやNPO、学術機関や政治団体の活動の場、アニメやゲームなども含む共通の趣味や人生の悩みを持つ人々が集うサークルの場としても活用できるようにしなければならない。さらに、超国家通貨を基軸通貨として成り立つ新たな経済市場を構築し、企業や個人が様々な商品を売買できるようにして、その際に仲介料として、わずかばかりの手数料を得て、地球連合の運営費などにも回せるようにもすべきであろう。

つまるところ、地球連合は国際連合のような〝国家の集合体〟とは違って〝地球市民〟をベースとした〝市民の集合体〟でもあるため様々な用途が広がるのである。言いかえれば、地球連合は〝安全保障機関〟としての〝顔〟や〝電脳議会〟や〝経済市場〟としての〝顔〟の他にも個人や仲間同士、集団や団体の利用の仕方や創造性によって多彩な〝顔〟を覗かせるわけである。

したがって、〝機構体〟というよりはむしろ変幻自在な〝有機体〟となるといった方がよいであろう。そして、その〝有機体〟を根底で支えているのが〝地球市民〟であり、この〝地球市民〟とは〝一般市民〟のことである。ということは、一般市民が世界統一の〝主役〟を務めるということである。そして、その〝地球市民〟の利用の仕方次第で無限の可能性が広がるのが、本論の「地球連合」なのだ。

つまるところ、地球連合は加盟各国が新しい機構体の〝屋台骨〟を構築して〝体〟を提供し、そこに〝地球市民〟が〝意思〟と〝絆〟を注入して運営されるわけである。言いかえれば、地球連合は地球市民の〝連帯〟と〝絆〟を基底にした市民同士の連合体と、世界統一を標榜する加盟国の連合体が一つに融合して成り立つわけである。そして、地球市民、地球連合、主権国家が三位一体となって試みるのが世界の統一なのだ。

以上が、本論で構想している地球連合の概観である。この地球連合創設の目的は主に六つある。

一、「地球連合アプリ」を通じて〝地球市民〟を生み出すこと。
一、地球議会上下両院において民主政治を試みること。
一、連邦警察軍を創設し、全地球治安システムを構築すること。
一、超国家通貨を発行し、新しい経済市場を実現すること。
一、超国家法体系を法制化すること。
一、加盟国を増やし、地球政府を樹立すること。

第二節 「世界統合」原理

〝人類前史将に終わらんとす〟。これは満州事変の首謀者であり、日本史上最大の軍事的天才とも言われる石原莞爾が著わした『世界最終戦論』の副題に記されていた文言である。

この著作の中で石原は戦争兵器の発達の極限化が逆に戦争を不可能にし、その結果世界は統一されるという予言を残している。そして、その前提条件として掲げていたのが、「世界の一地方を根拠地とする武力が全世界の至るところに対しその威力を発揮し、抵抗するものを屈服し得るようになれば、世界は自然に統一する」という軍事的見解であった。

一九四一年(昭和一六年)にはじまった太平洋戦争より以前にこの著作が出版されていたのには驚かされるが、実は今から八〇年以上も前に着想されていた石原の軍事的見解と、一八〇〇年以上前に古代中国で記された孫子の兵法を土台にしながら本論は書かれている。そして、石原の軍事的見解を根底にして構想されたのが、これから述べる連邦警察軍であり、全地球治安システムなのだ。

地球連合は連邦警察軍を創設し、全地球治安システムを築いてこその地球連合である。全地球治安システムの構築なしに世界統一は不可能だからである。それでは、その中核を成す連邦警察軍とは一体どのような組織となるのであろうか。次に、それについて述べてゆきたい。

まず、この連邦警察軍を構成するのが〝連邦警務官〟である。その門戸は宗教、人種、国籍、性別、軍務経験の有無、加盟国非加盟国出身かどうかは問われず、一八歳以上のすべての地球市民男女に開放される。そして、彼らはあくまでも〝国家〟や〝民族〟から〝完全独立〟した〝連邦警務官〟として扱われる。この連邦警務官に求められる資質は何か。

江戸末期、幕末風雲の中、大志を抱いた藩士たちが〝藩〟という古い体制から果敢に飛び出し、〝脱藩者〟となって明治維新という体制変革を成し遂げた。彼らは凄まじいエネルギーで時代を駆け抜け、それが近代日本のさきがけとなった。同じように人類の存亡を賭けた新しいドラマの〝陰の主役〟たちには人類と大義のために命を投げ打つ覚悟を秘めた気概とロマン溢れる〝世界の坂本龍馬〟のような人物でなければならないであろう。そして、これが連邦警務官への第一の条件となろう。

本論では連邦警務官の総数を一〇〇万人から二〇〇万人とし、彼らを連邦警察軍直属の士官学校や大学校、警察学校などを設立して養成してゆくものとする。また、実戦経験のあるウクライナ軍兵士やウクライナ義勇兵なども希望すれば連邦警務官となれるように配慮し、アメリカ軍やロシア軍を含むあらゆる国の現役軍人もまた世界統一に賛同し、〝脱藩（脱国）〟すれば軍籍転属扱いで階級をそのままに特別待遇で入隊できるものとしておく。

私は軍事専門家ではないので具体的な戦力や装備に関しては何も言えない。ただ全体として現在のアメリカ軍をイメージしておいてほしいと思う。最も、アメリカ軍とは本質的に目的も任務も異なるため編制も装備も異なる。たとえば連邦警察軍は二四名から三二名の人員を輸送し、その高機動力を生かしていわば〝空飛ぶパトカー〟として使用するため数千機のオスプレイを世界各地に配備する必要があると思われる。

もちろん、後方支援のための大型輸送機や、援護のための戦闘機などの航空戦力なども持たなければならないであろう。けれども、航空母艦を中心とした大規模な空母打撃群などはそれほど必要ないはずである。人間は海上に住んでいるわけではないからである。空母打撃群は必要なくとも、多くの兵員を輸送できる揚陸艦や護衛艦はそれなりの数が必要であろうし、〝海兵隊〟からなる緊急展開部隊の編制も必要になるであろう。いずれにしても、戦力や装備に関しては、軍事専門家や退役軍人などを招聘して編制されるものとしておく。

ところで、連邦警察軍という新たなコンセプトが登場するからといって、その本拠地を地球上のどこに設定すべきかを論じるのはまだまだ早いと思われるかも知れない。しかし、実際に数百万規模の連邦警察軍を創設することになれば、一体どこの国に本拠地を定めるのかが必ず問題になる。本拠地とはアメリカ軍ならばアメリカ本土、自衛隊ならば日本国内というように軍隊の作戦活動の中心となる地域のことを言う。したがって、連邦警察軍の本拠地といえば自らの活動の中心地となることを意味し、この場合、その創設地も意味している。

それでは、地球上のどこの国が創設地として最も適しているであろうか。本論において創設地を「設定」し、本拠地を明確化しておくことはこれから世界統合のシミュレーションを説明してゆく上で分かり易く都合がよい。そこで、参考までに本拠地の候補となる国々を選び出してみた。

その候補はオーストラリア、ニュージーランド、タイ、マレーシア、インドネシア、シンガポール、フィリピン、ベトナム、ラオス、カンボジア、ブルネイ、ミャンマーの十二ヵ国である。このうち地球連合加盟国となった国々が本拠地となる。なぜ、これらの国々を選んだのか。

第一に、一六世紀になって地動説が唱えられるようになったときでも、北半球の地理学者たちは地球の平衡を保つためには南半球に巨大な大陸が存在し、北半球とのバランスが保たれていると信じられていたように今日軍事力が集中しすぎている北半球との軍事バランスをとるためには南半球に位置するオーストラリアを中心にしたこの地域が最も適しているからである。

また、主権国家の本質を考えた場合、核兵器が存在し続ける限り、核戦争は起こり得るという前提に立たなければならない。したがって、この南半球を本拠地とした場合、万が一核戦争などで北半球の諸国が壊滅的な打撃を受けても、南半球が無事であればこの地域から世界秩序の回復を計ることも期待できる。つまり、核戦争という最悪の事態を想定してこの地域を選び出したわけである。

第二に、複数の国家の連帯が見られる地域でなければならない。この連邦警察軍は〝超国家的〟な軍事・警察組織となり、最終的な規模を数百万規模としている。ということは、本拠地を一ヵ国だけに絞らずに複数の国に分散すべきであるが、その一体的運営を追求するためには近隣の諸国との連帯が構築されていなければならない。

その点、オーストラリアとニュージーランドはイギリス系移民が建国した兄弟国であるという共通性を持ち、他の一〇ヵ国は東南アジア連合（ＡＳＥＡＮ）の加盟国であり、域内の政治的・経済的な連帯が築かれている。さらに、これらの国の多くは戦後親米国家であったという共通点を持ち、現在中国の台頭とその横暴に対して脅威を抱いている。したがって、この地域ならば連邦警察軍を分散させながら、その一体的運営を可能にする地政学的土壌が出来上がっていると言えなくもない。

第三に、紛争が少なく、比較的に軍事力が集中していない地域でなければならない。そもそも連邦警察軍を紛争地域に創設することなどできるわけがないし、またヨーロッパのような軍事力が集中している地域では新旧の安全保障システムが複雑に混在し、連邦警察軍の活動に様々な制約が課されてしまう。その点、この一二ヵ国の地域ならばイスラエルとアラブ諸国のような対立関係もなく、中東、ヨーロッパ、北東アジアなどに比較して軍事力が集中しておらず、米・ロからの離縁性もある。

さらに、各国の総兵力も全体的に小規模である。しかも、この地域の中心にオーストラリアという巨大な国家が存在し、その総兵力が六万人と極めて少なく、連邦警察軍の大部隊を常駐させるには非常に好都合である。そのオーストラリアが「マルチ・カルチャル・ソサエティ」（多民族複合文化社会）を目指しているのも心強い。

第四に、この地域はイスラム教徒が大半を占めるマレーシアやインドネシア、ブルネイ、仏教徒が大半を占めるタイ、ミャンマー、ラオス、キリスト教信者の多いオーストラリア、ニュージーランド、フィリピン、中国古来の儒学思想を受け継ぐ中国人やヒンドゥー教徒が住むシンガポールなど様々な宗教や伝統、価値観を持つ民族で溢れている。ということは、文明の衝突が叫ばれる中、この地域は〝文明の融合〟を試みる上で非常に意義深い地域だと言えるであろう。

以上の理由をもって、この一二ヵ国を本拠地の〝候補地〟として選び出してみた。おそらく、人類の歴史の新しいステージを飾る上でこの地域ほど地政学的にも、軍事的にも創設地として適した場所はないであろう。但し、この他にも、日本とドイツの二ヵ国を〝候補国〟として選び出した。その理由は〝ビンのふた〟の説明のためである。

それでは、連邦警察軍を中核とする《軍事統合》すなわち諸国家の軍事基地の一体化・連動化によっていかなる新しい原理や秩序が生まれるのか。創設地を中心にシミュレーションを行いながら、法則的な「世界統合」原理を明らかにしてみたい。

まず、一二ヵ国を本拠地として設定すると、一〇〇万規模の連邦警察軍がオーストラリアを中心にして各国に分散して配備されることになる。たとえば、オーストラリアに五〇万人、ニュージーランドに五万人、タイに五万人、マレーシアには五万人、インドネシアに五万人、シンガポールに一万人、フィリピンは五万人、ベトナムは一〇万人、ラオスには一万人、カンボジアは五万人、ブルネイは一万人、ミャンマーには七万人といった具合である。

では、もし連邦警察軍がこれらの国々の軍事基地に常駐し、活動しはじめるとどうなるか。これらの国々がそれぞれ持つ軍事体制とは別の次元から新たな安全保障システムが構築され、連邦警察軍は独自の軍事・警察システムを通じて各国の軍事基地を一体化し、そこを拠点にしながら自由に移動し、活動できるようになる。このとき、この地域全体の安全保障環境は大きく変容する。

現在、この地域は民主国家オーストラリア、ニュージーランド、マレーシア、インドネシア、フィリピン以外の国は軍事政権下のタイ、絶対君主制のブルネイ、一党独裁制のベトナムとラオス、政権交代のない強権体質の都市国家シンガポールやカンボジア、軍事政権で一定数の軍人が議会を牛耳り、内戦中のミャンマーといった様々な政治体制が混在している。それゆえに、この地域には独特な緊張関係が存在している。

かつてそれを露見させたのが、一九九〇年の湾岸戦争である。イラクのクウェート侵攻直後、当時のシンガポール首相が〝シンガポールを第二のクウェートにしてはならない〟と国民に対して呼びかけたのだ。これに対して、インドネシアは自国をイラク視されたことに反発し、マレーシアはむしろシンガポールの軍備拡充に対して警戒感を露わにした。

たとえば、日本の五三〇分の一の面積しかないシンガポールは都市国家でありながら空軍はF15

戦闘機やF16戦闘機を合わせて一〇〇機以上保有し、最新鋭のF35も導入する。陸軍は戦車を約二〇〇両、兵員輸送車及び装輪装甲車は合わせて一二〇〇両以上を保有し、さらに海軍も潜水艦四隻をはじめ最新鋭のステルス艦を保有している。おそらくシンガポール軍は装備面だけを見るとオーストラリア軍よりはるかに強力であろう。

また、マレーシアはシンガポールやタイ、インドネシア空軍がアメリカ製のF16戦闘機を配備し、相互運用性を確立しているのにも関わらず、周辺諸国の反対を押し切ってロシア製のミグ29戦闘機やスホーイ30戦闘爆撃機を導入した。インドネシア空軍もアメリカ製のF16戦闘機の他にも、互換性のないロシア製のスホーイ30戦闘爆撃機を購入している。二〇一九年には初の国内建造潜水艦も進水させた。

タイはF16戦闘機の他に軽空母を導入し、一時は垂直離着陸が可能なハリアー戦闘機六機を運用していた。地域最大の陸軍国家であるベトナムは最新兵器こそ持たないが、ベトナム戦争ではアメリカ軍に勝利し、一九七九年に勃発した中越戦争でも中国人民解放軍を蹴散らすなど二大超大国を相手に実戦経験があり、おそらく十二ヵ国の中でいちばん強い。

このようにこれらの国はASEANという経済連合を結成しているとはいえ、軍事的にはライバル関係にあり、各国とも互いを牽制しながら軍備拡充に余念がない。こうした動きがこの地域の不協和音を増大させ、不確実性を高める結果となっているのだ。では、もし連邦警察軍がそれぞれの国に常駐するようになればどうか。頭の中でシミュレーションしてほしい。

たとえこれらの国々が自国の軍隊を盾に「軍事的独立性」を堅持し、さらに近隣諸国と潜在的な軍事的対抗関係が続いていたとしても、連邦警察軍は加盟国同士の戦争を事実上統御できるはずである。なぜならば、連邦警察軍が軍事基地に常駐し、他の加盟国と軍事機能を連動させていたのでは事実上国家間戦争が成り立たないからである。しかも、この場合、世界統一のための連合国であり、同盟国なのだ。なおさら国家間戦争など成り立つわけなどないであろう。

ということは、連邦警察軍は国家間の戦争を抑制する「紛争統御メカニズム」をその原理として内在させ、加盟国全体を〝不戦構造〟で結びつけられることを意味している。言いかえれば、加盟国間に「不戦共同体」を構築できるわけである。

近年、この地域から急速に撤退しつつあるアメリカとロシアの「軍事的空白」の隙をついて進出しているのが中国である。中国は強大化した海軍力を背景に日本の尖閣諸島以外にもフィリピンとはスカボロー礁、マレーシアとはパラセル諸島、インドネシア、ブルネイ、マレーシアとはスプラトリー諸島（南沙諸島）を巡って対立している。特に南沙諸島にいたっては勝手に周辺の海を埋め立てて人工島を作り、三〇〇〇メートルもの滑走路の他、レーダー施設を建設、地対空ミサイルを配備している。

中国の目的は何か。南シナ海をわが海とすることである。こうした中国の帝国主義的野心がこの地域一帯に新たな脅威を生み出している。しかし、連邦警察軍が存在すればどうか。

万が一、中国軍から攻撃を受けた場合、加盟国防衛のために連邦警察軍が治安出動に乗り出し、撃退することも可能になるであろう。もちろん、大規模な出動ができるようになるにはそれなりの年月が必要ではある。しかし、最新装備で武装した連邦警察軍が存在していること自体、安全保障上プラスに作用することは明らかである。ということは、連邦警察軍は加盟国全体の安全保障を高められ、その外部の脅威に対していわば「安全共同体」を提供できることを意味している。

言いかえれば、中国軍を牽制し、長期的にはこの地域の無秩序化を抑制していけるわけである。また、日本にとって、シーレーン防衛の要となっているマラッカ海峡では、日夜米中両国が海軍艦艇を投入して互いに牽制し合っているが、この海域を連邦警察軍の海軍艦艇が日常的にパトロールできるようになれば偶発的な武力衝突なども防止できよう。

さらに、これを世界統一という観点から眺めるとどうか。オーストラリアを中心にして全地球治安システムの一部が形成され、機能しはじめることになる。つまり、将来の地球政府の「安全保障(軍事・警察)基盤」が〝南半球〟に生まれるわけだ。

この安全保障システムは〝北半球〟の国々にも拡大できる。たとえば、日本やドイツである。

かつて日本は「欧米植民地の解体」「アジアの解放」「大東亜共栄圏」というビジョンを掲げて大戦争を行った。朝鮮半島や台湾を植民地化し、中国大陸に大軍を派兵、さらにフィリピンやマレー半島、ベトナム、タイ、ビルマ(現ミャンマー)に至る地域に戦線を拡大し、太平洋ではアメリカ軍と戦った。その大戦争の傷跡はいまもアジアの人々の脳裏に刻み込まれ、戦後、日本が世界第二位の経済大国まで伸し上がった時には再び軍備を拡大し、その矛先をアジアに振り向けるのではないかとの恐怖を呼び醒ました。

その不安感は、「日本に駐留するアメリカ軍は日本の軍事大国化を防ぐ〝ビンのふた〟の役割を果たしている」と沖縄に駐留していたアメリカ海兵隊の司令官がかつてワシントン・ポスト紙に語って大きな話題となったことからも窺える。実際に韓国や中国、他のアジア諸国は在日米軍を日本の軍事大国化を防ぐ〝ビンのふた〟として必要だと認識しているのが現状である。

しかし、その日本が全地球治安システムに組み込まれればどうか。そのためには日米安全保障条約を解消して在日米軍を撤退させ、入れ替わりに連邦警察軍を駐留させなければならない。ということは、日本はアメリカの軍事支配から解き放たれるわけであるが、これによって日本の軍事的独立につながることはないであろう。なぜならば、今度は連邦警察軍が〝ビンのふた〟の役割を果たすからである。

しかも、連邦警察軍が横須賀、佐世保、百里、築城、三沢、岩国などを軍事拠点化できれば日本と本拠地の国々が軍事的に一体化し、全地球治安システムを〝北半球〟にまで拡大できる。ということは、アジア諸国は「不戦共同体」に組み込まれた日本を脅威と見なす必要性は無くなるであろう。

一方で、日本にとっても、在日米軍という盾を失っても、長期的には安全保障が低下しないことも意味している。なぜならば、「不戦共同体」は同時に「安全共同体」でもあるからだ。

因みに、この安全保障システムの下で自衛隊はどのような扱いを受けるのかというと、あくまで自衛隊は軍事基地を提供するだけである。しかし、連邦警察軍はまったくのゼロから編制しなくてはならないため当面は教育、訓練、各種装備品、航空機、艦艇、物資、技術の提供など様々な支援を行うことになるであろう。もちろん、連邦警察軍への自衛官の〝軍籍転属〟も積極的に行う必要がある。

一九三三年、ゲルマン民族の優越主義、反ユダヤ主義、反マルクス主義を声高に叫ぶアドルフ・ヒトラーが首相に就任した。そして、共産党など他の政党を弾圧し、ユダヤ人迫害を合法化。一九三四年には一党独裁の全体主義国家を確立し、一九三五年にはドイツ再軍備宣言。外交的にはベルサイュ体制の打倒を目指し、一九三三年に国際連盟を脱退した。

一九三六年には当時フランスとの非武装地帯となっていたラインラントに武力進駐。一九三八年にはウィーンに進撃し、オーストリアを併合。さらに調子に乗ったヒトラーはチェコスロバキアの要衝ズデーテン地方も手中に治めた。

一九三九年九月一日にはポーランド侵攻を開始し、第二次世界大戦の火蓋が切って落とされた。電撃作戦によってドイツ軍は瞬く間にポーランドを支配下に置くと、一九四〇年四月一〇日にはノルウェーとデンマークへの侵攻を開始。デンマークは即日、二ヵ月の後にはノルウェー全土を占領した。五月一〇日にはベルギー、オランダ、ルクセンブルクを攻略し、続いてフランスに侵攻、六月一四日にはパリが陥落。フランスは降伏した。

ナチス・ドイツは一九四〇年にはヨーロッパの大部分を占領している。続いてヒトラーは対イギリス作戦を開始し、一九四〇年七月から約四か月間は史上最大の航空戦といわれる戦いがイギリス本土とドーバー海峡の上空で繰り広げられた。しかし、イギリスはドイツ空軍を撃退し、本土侵攻を免れた。一九四一年六月二二日、ヒトラーはバルバロッサ作戦を発動し、ソビエト連邦に奇襲攻撃を仕掛けて独ソ戦がはじまった。

けれども、史上最大の市街戦といわれるスターリングラードの戦いでドイツ軍は大敗北を帰し、逆にソビエト赤軍のドイツ攻略への道を切り開くことになる。一九四四年六月にはアメリカ軍を主体とする連合軍がフランスのノルマンディーに上陸を開始し、ドイツ軍は西からアメリカ軍の猛攻を受け、東からはソビエト赤軍の追撃を受けて後退していった。

一九四五年四月、ソビエト赤軍は首都ベルリンを包囲。四月三〇日、ヒトラーが自殺し、翌月の七日にはドイツは降伏。ドイツ第三帝国は崩壊し、東西ベルリンはアメリカ軍とソビエト赤軍によって分割占領され、ドイツは東西の二つの国家に分裂した。この大戦中、ナチス・ドイツはユダヤ人をガス室に送り込み、数百万人ものホロコーストを行っている。

一九八九年にベルリンの壁が崩壊し、その翌年には分断されていた東西ドイツが一つになった。統一国家ドイツがヨーロッパのほぼ中央に再び登場したのだ。そして、ヒトラーを崇拝するネオナチが台頭し、反ユダヤ主義が掲げられ、外国人排斥も横行しはじめたことはヨーロッパ人を震撼させた。

ドイツは軍事大国への道を永久に放棄したのか。〝ドイツ封じ込め〟を目的としたNATOや欧州連合（EU）に永久に加盟し続けるのか。その疑念と猜疑心がヨーロッパ人を不安に駆り立て、ナチス・ドイツの亡霊が再びヨーロッパの未来に彷徨いはじめたのである。しかし、地球連合に加盟すればどうか。

ドイツが加盟するためにはまずNATOから脱退し、連邦警察軍をドイツ国内に駐留させなければならない。だが、これによって軍事大国への道を歩むことにはならないであろう。連邦警察軍が〝ビンのふた〟となり、ドイツの再軍備に事実上制限を加えられるからである。それでも、もしかしたらNATOの軛から脱したドイツが地球連合を介して、〃ドイツ第四帝国〃の実現を目指すのではないかとの懸念も生ずるであろう。

しかし、その恐れも全くない。なぜならば、ドイツ軍が世界の憲兵となるわけでもなければ、地球議会が〃ドイツ第四帝国〃実現のために機能することはあり得ないからである。したがって、仮にドイツが地球連合に加盟すればドイツの世界支配の野望は抑制されるはずである。

さらに、ドイツ自身は地球連合がNATOや欧州連合（EU）のように〃ドイツ封じ込め〃を意図したものでない分、その屈辱的な立場から自らを解き放たれよう。ということは、地球連合という枠組みはヨーロッパ人にとっても、ドイツ人にとっても双方の不安や懸念を払拭し、いわゆるドイツを巡る問題は抜本的解消に向かってゆくであろう。

以上が、軍事基地の一体化によって誕生する新しい世界秩序の枠組みである。つまり、〃世界新秩序〃の〃一部〃である。

地球連合ならば、連邦警察軍を主体に「不戦共同体」「安全共同体」を形成しながら新しい世界秩序を創造してゆくことが可能なのである。しかも、連邦警察軍の〃超国家的〃な性格を利用すれば同様の秩序の枠組みをアジア全域、ヨーロッパ全土、中近東、旧ソビエト全域、南北アメリカ、全アフリカ大陸へともたらすことができる。つまり、全地球治安システムを世界中に拡大しながら、石原莞爾が提起した世界統一の前提条件を生み出していけるわけだ。

ここで、連邦警察軍が〃超国家性〃を帯びた存在であるがゆえに内在させている原理をまとめておきたい。

一、連邦警察軍は自らの存在を媒介として、国家間の戦争を統御する「紛争統御メカニズム」を機能させながら、加盟国同士を不戦構造（「不戦共同体」）で結び付けることができること。

一、加盟国を防衛し、「安全共同体」を形成できること。

一、「不戦共同体」と「安全共同体」を創出しながら、地球政府の政治的・軍事的基盤を整えてゆけること。

この三つである。しかも、連邦警察軍は諸国家の軍隊の存在を前提にし、その「軍事的独立性」を保障しつつ、なおかつ〝ビンのふた〟をしながら〝世界新秩序〟を生み出してゆけるのである。それも一切の戦争を伴わずにである。

これが、「世界統合」原理である。そして、次章のシミュレーションによって明かになるように、この「世界統合」原理は既存の国際問題の解決に向けてその力を遺憾なく発揮し、最終的に「国家主権の根本的変質」をもたらした暁には地球政府を生み出す大きな原動力にもなるのだ。

第三節　民主主義の本質

「革命は銃口から生まれる」とは毛沢東の言葉である。しかし、これほど思慮を欠いた言葉を私は知らない。なぜならば、私に言わせれば〝銃口から生まれた国は銃口によって滅びる〟運命にもあるからだ。

イギリスの名門経済紙「エコノミスト」傘下の研究所であるエコノミスト・インテリジェンス・ユニットは世界一六七ヵ国を対象に民主主義のレベルを二年ごとに評価し、公表している。その評価基準は①民主主義の安定性及び人種、宗教、政治信条などの多元性、②政府の機動力、③政治参加の促進度、④政治文化、⑤社会の自由度の五つのカテゴリーから成り、一〇点満点で評価する仕組みで点数ごとに①成熟した民主国家、②成熟段階の民主国家、③（民主主義と強権体質の）混合体制の国家、④独裁的な国家と四種類に分類している。

二〇二〇年のランキングでは一位はノルウェーであり、二位はアイスランド、三位はスウェーデンと北欧の国が続く。日本は二一位で成熟した民主国家のカテゴリーの中におさまっている。前回の二〇一八年のランキングでは韓国が二一位で日本は二二位であり、両国とも②の成熟段階の国家の中に入っていた。二〇二〇年の調査で一番注目されたのが、前回の三一位から一気に一一位にまで躍り上がった台湾である。これはコロナを封じ込めた台湾政府の働きぶりが評価されたものであろう。

因みに、オーストラリアは九位、フィリピンは五五位、タイは七三位、シンガポールは七四位、ベトナムは一三七位であり、最下位の一六七位は北朝鮮である。核武装国家であるイギリスは一五位、フランスは二四位、アメリカは二五位、ロシアは一二四位、中国は一五一位であるが、人類を抑圧し、存続を妨げている「人類抑圧国家」というカテゴリーを新たに設ければこれらの国の順位は最下位付近まで転落することは間違いない。

このリポートでは人類のおよそ半分（四九・四パーセント）が成熟もしくは成熟段階の民主国家に住み、残りの半分（五〇・六パーセント）が混合体制の国家もしくは独裁国家に住んでいるとの結論を導き出している。二〇世紀初頭、地球全体が欧米列強の帝国主義下にあり、世界人口も主権国家の数も今より少なく民主国家があまり存在しなかったことを考えれば、現在の民主主義の広がりは著しい進歩であるといえよう。

けれども、その一方で、世界人口の半分が非民主国家に住んでいる現実は脅威であり、非常に恐ろしいことである。なぜならば、地球上の半分が〝銃口によって滅びるか〟もしくは〝銃口によって大混乱に陥る〟可能性を少なからず秘めているからだ。

内戦は悲惨である。街中で銃弾や爆弾が飛び交い、家屋は破壊され、社会インフラは麻痺。子供は両親を失い、親は子どもを失うなど死と隣り合わせに生きる日常生活となる。そして、住み慣れた土地を離れて国内避難民となったり、遠方の国で何十年間も難民としてテント生活を余儀なくされたりする。そして、帰るべき祖国は無残に破壊尽くされ、廃墟化した故郷の復興にもやはり何十年もの年月を必要とする。

国連機関の一つであり、難民・避難民を国際的に保護・支援する活動を行っているＵＮＨＣＲ（国連難民高等弁務官事務所）が発行している「グローバル・トレンズ・レポート（年間統計報告書）」によると、紛争や迫害により故郷を追われている人は一億八四〇〇万人（二〇二二年末時点）を数え、そのうちの四一パーセントが一八歳未満の子供であるという。さらに、この難民の数はウクライナ戦争やイスラエル軍のガザ侵攻などで増え続けている。

因みに、この国連のレポートによると、難民を生み出している上位五ヵ国はシリア六五〇万人、ウクライナ五七〇万人、アフガニスタン五七〇万人で全体の半分以上の五二パーセントがこの三ヵ国に集中している。この他にもベネズエラ（六一〇万人・二〇二一年時点）、南スーダン（二二八万人・二〇二〇年時点）、ミャンマー（一一一万人・二〇二二年末時点）となっている。また、一九四八年のイスラエル建国にともなって勃発した第一次中東戦争以降、五六〇万人ものパレスチナ難民が世界上に散らばり、暮らしているという。難民の最大受け入れ国はトルコ三七〇万人、コロンビア一七〇万人、パキスタン一四〇万人、ウガンダ一四〇万人、ドイツ一二〇万人となっている。

難民を生み出している国のうちベネズエラ以外の国は内戦中か、戦争中か、もしくは内戦が一応終息した国である。この中で一番多くの難民を出している複雑なシリア内戦については次章において具体的解決策を提示するが、内戦になってもいないのに難民を生んだ国がある。ベネズエラである。

南米のベネズエラでは六一〇万人もの国民が難民化している。銃弾が飛び交い、家々が破壊されているわけでもなければ、内戦が起きているわけでもない。にもかかわらず、数百万人もの難民が発生しているのである。なぜか。その原因はマドゥロ大統領とグアイド暫定大統領の二人の大統領の登場である。

ベネズエラといえば猛烈な反米闘士ともいうべき故チャベス大統領の存在であろう。一四年間の大統領在任期間中、一貫して反米姿勢を貫き、特にブッシュ政権（子）には容赦ない言葉を浴びせ続けた。対米関係が極度に悪化する一方で、ロシアや中国といった諸国とは良好な関係を築いていた。二〇一三年三月にチャベス大統領が死去すると、副大統領であったマドゥロ政権が誕生し、その後民主選挙を経て正式に大統領に就任した。

現在の難民問題の原因は、二〇一八年五月の大統領選に遡《さかのぼ》ることができる。マドゥロ大統領が反マドゥロの有力リーダーたちを逮捕したり、亡命させたりして排除し、立候補できなくしたうえで大統領選挙を実施したからである。反政府派はこの選挙をボイコットしたが、マドゥロ政権は選挙を強行し、選挙の結果〝勝利〟したとして、二〇一九年一月一〇日に二期目の大統領就任式を執り行った。

一方、反マドゥロ派は選挙がいかさまであり、その結果には正統性が認められないとした。そして、政権の任期が切れた一月一〇日以降は正統性のある大統領が不在であるとし、そのうえで大統領不在に関するベネズエラ憲法の規定に基づき、グアイド国会議長を暫定大統領に就任させた。この結果、ベネズエラには二人の大統領が生まれることになった。

因みに、マドゥロ政権を支持しているのは中国、ロシア、北朝鮮、イラン、キューバ、シリアなどの面々である。一方、グアイド暫定大統領を支持し、承認しているのはアメリカ、カナダ、ヨーロッパ諸国、ラテンアメリカ諸国、オーストラリア、イスラエル、日本など五〇ヵ国以上の国々である。そして、二〇一八年五月の大統領選挙の正統性に関わる認識の違いが発端となり、ただでさえ混乱していたベネズエラ経済はさらに混乱に陥る。

まず〝二期目〟に入ったマドゥロ政権をハイパーインフレが襲いかかった。物価上昇率が年率約二六八万パーセントといった天文学的なレベルに達したのだ。これは一年前には一〇〇円を出せば買えたものが二六八万円を支払わなければならなくなったということである。つまり、一〇〇円のアイスクリームが二〇〇万円以上支払わなければ買えなくなったわけだ。これでベネズエラ国民は預貯金をすべて失い、無一文になった。ならば庶民はどのように食料や日用品などを手に入れるのか。略奪である。そのため強盗や窃盗、殺人が横行し、治安が極端に悪化した。

さらに、追い打ちをかけるように、老朽化していた社会インフラが麻痺しはじめる。電気や水の供給が滞り、インターネットもつながらない状態が続くようになった。そして、病院が閉鎖に追い込まれたため幼い命が失われ、栄養失調に苦しむ子どもも増えた。食料事情は日に日に悪化し、水もなくなっていく。人間は水のない土地では生きていけない。故郷を捨て去るしかない。

ベネズエラは産油国である。しかも、サウジアラビアよりも石油の埋蔵量が豊富だとみられている国である。本来ならば、難民を生み出すような国ではない。ところが、二人の大統領の登場という政治的混乱により、国全体が混乱し、国家として破綻してしまったのだ。その破綻国家から故郷を追われ、近隣諸国や国内避難民となったのが六一〇万人もの市民たちである。

もし大統領選が民主的に行われ、正統性のある大統領が選ばれていればこのような艱難を背負う必要はなかったであろう。つまり、ベネズエラの民主システムが不安定であったことが根本的原因となって国家破綻に陥ったのである。

ところで、先ほど「世界統合」原理について説明した。そして、「世界統合」原理を背景にして「不戦共同体」や「安全共同体」を生み出せることを理論的に示した。しかし、理論はあくまで理論である。現実世界で「不戦共同体」や「安全共同体」を生み出すためには、この共同体に属する国は民主国家でなければならない。なぜならば、連邦警察軍は基本的に民主的に安定した国にしか駐留できないからである。

前述した「エコノミスト」傘下の研究所によると、世界人口の半数が非民主的体制のもとで暮らしている。ということは、「世界統合」原理を全世界に及ぼそうなどとはあまりにも現実離れした考えだと言える。もし「不戦共同体」や「安全共同体」を本気で全世界に広げるならばすべての国を民主化しなければならないからだ。

ところで、民主化、民主化というがそれほど民主主義とは優れたシステムなのであろうか。そもそも民主システムがきちんと機能している国など存在するのか。果たして民主主義とは何なのか。ここで民主主義というものについてはっきりさせておきたい。

まずは、私はこう断言したい。〝民主主義こそ人類最良の政治システムであり、人類の叡知そのものである〟と。インターネットなどよりも何百万倍もの優れた価値を持つ。理由は主に三つある。

第一に、民主主義の本質が高度な〝内戦防止システム〟だからである。

第二に、民主主義は極めて効率的なシステムだからである。

第三に、民主制度の根幹は多数決であるが、少数派の民意も反映できるからである。

ところで、民主主義の対極に位置するのは何か。〝封建制〟である。専制・独裁制であると言ってもよいが、本論ではあえて〝封建制〟とする。そして、古今東西を問わず、長い間、封建制を陰で支えてきたのは何か。〝側室〟である。この〝側室〟なしに社会は戦乱に明け暮れ、太平の世など味わうことなど到底できなかったであろう。これはどういうことか。徳川家康を例にして説明したい。

徳川家康は徳川幕府の開祖である。その家康が心底望んでいたことは何か。徳川幕府の存続である。では、そのために求められたのは何か。徳川の〝血〟である。つまり、〝家康の血〟を引くお世継ぎが生まれることである。ところが、ほぼ一〇〇パーセント近くの確率で子猫が生まれるネコとは違って、人間の子供は欲しいからといって出来るものでない。しかも、現代と違って昔は医療水準も低かった。せっかく子供に恵まれても夭折《ようせつ》してしまう子も多かった。

今の日本は後継者不足が深刻化している。農家に跡継ぎがいなければ農業を畳むしかないし、町工場の跡継ぎがいなければ廃業するしかない。江戸時代では藩主にお世継ぎがいなければお家断絶となり、藩はお取潰しの憂き目に合っただけではない。家臣一同みな浪人となり、流浪の民となった。

それでは、幕藩体制の頂点に立った徳川家にお世継ぎ生まれなければどうなるか。徳川家断絶となって幕藩体制は大混乱に陥る。そして、武家の頂点である将軍職を巡り、およそ三〇〇の諸藩が天下争いをはじめ血生臭い戦国時代に後戻りしてしまう。内乱、内戦となれば社会は大いに乱れ、武士も農民も僧侶も商人も町民も生活が一変するだけでない。新しい将軍が決まるまで内乱がつづく。

天下の覇者として、家康が最も恐れていたことはお家断絶となり、乱世の世に後戻りすることである。ならば、天下を泰平にするためにはどうすべきか。家康が出した結論はただ一つ。徳川の血を絶やしてはならない。徳川の血を永続的なものにしなければならない。

家康は多くの側室を迎えた。二〇人ばかりの側室がいたと言われている。しかし、家康が極めて合理的であったのが、すべてではないが側室に選んだ女性は結婚・出産を経験し、一度子供を産んだことのある女性であったことである。子供を出産した女性ならば出産経験のない女性よりも子を産む確率は高い。そう考えてのことだろう。

幸いにも、家康は一一男五女計一六人の子に恵まれた。夭折したのは男女各二名だけである。これだけの子がいればお世継ぎに心配はいらない。徳川家は安泰であり、幕府は存続できる。武士も、農民や町民、商人も太平の世を謳歌し、戦乱に苦しまなくて済む。さぞかし家康はホッとし、安心したことであろう。

事実、徳川時代は二六〇年続いている。その間、戦乱は起きていない。家康の子らは尾張、紀州、水戸の御三家となり、徳川の血統を支え続けた。もちろん、その裏では大奥の女たちが将軍家を支え、天下泰平を支え続けた。

〝血〟は〝正統性〟の証である。これが封建社会である。言いかえれば、血が絶えたとき失われるのがその正統性であり、太平の世なのだ。つまり、お世継ぎがいれば比較的に安泰となり、いなければ合戦の火蓋が切って落とされるのが封建社会の特徴なのである。古今東西、そうならないように陰で封建社会を支えていたのが、〝側室〟だと言える。いわば〝側室システム〟という支配者の〝血〟を継ぐ原始的な統治システムこそが〝秩序の源〟であり、根源であったわけだ。

翻って、民主主義はどうだろうか。〝血〟ではなく、〝民意〟をベースとした統治システムである。

このシステムの最大の特徴は〝合戦〟は〝選挙戦〟という手段に代わり、〝刀〟は〝投票用紙〟

となり、一定の年齢以上の人が自らの意志で新しい指導者を選べることである。しかも、農業に従事している人でも、工場労働者でも、自営業者でも、ビジネスパーソンでも職業や出自に関係なく自由に選挙に立候補できる。そして、選挙を通じて、血を流すことなく、多くの民意を得た人間を指導者として選び出せる。

さらに、指導者の地位は不変的なものではなく、数年ごとの選挙で選び直せる。万が一、任期途中で亡くなったとしても血縁者に地位が継承されることもなければ、天下取りのための戦が勃発することもない。つまり、民主主義とは内戦を経ずに無血で新しい正統性を永続的に生み出せるシステムなのだ。これこそが民主主義の真髄なのである。

翻って、北朝鮮はどうであろうか。一九四八年九月に朝鮮民主主義人民共和国として建国されて以来、金日成、金正日、金正恩と三代にわたって血の世襲制が続いてきた。現在、その北朝鮮で問題になっているのが、お世継ぎ問題である。

金正恩氏の健康不安説や死亡説がたびたびニュースなどで流れている。そして、いつ健康が悪化し死亡してもおかしくはない中で、彼の子女たちがまだ子供であることが問題になっている。独裁権力を継承するにはまだまだ若すぎるからである。しかも、政治センスがあるとされる実妹の金与正は女性が封建国家の頂点に立ったためしがないため後継者になれる可能性は極めて低い。こうしたことから、一体誰が北朝鮮の後継者となるのかまったく見当がついていない。

それ故に金正恩氏亡き後、激しい権力闘争が予想されているだけでない。軍部が政権を奪取したり、内戦が勃発したり、北朝鮮を巡って中国とアメリカが対立し、第三次世界大戦の引き金となることまで想定されている。ＩＴ文明が地球全体に広がる中、北朝鮮のお世継ぎ問題が引き金となって世界大戦が勃発するなどとても信じられない話である。だが、お世継ぎ問題が発端となり、世界大戦が現実問題として起きる可能性は十分にある。血の継承が上手くいかなければ動乱が起きるのが封建社会の常だからである。

民主国家では指導者の死亡を契機に戦争や内戦がはじまるなどあり得ないことである。この点だけを見ても、民主主義が優れたシステムであるか窺い知れるであろうし、さらにその社会貢献が絶大なものであるかも頷けるであろう。民主主義は内戦や動乱を防止する平和維持システムとして常日頃から役立っているのだ。

この他にも、日本では四七都道府県ごとに知事を選び出し、約一七四〇ある市町村ごとに市町村長を選出している。江戸時代なら地方の統治は藩主とお世継ぎに委ねられ、その昔なら地方の豪族や有力者、あるいはならず者らが血を流しながら手にしたものである。それが民主体制のもとならば地方単位ごとに指導者を選び出せるのである。逆に言えば、選挙一つで民意を汲んだ指導者を選び出し、約一七四〇ある市町村の行政をそのまま任せられるわけである。これが効率的でなくて一体何なのであろうか。

さらに、国政議会には複数の政党が存在し、様々な考えや意見をもちながら活動している。民主主義は〝戦場〟を〝議場〟に変え、〝武力〟ではなく〝多数決〟で物事を決定し、わずか数名の少数政党や政党に所属しない無所属の議員たちも議席を確保し、少数派の声も存在できるようになっている。これは民主主義が本質的に少数の意見も尊重できるシステムであることを物語っている。

最も、少数派の意見は無視されがちではある。しかし、政党や議員の存在を通して、少数派の考えは〝可視化〟されてはいる。

翻って、中華人民共和国はどうか。共産党こそが唯一無二の絶対的存在であり、共産党以外の政党は一つも存在しない。そのため少数派などという存在はなく、中国共産党の考えや思想以外はすべて黙殺し、排除できる。

因みに、中国の最高権力機関は全国人民代表大会（全人会）であるが、共産党員以外は代表者になれない。そして、この全人会の最高位にある総書記、政治局常務員、中央委員らが立法権、行政権、司法権のすべてを握っている。地方も同様で市長や警察、裁判官はすべて地方ブロックの共産党書記の配下にある。それ故に、共産党は裁判所の決定に従わず、覆すことすらできる。

言いかえれば、裁判官だけでなく市長や役人、警官から商人、一般人に至るまで共産党の言うことは何でも聞かなければならないわけだ。ワイロの要求、搾取、犯罪のもみ消し、権力乱用、ご都合主義、気分しだい。金しだい。共産党はやりたい放題である。

共産主義は封建主義の変異種であり、その本質は人民の抑圧である。共産主義が民主主義と根本的に違うのはひとりひとりの国民に対して基本的人権も、選挙権も、知る権利も何も与えていないことである。それ故に、三権分立が存在せず、ほんの一握りの権力者たちが社会全体を独裁統治している。

これに対して、民主主義は三権分立が確立され、声なき声を決して黙殺しているわけではない。この点でも、いかに民主主義が優れているかが分かる。だが、民主主義を優れたシステムだと感じている人は多くはないであろう。なぜか。

近代デモクラシーがいくつかの弱点を抱えているからである。それをまとめると次の三つになる。
①「主権国家システム」という脆弱な基盤の上に民主主義が成り立っていること。
②複数の民族から主権国家が成り立っていること。
③頭の悪い指導者が多いこと。
①は「主権国家システム」の本質は熾烈な生存競争に勝ち抜いてゆかなければならないという、食うか食われるかの弱肉強食の世界である。これは民主国家であろうと、どのような体制の国家であろうと、みな同じ境遇にある。そうした脆弱な地盤の上に民主主義が成り立っていることが問題なのである。
②に関しては、先ほど民主主義の本質は高度な〝内戦防止システム〟だと述べた。しかし、実際には民主国家でも内戦が勃発している。たとえば、ロシア軍侵攻以前のウクライナである。ウクライナでは肝心の内戦防止システムが機能しなかった。なぜ、ウクライナで内戦がはじまったのか。
まずウクライナの地理的位置であるが、西側はヨーロッパ側と国境を接し、東側はロシアに接している。人口の約八割はウクライナ人が占め、残りの約二割がロシア人である。そして、ウクライナの西部は親ヨーロッパ系住民が住み、ウクライナ東部や南部のクリミア半島には親ロシア系の住民が住んでいる。

かつてウクライナはソビエト連邦に組み込まれた共産主義国家だった。そして、ソビエト政府はウクライナ東部に眠る豊富な地下資源に目を付け、この地に工場を建設してロシア人を移住させた。

さらに、肥沃な穀倉地帯であったことから穀物を独占し、ソビエトに輸出した。ウクライナ西部ではソビエトの占領に反発したウクライナ系住民が食料を巻き上げられ、飢え死にさせられるという暗い事件まで起きている。さらに、一九八六年四月にチェルノブイリ原発4号機が爆発し、人類の歴史上もっとも深刻な環境破壊を引き起こした。原発事故の被害は三五年以上経った今でも続き、何百万人もの人々の生活に影響を及ぼしている。

第二次大戦後、ウクライナ人は様々な辛苦をなめつつロシア人の支配に甘んじ続けた。しかし、ソ連邦の崩壊後、これをチャンスと見たウクライナは独立を果たし、共産主義の兜を脱ぎ捨てて民主国家となった。この頃から表面化しはじめたのが、ウクライナ人とロシア人の対立である。そして、オレンジ革命を契機に両者の対立は先鋭化する。

オレンジ革命とは、オレンジをシンボルカラーとした野党支持者らが二〇〇四年のウクライナの大統領選挙において不正があったとして猛烈な抗議を行い、最高裁の選挙やり直し判決を経て再選挙を実施。その結果、ロシアとの関係を重要視する与党代表のヴィクトル・ヤヌコーヴィチが敗れ、ヨーロッパへの帰属を唱える野党代表のヴィクトル・ユシチェンコが第三代ウクライナ大統領に就任し、前回の選挙結果を一八〇度覆した政変劇のことを言う。

この選挙は将来ウクライナがEUに加わり、ヨーロッパの一部となるのか。それともエネルギーを依存しているロシアとの関係を最重要視してゆくのか。その選択をウクライナ国民に突きつけたものであった。そして、ウクライナ国民はオレンジ革命を経て親ロシアから親EUへと舵を大きく切る。これに大きな不満を持ったのがウクライナ東部や南部に住むロシア系住民である。

そして、ロシアの軍事支援を受けたロシア民兵組織がウクライナからの分離独立を求めてウクライナ政府軍や親ウクライナ民兵と内戦を始めてしまった。二〇一四年七月には親ロシア派武装勢力が放った対空ミサイルによってマレーシア航空機が撃墜され、無辜の民間人二九五名全員が死亡するという悲劇も起きている。

これがウクライナ内戦の原因である。つまり、一つの国家に二つの民族が住み、互いに敵対し、その一部が分離独立を試みたからである。この内戦の本質は何か。

民族問題である。共産主義国から民主主義国になったウクライナが民主的に安定していなかったのは事実であるが、決して民主システムが内戦の原因となったわけではない。ということは、ウクライナ内戦をして民主主義の問題とするのは筋が違う。

民族問題は民主主義の足枷である。国内に多数の民族が存在していると、国家を一つにまとめてゆくためにどうしても専制主義に頼らざるを得なくなり、その結果、民主主義が蔑ろにされてしまう。多民族国家をまとめてゆく上で民主主義はまだまだ最良のシステムとは言えない。むしろ社会を不安定化させる要因ですらある。

だからといって、民族問題解消のために地球上のすべての民族に対して民族自治権を適用し、独立国家を認めればどうなるか。無数の主権国家が生まれ、戦争や紛争が多発し、「主権国家システム」は奈落の底へと落ちてゆくであろう。したがって、専制主義は「主権国家システム」の崩落を抑制するシステムとして役立っていると言いたくもなるが、実際は違う。諸悪の根源たる「主権国家システム」が専制主義を生み出し、その温床となっているからだ。

民主主義が不安定に見える原因がもう一つある。指導者の〝無能さ〟である。つまり、民主的に選出されたとは言え、その選ばれた指導者らの頭が悪く、大きな間違いを犯すからである。

毎月、総務省の統計局は「労働力調査」を発表している。二〇二二年一一月の発表分によると、日本の雇用者数は六〇五三万人である。正規の職員・従業員は三五八七万人であり、これに対して非正規雇用者は二一二八万人であった。統計局によると、「不本意型」非正規雇用者とも呼ばれる『正規の職員・従業員の仕事がないから非正規雇用の職に就いた者』は非正規雇用者の約二割で、残り約八割は時間の都合のつけやすさや家計の補助を得ること等を理由として非正規雇用を選択しているというアルバイト学生や主婦であるらしい。したがって、この統計上、正社員になれない非正規雇用者は日本に約四二五万人いることになる。だが、政府の発表は当てにならないため実際はもっともっと多いであろう。

現在、この非正規雇用の問題は社会的関心も高く、社会不安の要因の一つとなっている。この雇用情勢の悪化の根本的な原因はバブル崩壊以来続く日本経済の低迷である。しかし、実はもう一つある。それは小泉内閣が推し進めた〝聖域なき構造改革〟である。

「官から民へ」「改革なくして成長なし」というスローガンを掲げて登場した小泉純一郎は経済コメンテイターの竹中平蔵と組み、郵政事業や道路公団の民営化に乗り出す一方で労働者派遣法を改悪した。派遣労働を原則自由化し、派遣社員という名の給料の安い使い捨て労働者の大量雇用を推し進めたのだ。

その結果は散々たるものだった。何も考えないで労働者派遣法を改悪した結果、正社員は著しく減少。派遣労働者の増加に拍車がかかり、日本国民を明日への希望が持てない格差と貧困の惨憺たる状況に追い込んだ。もちろん、小泉内閣以前にも派遣労働者は存在していたし、〝聖域なき構造改革〟のすべてが悪かったわけではない。バブル崩壊によって不良債権を山ほど抱えていた銀行の統廃合などは必要だったからである。

しかし、今の日本ではいったん正社員の地位を失えば一気に負のスパイラルに陥り、死ぬまで貧困から抜け出せない社会となってしまった。これは日本の就業者すべてに突き付けられた刃であり、現実である。しかも、このまま行けば子供たちの将来にも変わることなく受け継がれて行く可能性が非常に高い。

〝ワーキングプアー〟〝派遣切り〟〝ネットカフェ難民〟〝年越し派遣村〟〝下流老人〟〝将来は正社員になることという小学生の夢〟など、こんなワード（言葉）は小泉内閣以前の日本にはなかった。小泉は〝自民党をぶっ壊す〟と威勢のいいことを言って総理大臣になっておきながら〝日本をぶっ壊した〟のだ。

私は派遣労働者法の改正は、第二次世界大戦中に大日本帝国陸軍が遂行したインパール作戦を超える大失策であると思っている。日本の歴史上最大の過ちであり、〝小泉平蔵〟の罪はあまりにも大きいと言わざるを得ない。しかも、この有史以来の国難に対して、七年八ヵ月に及ぶ歴代最長政権となった安倍政権は何をやったか。全くの無策であった。

非正規とは安定度が違う公務員も、官僚も大手マスコミも大企業も安倍政権に対しては忖度し、非正規派遣労働者の現状や気持ちなど、自分たちさえよければどうでもよかったのであろう。私の記憶によればこのインパール作戦以上の惨劇に対して、危機感を露わにし、苦悩する故安倍晋三の顔を見たことは一度もない。そんなことよりもお友達や大企業の利益に気を配っていたようである。それが加計学園や森友学園問題であり、安倍政権誕生以来八年間増え続けてきた企業の内部留保（利益余剰金）の額である。

財務省の法人企業統計によると、企業の内部留保の額は二〇一八年度には四六三兆円に達している。この不景気の時代に企業は潤い続けていたのである。一体何をコストカットして得た利益なのかはお分かりであろう。労働者に支払われるべき給料である。労働者派遣法の改悪などはじめから必要なかったのだ。

突き詰めると、日本人を不幸のどん底に追い込んだのは民主主義なのか。民主主義がどうしようもないからこそこの歴史的未曾有の悲劇が続いているのか。答えは、否である。これは頭の悪い政治家や官僚らが起こした人為的な惨劇である。無能な指導者らが民主主義を貶めているのであって、民主主義が人々を貶めているわけではない。

確かに、民主主義にも弱点はある。最大の弱点はその中心にいるのが常に人間だということである。そして、人間というものは腐敗しやすく、金品にも弱い。また、民族問題にも脆弱である。国内に複数の民族が住み、対立していると統治体制が弱体化し、内戦なども起きやすくなる。現時点では民族問題を解決する力は近代デモクラシーにはない。

また、近代デモクラシーは国家間のパワーポリティクスを抑制する力も持っていない。それ故に、本来ならば市民生活の安定に振り向けられるべき国家予算を軍事力の増強などに振り向けなければならない。その分、国内統治は疎かになり、民主基盤は脆くなる。

さらに、貧困、雇用不安、経済格差、インフレ、社会不安の増大、いかさま選挙、フェイクニュース、さらにはこれに独裁国家や共産国家の影響力の拡大及び軍事力の強化などが追い打ちをかけ、様々な要因が折り重なれば民主主義は弱体化する。こうしたことが民主主義のイメージを堕落させている。

だが、これらの問題を持って、民主システムそれ自体の問題とするのは間違っている。これらは明らかに主に人間自身の問題であり、民族問題であり、「主権国家システム」の問題だからだ。

むしろ、民主主義は本質的に平和と秩序をもたらすシステムである。なぜならば、内戦の防止、平和的な指導者の選出、少数派の尊重ができるからであり、血を流すことなく新しい正統性を永続的に生み出せるシステムだからである。これは封建性や独裁制、共産主義には絶対に真似できない、民主主義の最も優れた点であり、その本質なのだ。

いずれにしても、民主主義はまだまだ進化の途上にある。今こそ民主主義を進化させ、飛躍させる時なのであろう。三権分立体制を超えた新しい市民主義を生み出す時なのだ。この新しい民主主義とは何か。それは「市民大権」の導入である。この「市民大権」については、第四章で日本を例に挙げて説明している。

ところで、非民主的体制のもとで世界人口の半数が暮らしている。ということは、読者諸賢が思うことは、そもそも世界統一は全世界の民主化なしには実現不可能であるが、この点をどう考えているのかということであろう。この質問に対する私の回答はひと言で済む。

地球全体を民主化するしかない。ならば、どのようにするのか。

孫子の兵法を使う。すなわち、孫子の兵法「離間の計」を用いて全世界を民主化する。この「離間の計」とは、諸葛孔明や曹操が好んだ兵法の一つであり、おそらく史上最大の成功例が徳川家康であろう。日本史上最大の天下分け目の大決戦・関ヶ原の戦いがたった一日で終わったのはなぜか。家康の「離間の計」が功を奏したからに他ならない。家康が日本を大戦乱に招くことなく、徳川幕府を開府できたのは孫子の兵法のお陰である。

私は、軍事組織の影響力が著しく減衰する「相互軍事制圧」下で地球市民の力を借りてこの「離間の計」を発動すれば、中国を含む地球全体を民主化できると考えている。詳しくは〝戦略編〟に記す。

第三章　地球政府の登場

第一節　国際問題の解決事例

仮に地球連合が創設されても、現在地球上に溢れている数多くの問題解決に目処を立てられなければそもそも一体何のためにこれを創設するのか。その目的や存在理由を根本から問われ兼ねない。それどころか地球政府の樹立など夢のまた夢であろう。

そこで次に、世界の現況を踏まえながら地球上の諸問題解決に向けた新しいアプローチを提示し、問題解決への様々なオプションや可能性を明らかにしていきたい。そして、それが最終的により高次の世界機構の誕生へとつながってゆくことを理論的に証明してみたい。

尚、これから述べることはすべてシミュレーションである。それ故、所詮〝机上の空論〟でしかないとの指摘も受けそうである。確かに、机上のものでしかない。けれども、前もって指摘させて頂きたいことは冷戦が終結して三〇年以上が経ち、その間絶え間なく新世界秩序の構築が叫ばれ続けたのにも関わらず世界中のいかなるアカデミズムもマスコミも、国連も、アメリカ政府もＣＩＡも未だにその片鱗でさえも示せていないということである。依然として〝白紙状態〟のままなのだ。

つまり、長年彼らは新世界秩序について散々騒ぎ立てながらも〝机上の空論〟の〝一部〟〝絵空事〟ですら描けて来なかったわけだ。だからこそ、現在、人類滅亡の危機にまで陥っているのである。これに対して、本論ではその〝白紙状態〟から世界中の国際問題を新しい次元から一挙に解決に導くことができている。その事例を示したいと思う。

(1)朝鮮半島問題の解決例

紀元前三一七年頃に建国されたインド最初の統一王朝となったマウリア朝は現在のインド、パキスタン、バングラデシュのほぼ全域を支配し、古代インドの黄金期を築いた。紀元前二六八年、マウリア王朝の第三代目の王としてアショーカ王が即位した。アショーカ王は暴虐野蛮な性格で異母兄弟を殺害して王に即位したのみならず、即位後も五〇〇人もの側近を粛清するなどの恐怖政治を行ったと伝えられている。また、インド中央のデカン高原にあった敵国カリンガ王国に侵攻した際、数十万の犠牲者を出してこの地を征服した。

しかし、この大虐殺を大いに恥じて当時流行していた仏教に帰依。その後、民衆の生活向上や幸福のためにダルマによる政治を追求した。ダルマとは仏法に基づく政治のことであり、釈迦の教えの実現を志したものである。そして、全土にストゥーパ（仏塔）を建てて仏舎利（ブッタの遺骨）を分納し、第三回仏典結集を実施。さらに、王子を遠方のスリランカに布教させ、仏教だけでなく、バラモン教やジャイナ教も保護した。

アショーカ王こそアジア全域に仏教を広げるきっかけとなった人物である。そして、かつての暴君は今では世界史上の名君として知られ、仏教の理想の王として崇められている。

二〇一一年一二月一七日、北朝鮮民主主義人民共和国の第三代目の指導者として三男の金正恩氏が金正日総書記の死去に伴い、権力の座についた。金正恩委員長は就任すると、暴虐さを発揮し、側近の解任と粛清を繰り返した。「髪の毛一本も残すな」と迫撃砲を使用して側近を公開処刑したこともあったという。二〇一二年一二月には側近中の側近であり、事実上のナンバー2であった叔父を処刑。二〇一七年二月には異母兄の金正男をマレーシアで暗殺したと言われている。

さらに、核実験とミサイル発射実験を繰り返し、一時はトランプ政権と一触即発の危機まで発展した。スウェーデンのストックホルム国際平和研究所によれば、二〇二〇年一月の時点で北朝鮮は三〇発〜四〇発もの核兵器を保有していると見積もっている。その北朝鮮は今、核兵器の小型化と大陸弾道ミサイル（ＩＣＢＭ）の開発に血眼になっており、二〇二三年一一月には人工衛星の軌道投入に成功した。おそらく、遠くない将来にアメリカに到達可能なＩＣＢＭを完成させるに違いない。

冷戦終結後も北朝鮮は百万もの兵士を南北休戦ラインに張り付くように配備し、「南侵体制」を崩していない。命令一下、雲霞の如く韓国を攻め寄せることができる。しかも、もし第二次朝鮮戦争ともなれば日本も攻撃の対象になり、日本全土を射程内に収めるノドンミサイルのみならず、特殊部隊による生物・化学テロや原発を狙った「核テロ」さらには核攻撃すら仕掛けられる公算もある。

防衛省の発表によると、二〇二二年の北朝鮮のミサイル発射は巡航ミサイルの発射などを含めて少なくとも七三発となり、過去最多を記録している。このような危機にもかかわらず、六ヵ国協議はまったく機能せず、三度ものトランプ大統領との会談でも何の成果も出せなかった。事実上、朝鮮半島問題はどん詰まりの状態にある。

ところで、これまで南北統一に関するシナリオは三つ考えられてきた。一つは、現状維持。二つ目は北朝鮮で争乱が生じて、その混乱の隙をついて米韓軍が侵攻し、韓国との統一を計る。三つ目は、話し合いによる統一である。

金大中韓国大統領（在一九九八―二〇〇三）はイソップ物語の北風と太陽の寓話にちなんだ「太陽政策」を展開していた。北風と太陽の物語とは旅人が着ている上着をどちらが脱がせられるかを競った物語で、北風は強風によって上着を吹き飛ばそうとするがしっかりと旅人が着込んでしまったため失敗。太陽は燦燦と照り付け、暑さに耐えきれなくなった旅人が自然と上着を脱いだことから太陽の勝ちになったという物語である。

この物語は物事には強い態度で臨むよりもあせらず温和に進めたほうが良い結果を残すという知恵を今に伝えている。つまり、「太陽政策」とは韓国主導による積極的な北朝鮮の吸収合併策を取らず、平和共存を目指し、北朝鮮が変化するのを辛抱強く待ち続けるという政策である。要するに、現状維持政策である。

二〇〇〇年六月、金大中大統領は北朝鮮を訪問し、金正日総書記と会談。歴史上はじめて南北首脳の直接会談が実現した。この会談で両首脳は経済協力を通じた民族経済の発展、離散家族の訪問、文化、社会、スポーツ分野の交流の活発化などを盛り込んだ南北共同宣言を採択した。ようやく朝鮮半島にも明るい変化の兆しが見えはじめたようであった。そして、二〇〇七年には第二回目の会談が平壌で盧武鉉大統領と金正日総書記によって行われた。

二〇一八年四月には両国の分断を象徴する板門店にある韓国側施設「平和の家」で金正恩委員長と文在寅大統領との間で第三回目の首脳会談が行われ、この時はじめて金正恩委員長率いる北朝鮮首脳が大韓民国に足を踏み入れている。そして、朝鮮半島の「完全な非核化」実現を目標に掲げた板門店宣言に署名した。さらに、同年五月には第四回目の南北首脳会談が板門店の北朝鮮側施設「統一閣」で行われている。こうした南北首脳会談は「太陽政策」の賜物であり、その延長上にあるものだともいえる。

しかし、その裏で北朝鮮は緊張緩和への期待に背いて核開発とミサイル開発を間断なく続けていた。二〇〇三年には「核保有宣言」を行い、二〇〇六年には初の地下核実験を強行。二〇〇九年には二度目の核実験を行い、事実上の核保有国となった。二〇一七年には水爆実験にも成功し、これまで六回の核実験を実施している。

「太陽政策」は四度の南北首脳会談をはじめ三度の米朝首脳会談、二度の日朝首脳会談実現の下地になった点では評価できる。だが、核開発の阻止という点では大失敗だった。ということは、国際社会の目から見れば、「太陽政策」は人類をより高い危機に陥れただけだったともいえる。

ところで、これまで一番高い可能性として考えられてきたのが、二番目の米韓軍による統一である。一九九四年に金日成主席が死去する以前から北朝鮮では水害や食糧危機が深刻化し、「体制崩壊論」が囁かれていた。アメリカ軍の高官は「北朝鮮軍が食糧を求めて南下する可能性がある」と警戒感を露わにしていた。現在でも、北朝鮮では深刻な飢餓が進行しているという情報もある。

もし北朝鮮軍が食糧を求めて南下すれば、南北休戦ラインを挟んで何らかの軍事衝突が発生する。その争乱を好機と捉えて、崩壊しつつある北朝鮮奥深くに侵入し、斬首作戦を決行。指導者らを暗殺して国内を平定し、韓国に併合する計画が立てられていた。現在でも、米韓軍は居場所さえわかっていればいつでも斬首作戦を実行できる体制にある。

しかし、これまで「体制崩壊論」よりも、むしろ「経済危機や食糧危機によって体制が崩壊した例はない」との見方がなされ、「北朝鮮は今後も長期間にわたって存続する」という意見が主流を占めている。確かに、時代と国は異なるが、江戸時代の日本では何度も大飢饉に見舞われ、百姓一揆が起きながらも幕藩体制はまったく揺るがなかった。徳川幕府を崩壊させたのは近代国家建設と西洋化という新たなイデオロギーである。

そして、まったく可能性がないと考えられてきたのが、三番目の平和的統一である。一九九〇年に東西ドイツが統一を果したとき、次は朝鮮半島の番だと韓国は沸いた。お年寄りたちは生きている間に統一が実現するのではないかと期待に胸を膨らませた。しかし、それから三〇年が経ち、今では誰も話し合いによる平和統一など口にしないし、期待もしていない。

現在、この三つのシナリオの内、一体どのシナリオで統一されるのか全く分からない。ただ多くの人が漠然と感じているのは何らかの争乱や内乱は避けられず、もはや流血は必然だということではないだろうか。しかし、武力を使用すれば必ず死傷者がでるだけでなく、周辺国も巻き込んで世界大戦へと発展する可能性がある。したがって、南北統一は話し合いによるものでなくてはならないし、これ以外の選択肢は論外であろう。

とはいえ、仮に話し合いで南北平和統一が実現しても、実はそれで北東アジアに平和が訪れるわけではない。むしろより緊張の度合いが増す可能性もあるのだ。なぜか。

その理由は、朝鮮半島に強大な統一国家が誕生するからである。そして、その南北統一国家は日本を仮想敵国として軍備を再編し、北朝鮮にある大量のノドンミサイルなど中長距離ミサイルの標的を日本全土に定める可能性がある。しかも、核兵器の小型化も統一国家が引き継ぎ、ミサイルに搭載すればどうか。日本の核武装を誘発し、日本の軍事大国化の道を切り拓く。そうなれば極東の軍事バランスの一角が根本から崩れ落ち、新たな軍拡競争や軍事的緊張を生み出す。

さらに、中国やロシアの立場に立ってみれば、南北統一国家にアメリカ軍が駐留し続ければどうか。ユーラシア大陸の朝鮮半島の付け根の部分でアメリカ軍と直接対峙し、対決しなければならない。彼らとしては、国境を挟んだまさに数百メートル先でアメリカ軍と敵対することだけは絶対に避けたいし、日本の軍事大国化も避けたいところである。

それ故に、中国の朝鮮半島における基本戦略は「不統不乱」にあると言われている。「不統不乱」とは半島の戦乱も避けるが、南北統一も避けるという戦略である。日本やロシアなどを周辺国家にとって本音は皆これと同じであろう。

「主権国家システム」の下では、強大な国家や軍隊が周辺地域に出現することなど誰も望まないのである。これは冷徹な国際政治の論理からすれば理に適ったことである。あえて言ってしまえば南北統一国家の出現を妨害することこそ真の国益であり、戦略として正しいことなのだ。

それでは地球連合はこの難題にいかに立ち向かってゆくのか。独自の南北統一のシナリオを描けるのであろうか。というよりも、新しい解決のシナリオを描けなければならないであろう。それでは、どのようなシナリオを描けるのか。

まず、南北統一問題を複雑にしているのが、〝メンツ（体面）〟である。儒学思想を代々受け継いできた朝鮮民族にとって、頑なまでに重んじるこの〝メンツ〟の問題は非常に厄介なものである。特に北朝鮮のメンツを重んじる形で解決しなければ南北統一への道は決して拓かれない。言いかえれば、北朝鮮のメンツが北朝鮮国民のみならず、国際社会にも受け入れられ、さらに金正恩委員長の〝歴史的決断〟が永遠に語り継がれるほど名誉に満ちたものになることが望ましい。では、どうするのか。

核兵器を廃絶させる。但し、北朝鮮の核兵器一発に対して、アメリカの核兵器五〇発の廃棄を交換条件にする。つまり、アメリカの核兵器も同時に道連れにして廃棄させるわけだ。そして、地球連合に加盟する。

これまで北朝鮮が人民に過酷な生活を強いてきたのは、「アメリカ帝国主義からの南朝鮮の解放」という大義名分である。この大義名分が独裁体制を支え、軍拡を最優先するという「先軍政治」を成り立たせてきた。それ故に、アメリカ帝国主義とその同盟国である韓国を中心にした北朝鮮の吸収合併だけは何としても避けたい。これでは北朝鮮のメンツがまったく成り立たないからである。

しかし、アメリカの核廃棄を条件に自らの核を全廃し、さらにお隣の韓国を誘って加盟すればどうか。これならば北朝鮮のメンツは大いに成り立つはずである。なぜならば、韓国からのアメリカ軍の撤退を実現させ、これまで人民に言い聞かせてきた「米帝からの南朝鮮の解放」という大義名分を実現できるからである。

さらに、この場合、北朝鮮はアメリカ帝国主義からの〝人類の解放〟という大義名分もかざすことができるのだ。なぜならば、世界の統一には事実上アメリカやロシアなどの「西洋の核」からの〝人類の解放〟という側面もあるからである。これを金正恩委員長が率先して行えばどうか。国際社会に対しても、立派なメンツが成り立ち、人類史に残る決断となるのは間違いない。もちろん、その際、北朝鮮は「金日成思想」を捨てて、独裁制を放棄し、民主化しなければならない。けれども、今のべた大義名分のために「わが民族は偉大なる犠牲を受け入れ、民主化する」「人類と共に生きる道を選択する」と宣言し、鎖国を解き、資本主義経済を受け入れて豊かになれば人民に対するメンツもこれで立派に成り立つはずである。

韓国にとっても、これは悪い話ではないだろう。平和統一が実現し、朝鮮半島に火の手があがって隣国などにも多大な迷惑を蒙むらせることなく、北朝鮮の民主化が実現するからである。言いかえれば、韓国人のメンツも十分に成り立ち、これで双方のメンツの問題は片付くということではないだろうか。

あとは、地球連合に南北が同時に加盟し、一時的に何十万もの連邦警察軍を呼び寄せればどうか。連邦警察軍は韓国と北朝鮮双方に展開し、南北休戦ラインを挟んで駐留し、双方の兵力を休戦ラインから引き離すと共にアメリカ軍の撤退を監視し、両国を「不戦共同体」「安全共同体」に組み込む。これによって、韓国と北朝鮮の間に「紛争統御システム」が作用し、第二次朝鮮戦争を根本から防止できるようになる。

その後、南北統一民主選挙を実施する。これによって新しい民主国家が生まれ、統一国家を代表する大統領が登場。念願の南北統一国家が平和裏に誕生することであろう。

これが南北統一のシナリオである。もし地球連合が国際社会に存在していれば、平和裡に統一することはさして困難なことではない。そして実は、これによってもう一つの朝鮮半島問題も解決できるのである。

過去百年以上にわたって朝鮮民族は帝国主義に翻弄され、欧米列強、ロシア、中国、日本などにより、自らの運命を蹂躙され、屈辱を味わってきた。軍事力を持たない民族がいかなる悲劇を味わうことになるのか嫌というほど知り尽くした。それゆえ、南北統一後も、軍備の拡大だけは怠りなく進めていくと考えられている。当然であろう。

しかし、地球連合の枠組みの中でならば、南北統一国家は周辺国の脅威とはならない。なぜならば、全地球治安システムに日本が組み込まれていれば日本と統一国家の間に「紛争統御システム」が作用し、互いを仮想敵国と見なす必要性が失われるからである。さらに、中国やロシアにとっても数百メートル先でアメリカ軍と対峙しなくても済む。つまり、これらの国々が「不統不乱」を戦略とする根拠が失われるわけである。

さらに、連邦警察軍にとっては朝鮮半島に橋頭保を確保し、ユーラシア大陸進出の足掛かりを得ることができる。しかも、全地球治安システムを台湾や中国、インド、パキスタンなどすべてのアジア諸国に拡大できればどうか。連邦警察軍はアジア全域へと展開し、アジア国家間の戦争を消滅させることも可能になる。言いかえれば、「全アジア安保体制」の構築も夢ではなくなるわけだ。

ところで、金正恩委員長はどうなるのか。殺害されるのか。中国へと亡命するのであろうか。それとも名君として名を残すのか。

おそらく、このまま北朝鮮に対する経済制裁が長期間続けば、最悪の場合、金正恩委員長は〝ある決断〟を行う可能性がある。それは核実験でもなく、ミサイルの発射でもない。起爆コード付きの核兵器の輸出である。もし金正恩委員長が外貨獲得や自暴自棄に陥り、核兵器を輸出するようなことがあれば、軽蔑と侮蔑をもってその悪名は歴史に残ることであろう。そして、間違いなく、斬首作戦によって、米韓軍に殺害される。運が良くても、国を捨てて中国に亡命するしかない。

けれども、もう一つ道が残されている。その道とは核兵器を廃絶して地球連合に率先して加盟し、南北統一国家の大統領選へ自ら立候補して新国家の大統領に選ばれることである。つまり、統一国家の大統領への道を志すのだ。

思い起こしてみれば、金正恩委員長は曲者のトランプ大統領と互角にやりあった人物である。その姿はトランプに屈媚びることもなく、譲歩もせず、なかなかの風格もあった。世界的な知名度も注目度も高く、政治家としての資質もありそうである。その才能を発揮し、アメリカの核兵器廃絶のきっかけを作り、南北統一を成し遂げ、さらに人類の永続に寄与すればどうか。アジアの名君と謳われ、南北統一国家の初代大統領に選出されることも決してあり得ない話ではないであろう。

すべては金正恩委員長の決断次第であり、鶴の一声で済むことである。地球連合のような機構体が存在していればこうした異次元の解決オプションも可能になるのだ。

⑵地球大乱の解決案

ある民族が他の民族を抑圧・支配し、その尊厳を永久に奪うことは不可能である。すべての民族には崇高な魂が宿り、その魂はいかなる力をもってしても抑えつけることはできない。民族の誇りや尊厳というものはそれほど激しいものであり、決して見くびってはならないものである。

地球政府はすべての民族問題を解決しない限り成り立たない。超国家体制はすべての民族に対して等しく「民族永続の権利」をもたらし、それを望むすべての民族に〝国家〟を与えない限り安定しない。民族の魂は自らの尊厳と誇りを得ることなしに決して安らぐこともない。そして、これらが満たされない限り地球上は永遠に民族間の内戦と戦乱、テロに明け暮れ続けるであろう。

ところで、近未来における最大の内戦予備国家はロシアと中国である。彼らとて多民族国家であるが故に、いつ内戦が勃発してもおかしくはないからだ。しかし、もし中ロ両国で内戦が勃発すればウクライナ戦争やシリア内戦、ガザ紛争とは次元も規模もはるかに超える恐ろしい結果を招く。語弊を恐れずに言えば、ウクライナ戦争はユーラシア動乱への〝序曲〟である。仮にウクライナ戦争が終結しても、その先にはユーラシア内戦が待ち受けている。その理由は何か。多民族国家であるロシア連邦が大分裂して動乱に陥り、その余波が隣国の中華人民共和国にまで襲いかかる可能性があるからである。

ロシア連邦は二二の共和国から成り立っている。共和国とは主権と軍隊を持たない自治国家のことを意味し、この点が主権国家と大きく異なる。そして、複数の共和国の集合体から構成されているのが現ロシア連邦である。ではなぜ、二二もの共和国があるのかというとロシア民族の他に多数の民族集団が存在しており、それぞれに自治権が与えられているからである。

このロシア連邦をまとめてきたのが、最大民族であるロシア人であり、モスクワであり、ロシア連邦軍である。ところが、将来的にこのロシア連邦は解体の運命を辿る可能性が出てきた。その理由は想像がつくであろう。プーチンのウクライナ侵攻により、ロシア人は信用を失い、ロシア軍は弱体化。モスクワは信用と影響力を低下させてしまったからである。特にロシア軍の弱さが露見してしまったことは致命的である。

一九四五年九月二日、ベトナムのハノイでホー・チ・ミンが独立宣言を行い、ベトナム民主共和国が建国された。それまでベトナムはフランスの植民地下にあった。当時のベトナム人はフランス人の植民地支配に甘んじ、誰も抵抗しようなどとは考えなかった。ところが、第二次大戦中、日本軍がベトナムに進駐し、フランス軍を武装解除すると驚天動地の如く驚いた。同じ黄色人種がフランス人の支配を退けたからだ。

この姿を見ていたのが、ホー・チ・ミンを筆頭とするベトナムの民族主義者たちである。ベトナム人もフランス人に勝てる。彼らはそう確信した。

第二次大戦後、独立国家となったベトナムを再植民地化しようとインドシナ半島に戻ってきたフランス軍とベトナム軍との間で第一次インドシナ戦争が勃発し、ベトナム軍は勝利する。続いてアメリカ軍が介入し、第二次インドシナ戦争が勃発するが、これも打ち負かし、アメリカ軍は本国に逃げ帰った。ベトナム軍は日本軍が徹底的に打ち負かされたアメリカ軍に対して勝利したのだ。

弱者は永遠に弱者なのではない。そして、強者は永遠に強者であり続けるわけではない。二〇世紀にそれを証明したのがベトナム人であり、二一世紀に証明したのがウクライナ人である。

おそらく、ユーラシア動乱はロシア南部に位置するチェチェン共和国のイスラム武装勢力の蜂起からはじまるであろう。チェチェン人と言えば第一次チェチェン紛争（一九九四―一九九六）、第二次チェチェン紛争（一九九九―二〇〇九）と二度にわたって十数年間もロシアとの激戦を繰り広げた民族である。今もイスラム武装勢力がロシアからの独立の機会を虎視眈々と狙っている。

そのイスラム武装勢力の封じ込めのためにプーチン大統領から共和国独裁を親任されたのがラムザン・カディロフ首長である。二〇二〇年五月、新型コロナウイルスの感染を疑われたカディロフ首長がモスクワの病院に入院した。このニュースに激震が走った。親プーチンのカディロフ首長が死亡すれば、血で血を洗う三度目の内戦が勃発するのではないかと国際社会が緊張したのである。

このカディロフ首長はプーチンからの要請を受け、部下を率いてウクライナ戦争にも直接参戦し、ウクライナの民間人までも容赦なく虐殺している暴虐非道な人物である。彼は敗退し続けるロシア軍にケチをつけ、小型核兵器の使用まで進言した。問題はカディロフ首長が忠誠を誓っているのが、ロシア連邦ではなくプーチン氏個人だということである。

言いかえれば、プーチンが政権から排除されれば自身も戦線から離脱し、チェチェン共和国に舞い戻り、その後、反ロシア武装勢力と手を結び独立を企てる可能性があることだ。もし、第三次チェチェン紛争が勃発すればどうなるか。弱体化したロシア軍にこれを鎮圧する力があるかどうか非常に疑わしい。だからといって、その鎮圧に失敗すればどうなるか。他の共和国もこれを好機とみて分離独立をはじめるであろう。

そうなればロシア各地で火蓋があがり、ロシア国内は無法化・無秩序化。ユーラシア大陸は終わることのない戦乱に突入してしまう。その中にはモスクワのロシア人とは一緒にされたくはないと、分離独立をはじめる極東などのロシア人まで出てくる可能性も否定できない。したがって、いずれロシアは一三世紀に建国されたモスクワ大公国のような小国に舞い戻ってしまうかも知れない。

しかも、内戦に陥ればロシアと国境を接する国々に大量の難民が溢れだし、ユーラシア大陸全域が大混乱に陥るだけでない。その動乱の中でロシアの核兵器までも国外に流失し、イスラム過激派の手に渡る可能性まである。さらに、隣国の中華人民共和国まで内戦が及び、反中反共産党であり、イスラム教を信仰するウイグル族の武装蜂起へと結びついてゆく可能性もある。

現在、中国政府は香港をはじめ人民の締め付けを強化しているが、なぜであろうか。民主化運動が中国全土に伝播することを恐れているからである。想像してみてほしい。中国にある何十もの大都市や何百もの街で民主化運動が起きたらどうなるか。なにしろ中国人の心は面従腹背であり、優遇され、不正を行う共産党を信じている人間などいないのである。共産党へのうっぷんが溜まりに溜まっている。暴発寸前なのだ。

その一端が現れたのが、二〇二二年一一月下旬で発生したゼロコロナ政策に反対する上海デモである。この時、建国以来はじめて、公然と反共産党及び習近平退陣要求のスローガンが掲げられ、民主化要求がなされた。反共産党デモが拡大すれば中国共産党の威信が揺らぎ、政治、経済、社会は大混乱に陥る。これに西域のウイグル人の武装蜂起が加われば中国は大混乱に陥り、治安は悪化の一途をたどる。もちろん、天安門事件の時のように軍隊が出動し、治安回復を計るであろう。だが、問題は武力鎮圧に失敗し、収拾がつかなくなったときである。

歴史的にみて中国は統治能力が低下し、〝信〟や〝義〟が失われると必ず内戦が起きる国である。ある意味で、中国の歴史とは内乱・大乱の繰り返しである。もし、その大乱の中から再び董卓《とうたく》のような人物が出てくればどうなるか。董卓とは、当時の花の都であった洛陽を徹底的に焼き払い、三国志の著者・陳寿《ちんじゅ》をして「歴史上の人物でこれほどの悪人はいない」と言わしめた暴虐非道の限りをつくした後漢（西暦二〇～二二〇）末期の武将であり、相国（当時の首相）のことである。三国志演義によると劉備も、曹操も反董卓連合に加わり、戦っていた。

いったん乱がはじまると中国人は国内を徹底的に破壊尽くす傾向がある。四〇〇〇年の歴史を誇るにもかかわらず、歴史的建造物や世界遺産があまり残されていないのは内乱で破壊され、焼き尽くされているからである。もし、二一世紀の中国で分離独立や反共産党に対する大乱が燎原の火のごとく全土に燃え広がればどうなるか。経済成長に伴って築かれた近代都市の多くが無残にも廃墟化する恐れがあるだけでない。

ベネズエラでは内戦が起きてもいないのに六〇〇万人ものひとびとが難民となった。シリアでは約二〇〇〇万人前後の人口のうち、半分以上が難民となった。中国で人口の一〇パーセントといえば、一億三〇〇〇万人である。最悪の場合、これだけの中国難民が近隣諸国に雪崩れ込む可能性がある。第二次朝鮮戦争が勃発した場合、数十万もの難民が渡海し、日本に来ることが想定されているが、中国の場合はおそらく数千万単位で来る可能性がある。少なくとも日本は一〇〇〇万人くらいの受け入れを覚悟しておくべきか。

ユーラシア動乱は確実に世界全体を巻き込む。しかも、アメリカは為す術がなく、国連も傍観する以外に何もできない。プーチンは自らが懸命に抑え込んでいた民族問題というパンドラの箱を開けてしまった。その先に予見できるのはユーラシア動乱すなわち〝地球大乱〟なのだ。

ウクライナ戦争の終結は世界平和のはじまりではない。むしろ新しい人類的悲劇のはじまりなのである。われわれは〝地球大乱〟に備えなければならない。でなければ、血の嵐と血の悲劇が全人類を襲うことになるであろう。ならば、地球連合はこの〝地球大乱〟を阻止できるのか。

次に、今世紀最大の人道危機と呼ばれ、現在も続くシリア内戦を参考事例*にしながら具体的な内戦解決の枠組みを探ってゆきたい。余りにも複雑化しているシリア内戦の解決の目処が立てばその方策はそのまま〝地球大乱〟に応用できるはずだからである。

ところで、現在も続くシリア内戦の遠因は何か。それは〝アラブの春〟と呼ばれる民主化運動にある。この〝アラブの春〟の源流は二〇一〇年一二月、北アフリカのチュニジアで起きた露天商の焼身自殺に遡ることができる。

野菜や果物を露店で売り、生計を立てようとしていた二六歳の青年が販売許可書を持っていないからと役人に秤や野菜を没収されたうえに暴行まで受け、青年はこれに抗議してガソリンをかぶって焼身自殺を計った。その自殺直後の映像がＳＮＳを通じて瞬く間に拡散し、チュニジア独裁政府への不満や怒りが一気に爆発。たちまち大規模な反政府デモが国中に広がり、二三年間続いたべ

ン・アリー政権はあっけなく崩壊した。

この民主化運動による政権崩壊劇は「ジャスミン革命」と呼ばれ、同じように独裁政権のもとで苦しむ他のアラブ諸国に大きな影響を与えた。夢と希望が、アラブの国境を超えて走りはじめる。

最初はエジプトだった。エジプトではSNSを通じて結ばれた若者たちがムバラク独裁政権に対する怒りや抗議を街頭で爆発させ、反独裁・民主化運動が全国的に拡大。大きな濁流となって、三〇年間続いてきたムバラク独裁政権を倒した。二〇一二年五月には選挙が実施され、新しい大統領が登場。エジプトは民主主義国家に生まれ変わった。

そして、エジプトから一ヵ月遅れで、今度はカダフィ大佐による独裁が四二年間も続いていたリビアにも民主化運動が波及する。リビアではカダフィ大佐が石油関連の外国資本を徹底的に排除し、国有化を実現。石油収入を国民に分配するなどしたため国民の生活は豊かであった。税金はなく、教育や医療

＊二〇二四年一二月上旬現在

も無料だった。

しかし、いくら福利厚生の豊かな国であろうと、独裁国家は所詮独裁国家である。ジャスミン革命の影響を受けて、カダフィ政権打倒を狙うリビア国民評議会が誕生し、民主化運動が盛り上がりを見せるようになった。そして、民主派とカダフィ政権側との間で武力衝突が発生し、内戦に発展してしまう。

一時は、民主派の拠点都市となっていたベンガジまで攻め込まれ、民主派は陥落寸前まで追い込まれた。だが、NATO軍の空爆が功を奏し、軍事的支援を受けた国民評議会軍が巻き返しに出て、首都トリポリを制圧。カダフィ大佐は群衆に殺害され、反体制側はリビア全土の解放を宣言。四二年間続いた独裁政権は崩壊した。

その頃、イエメンでも、サレハ大統領による終身独裁を認める憲法修正案に反対するデモが行われていた。これに対して、政権側はデモを鎮圧してきたが、チュニジアでの独裁体制崩壊を目の当たりにした反体制派はイエメン首都サヌアの大統領宮殿に対して砲撃をするまでに勢いづく。この砲撃によって負傷したサレハ大統領は治療のためサウジアラビアへと搬送された。その後、亡命を決意し、三〇年間続いた独裁体制は崩壊。二〇一二年二月に大統領選が行われ、新しい大統領が誕生した。

〝アラブの春〟とは、戦後数十年にわたる独裁体制を打破しようと、市民が立ち上がった民主化運動のことを言う。抑圧されていた市民が集団で独裁政府に対して立ち向かった一連の民主化運動はイスラム社会にとって革命そのものであった。そして、意外にも、牢獄のような超独裁国家ゆえに絶対に起きないであろうと予想されていたシリアにまで〝アラブの春〟が波及する。

そのきっかけを作ったのは何か。なんと子供たちのいたずらである。ヨルダン国境に近い地方都市ダラアの街の学校の壁に一四歳前後の少年たちが赤いスプレーで落書きをした。

〝次はあんたの番だ。ドクター（現大統領は元眼科医である）〟と。単なる遊びのつもりであったらしい。しかし、秘密警察が国中に監視網を張り巡らしているのが、独裁国家である。一五名以上の子供が逮捕され、投獄された。これに激怒したのが、地元市民である。子供まで投獄するとはどういう料簡なのかと。この抗議を受けて、政府は少年らを釈放した。

ところが、釈放後の子供らの姿を見て市民らは唖然とし、さらに逆上する。激しい拷問を受けて体中が傷だらけだったのだ。子供への生々しい拷問の痕がネットを通じて拡散し、アサド政権への強烈な反感が芽生える。これが引き金となり、反政府デモが激化。やがて一〇〇〇万人以上の難民を出す、出口のまったく見えない内戦へと突入してゆく。

このシリア内戦は複雑であるが故に「不戦共同体」「安全共同体」いった枠組みで解決するには無理がある。というのは、シリアという国家が根底から崩壊し、事実上消滅しているからだ。国家が破綻しているとなると地球連合に加盟できない。ということは、新しい国造りをゼロからはじめなければならないことになる。

私は、このシリア内戦解決の見通しがまったく立っていない理由は主に三つあると考えている。
一、民主主義の経験が皆無であること。
一、紛争当事者（武装組織を含む）が幾つあるかわからないこと。

一、内戦が国際化し、周辺国の代理戦争化していること。

因みに、このシリア内戦の解決案をまとめるにあたり、次のコンセプトを用いたので事前に提示しておく。

①連邦警察軍（地球連合）

②行政国家（後の「普遍国家」）

③電脳議会

④治安アプリ

⑤難民帰還支援金（祖国復興支援金）

まず、シリアの歴史や内戦に至る経緯について簡単に述べたい。

シリアの大地は世界最古の歴史を持つ。紀元前八〇〇〇年頃にはすでに農耕が始められていたという説もあるくらいである。しかし、悠久の歴史があれば、支配者の変遷も多い。事実、東西文明の十字路であり、交通の要衝であったシリアの地はいくつもの帝国や王国が誕生しては消滅していった。

古代オリエント時代ではバビロニア王国、ミタンニ王国、ヒッタイト王国、アッシリア帝国、新バビロニア王国、アケメネス朝ペルシア、アレキサンダー大王の世界帝国、セレウコス朝シリア、ローマ帝国の支配を受け、中世のイスラム時代からはウマイヤ朝、アッバース朝、ファーティマ朝、セルジューク朝、アンティオキア公国、アルトゥク朝、ザンギー朝、アイユーブ朝、モンゴル帝国、マムルーク帝国、オスマン帝国の支配を受けた。

さらに、近世に入ってからもオスマン帝国の支配を受け続けてきた。現在のシリア問題の遠因は、一九一四年に勃発した第一次世界大戦まで遡ることができる。

イギリスは敵国ドイツ寄りであったオスマン帝国との戦いに協力すれば、大戦後アラブ人の独立国家を認めるという「フサイン＝マクマホン協定」をアラブ人に対して約束した。その一方で、オスマン帝国領であったシリアの土地を三分割してアラブ人を支配下に置くことを取り決めた「サイクス・ピコ協定」をフランスとロシアとの間で締結した。アングロサクソンのお得意の二枚舌外交である。

一九一九年に開催された第一次世界大戦の「パリ講和会議」に出席したアラブ人の代表者ファイサルはイギリスへの協力の見返りとして約束されていた独立国家の建国を要求した。ところが、フランスは「サイクス・ピコ協定」を盾に反対し、逆にフランス軍をシリアに進軍させて、一九二〇年にはフランス委任統治領シリアにしてしまう。シリアは約束されていた独立どころかフランスの植民地になったのである。

因みに、外務省の国別基礎データによると、シリアの面積は一八・五万平方キロメートル（日本の約半分）で、人口は一九三九万人（二〇二〇年の推計値）。民族構成はアラブ人が七五パーセントを占め、クルド人が約一〇パーセント、アルメニア人などその他の民族が約一五パーセントとなっている。宗教はイスラム教徒が八七パーセントを占めて、その内イスラム教スンニ派が七四パーセント、シーア派やアラウィ派が一三パーセント、キリスト教徒が一〇パーセント、ドルーズ派が三パーセントとなっている。

フランスはこの複雑な民族構成と宗教・宗派が混在していたシリアをどのように統治したのか。西洋列強の植民地経営と言えば有名な〝分割して統治せよ〟である。分割統治とは植民地を統治する手段として編み出した政治手法で多様な民族と宗教・宗派が入り乱れる地域に対しては少数派を優遇して権力を与え、多数派を支配する統治システムを指す。

これは、実によく出来た支配システムなのだ。なぜならば、不満や恨みが少数派に向かうように仕向けられる一方、少数派は自らの地位と権力を守るために宗主国の力に依存し、頼らざるを得なくなるからである。そして、多数派と少数派を互いに反目させて民衆を分断し、真の支配者に対する結束や反乱を防ぐのだ。

フランスはアラブ人の中でもシーア派やアラウィ派、ドルーズ派などの宗教的マイノリティを重用し、彼らに多数派のイスラム教スンニ派を支配させた。その結果、寛容な宗教政策を実践していたオスマン帝国の中で共存していたにもかかわらず、宗派の対立が激化。互いにいがみ合い、敵対するようになってしまった。

一九三九年九月、第二次世界大戦が勃発し、ドイツ軍がフランスを占領すると、それを好機と見たシリアはフランスからの独立を宣言する。そして、戦後、フランス軍が撤退すると、主権国家として正式に独立した。ところが、分断統治の影響によって互いに敵対していた諸宗派の下では国政は安定せず、何度も何度もクーデタが起きる。

結局、シリアを安定させたのは、バッシャール・アサド現大統領の父親であるハーフィズ・アサド前大統領だった。一九七〇年、クーデタで実権を握ったアサドは翌年に大統領に就任。そして、一九七三年一〇月六日、エジプトの奇襲によってはじまった第四次中東戦争に参戦し、シリア軍はゴラン高原に駐留していたイスラエル軍に攻撃を仕掛けた。当初、奇襲攻撃を受けたイスラエルは劣勢に立たされ、大混乱に陥る。

この時、民族存亡の瀬戸際に立ったイスラエルはジェリコ地対地ミサイルに核弾頭を搭載し、ダマスカスとカイロに照準を定めていたという。しかし、第三次世界大戦の勃発を恐れたアメリカとソビエトが同年一〇月二二日に国連安全保障理事会に停戦を求める決議を共同して提出。形勢を挽回しつつあったイスラエル軍であったが、二五日には停戦を受け入れ、軍事作戦を中止。この戦争はアラブ側の勝利で終わった。

アサド大統領の人気が否応なしに高まる。あのイスラエルに勝利し、英雄となったのだ。一九八〇年にはソビエト・シリア友好協力条約を締結し、ソビエト海軍の基地を地中海沿岸の港湾都市タルトゥースに設け、東側共産諸国との関係を深めはじめた。一方で、イスラム教少数派のアラウィ派出身のアサド家は自派の出身者を優遇した独裁体制を構築しはじめた。

一九八一年、スンニ派の原理主義者の集まりであるムスリム同胞団が古都ハマーでアラウィ派を重用するアサド政権に対して反乱を起こす。古都ハマーはスンニ派の街だった。これに対して、アサド大統領は住人ごと焼き払う焦土作戦を展開。古都の大部分を破壊し、数万人もの市民を虐殺しながらイスラム同胞団を鎮圧した。このハマーの虐殺以後、アサド政権に楯突く者はいなくなり、長期独裁政権への地盤が固まった。

二〇〇〇年六月、心臓発作により、アサド大統領が死去。もともと後継者は帝王学を受けた長男が受け継ぐはずであったが、一九九四年に自らが運転する車で交通事故を起こし、亡くなっていた。そのため、当時、イギリスの眼科病院で研修をしていた次男のバッシャール・アサドが後継者になった。バッシャールは凡庸としていて、父親や長男に比べてカリスマ性を欠き、美しい妻アスマよりも知名度が低かった。しかし、帰国後、再び軍に入り、政府の要職を歴任。父親の死去の翌月、シリア大統領に就任した。

当初は、いくぶん開明的であった。腐敗の撲滅を掲げ、古参幹部を更迭し、体制内部の腐敗一掃を志した。また、政治犯を釈放し、父親が徹底的に弾圧してきた反政府勢力の扱いも緩和した。そして、インターネットの使用を解禁し、情報統制を解除しただけでなく、国営企業を民営化。さらに、外資を呼び込むためにダマスカスに証券取引所も開設した。

しかし、アラブの春以降、中東各国で独裁体制が崩壊し、政権が転覆される中で、内憂外患を悟ったアサドは次第に保守化。数十万もの反政府デモが各地で起きるようになると弾圧しはじめた。そして、反体制派などの敵対勢力をすべて〝テロリスト〟と断定し、拷問、レイプ、樽爆弾による無差別殺戮など、その弾圧は父親を凌ぐほど残虐熾烈を極めるようになった。

なぜ、バッシャールは残虐になったのか。それは〝やるか、やられるか〟の弱肉強食の統治しか知らないからである。負けたらアサド一族のみならず、少数派のアラウィ派も報復を受け、虐殺される。ならば、戦い続けるしかない。

妥協は一切禁物である。それがシリアの大地であり、掟なのである。つまるところ、シリアの大地に歴史上未だかつて民主化の大輪が咲いた経験がないことが内戦終結への出口が見えない大きな要因の一つなのだ。

さらに、この内戦を悲劇的にしているのが、多数の反体制武装組織の存在である。当初、シリアに広がったのはスンニ派を中心とした抗議運動であり、民主化運動であった。この時点では「政権」対「市民」という対立構造であった。ところが、それが本格的な内戦へと発展したのは、スンニ派の軍人がシリア軍から離脱して自由シリア軍を結成し、アサド政権軍と戦いはじめてからである。そして、これ以後、「アサド政権」対「反体制派」という内戦に発展する。

やがて異端派のアサド政権の打倒を目指し、アフガニスタンやイラクなどの外国から戦闘経験のあるスンニ派のジハーディスト（聖戦主義者）らが乱入しはじめた。アサド政権の消滅を望む武装勢力は小さなグループや土着武装勢力まで含めると、少なくとも一〇〇前後のグループがあったのではないだろうか。その武装組織がアサド政権軍と戦いながら合従連衡し、あるいは離合集散を繰り返しながらシリアの土地を群雄割拠していった。

問題は〝反体制〟と言えば、ある程度は聞こえがいいが、実際には彼らが一体いかなる理念やビジョンを持ち、何を考えているかわからないことである。しかも、どのようなバックグランドやコネクションを持っているのかも不明である。たとえば〝反体制〟を語りながらも、実はアルカイダ系やイスラム国系の流れを汲むテロ組織であったりする。

当然、反体制も一枚岩ではない。反体制派同士の裏切りもあれば戦闘もある。市民の虐殺に手を染めている組織もある。

二〇一六年、三人目の国連シリア調停特使に選ばれたデミツラ特使はシリア政府や反体制組織、市民団体、女性グループなど三〇〇を越える組織と会合を持ち、ようやくスイスのジュネーブで「シリア間対話」の開催に漕ぎ着けた。ところが、その努力はまったく報われることなく終わる。体制派・反体制派双方ともに滞在先のホテルの部屋に留まり、会場に来て顔を合わせることすらしなかったのだ。一〇〇〇万人以上の難民を出しているのにあまりにも無責任である。子供や女性だけでなく、すべてのシリア市民が苦しみ続けているのだ。

結論として言えることは、アサド派・反アサド派共に同じ穴の狢に過ぎず、シリアに巣喰う無法者の集団に過ぎないということである。彼らにはシリアを統治する能力もなければ、その資格もない。いわんや民主主義を運営する力はない。つまるところ、そうしたゴロツキたちが無法地帯に解き放たれ、国家そのものが消滅してしまっていることが内戦終結を遠のかせているのである。

さらに、内戦を複雑化させているのが周辺国の代理戦争化していることである。なぜ、他国が内戦に介入するのか。言うまでもなく、それぞれの国益や権益、生存戦略が複雑に絡み合っているからである。

例えば、ロシアである。ロシアは旧ソビエト時代から一貫してアサド政権を支援してきた。そして、ソビエト時代からロシア海軍は地中海に面したタルトゥース港を補給基地として使用してきた。ロシアはこの海軍基地を絶対に失うわけにはゆかない。もし失えば地中海進出の足掛かりを失い、事実上黒海まで撤退する羽目になるからである。そうなれば、行動半径を著しく狭められ、地中海の制海権を失う。

ロシアは必死である。黒海から地中海、大西洋進出への軍事拠点を失うわけにはいかないからだ。

だからこそ、反体制派が占領地を拡大し、アサド政権軍が支配地域から撤退を余儀なくされるや否や、ロシア空軍やロシア海軍を投入し、反体制派武装勢力を圧倒的な軍事力で叩き始めた。ロシア軍はアフガニスタンでの苦い経験を忘れ、再び軍事介入に踏み切ったのである。

イランもまた必死である。イランとシリア（アサド政権）の共通点は何か。シーア派とアラウィ派というイスラム教少数派であり、スンニ派から見ると異端であることである。そのイランは一九八〇年から約八年間、隣国のイラクと戦争状態にあった。これはイラン人対アラブ人の民族戦争であると同時に、イスラム教シーア派とスンニ派との間の宗教戦争でもあった。

イランがアサド政権を重視する理由は主に二つある。一つは、アサド政権が倒れればシリアがスンニ派政権の国家になってしまうからである。そうなればイランの敵対国となってしまう。もう一つは、ヒズボラへの軍事支援ルートが遮断されてしまうかである。ヒズボラとはアラビア語で「神の党」を意味する、南レバノンを中心に活動するイスラム教シーア派の原理主義組織であり、軍事組織であり、現在は政治政党でもある。

ヒズボラはレバノン国軍よりも強力な軍事組織を持ち、国境を接するイスラエルの殲滅を掲げている。イランはこのヒズボラに武器やロケット弾など軍事物資を提供しているが、その中継地点となっているのがシリアなのだ。イランはシリアのダマスカス空港などへ軍事物資を空路で運び込み、そこから陸路でヒズボラの支配地域に運び入れている。

もしアサド政権が崩壊するようなことがあればこのルートが絶たれる。だからこそ、「イスラム革命防衛隊」というイランの正規軍までもシリア国内に送り込み、反政府勢力との戦いを繰り広げている。シリア内戦が長期化しているのは、イランやロシアが正規軍を投入しているからである。両国とも自国の国益のためにアサド政権の転覆を目指す反体制派を徹底的に潰すつもりだ。

これに対して、反政府側の有力なスポンサーとなっているのが、サウジアラビアである。サウジアラビアはイスラム教の聖地メッカを有するスンニ派の大御所である。この国には〝イラクを失う〟という苦い経験がある。

因みに、イラクの宗教分布を大まかにみると、アラブ人シーア派が約五〇パーセントで主に南部に居住している。アラブ人スンニ派は約二五パーセントでイラク中部に住んでおり、北部はスンニ派のクルド人(約二〇パーセント)が暮らしている。かつてイラクを統治していたのは、世俗的なスンニ派の大統領サダム・フセインであった。

ところが、アメリカによって、フセイン政権は倒され、その代わりに政権を握ったのは多数派のシーア派政権であった。しかも、そのシーア派政権はイランの影響を受け、結果的にアメリカはイランの勢力拡大を許してしまった。スンニ派のサウジアラビアにとってみればこれは面白くない。なぜならば、イラン、イラク、シリアという周辺国がみな非スンニ派政権だからである。

そこでサウジアラビアが目論んだのが、アサド政権を倒してシリアにスンニ派の政権を樹立することである。スンニ派の国を一国失ったのならば、新たに一国作ればよいと思ったのであろう。そして、スンニ派の「自由シリア軍」に軍事援助を行い、間接的に内戦に介入しはじめた。

さらに、隣国のトルコもこの内戦に介入している。理由はクルド人の存在である。約三〇〇〇万人もの人口を有し、独自の言語を話すクルド人はクルディスタンと呼ばれるトルコ、イラン、イラク、シリアの四ヵ国にまたがる地域に住み、国家を持たない世界最大の少数民族と言われている。そして、一〇〇〇万人以上が住むトルコではクルド語の禁止などの弾圧を受け、存在自体すら否定されてきた。

過去三〇年以上にわたって、クルディスタン労働者党（PKK）はトルコ政府に対して武装闘争を展開し、分離独立運動を繰り広げてきた。これを陰で支援していたのが、アサド政権である。アサドはスンニ派の隣国を牽制するためPKKを援助し、彼らの武装闘争やテロなどを通じてトルコ社会を攪乱してきた。こうした経緯もあり、トルコはシリア内戦が勃発するとアサド政権打倒を目指し、反政府勢力を支援しはじめた。トルコの立場からすれば、当然の成り行きであろう。

二〇一五年一一月、トルコ空軍のF16戦闘機がロシア空軍のSu24戦闘爆撃機をトルコ・シリア国境付近で撃墜するという事件が起きる。NATO加盟国であるトルコ軍がロシア軍機を撃墜するという事件に世界中が驚愕した。冷戦時代ならば、一歩間違えれば第三次世界大戦に発展していたかも知れないからだ。なぜ、トルコ空軍はロシア空軍機を撃墜したのか。

その理由は、トルコが支援していた反アサド武装勢力をロシア軍が何度も何度も攻撃し、同胞が殺されるのを見兼ねたからである。トルコの堪忍袋の緒が切れたのだ。この事件後、トルコとロシアの関係は急速に悪化。しかし、翌年六月、エルドアン首相がプーチン大統領に撃墜について謝罪したことで、この件は落着した。

翌月、トルコで軍事クーデタ未遂事件が発生する。独裁傾向を強めイスラム化を推し進めるエルドアンを嫌い、伝統的に政教分離を標榜してきた脱宗教・世俗派の軍部が反旗を翻したのだ。しかし、準備不足もあり、クーデタは約三〇〇名の死者を出して失敗。この時、いち早くエルドアン首相支持を打ち出したのがプーチン大統領であった。

このことがあってから両首脳間の絆は深まり、新しい友好関係が築かれはじめた。トルコがロシアとウクライナの停戦の仲介を担っているのも、その時に築かれたパイプのお陰である。しかし、その一方で、同盟国アメリカとの関係が悪化する。

トルコがテロ組織としているPKKの弟分であり、シリア北東部を実効支配する「クルド民主統一党」（PYD）をアメリカが軍事的に支援してきたからである。アメリカはイスラム国（IS）との戦いを遂行する上でPYDの地上部隊の協力が必要だった。だから、PYDのクルド人を主体とする「シリア民主軍」を支援した。アメリカが地上軍を派兵することなく、イスラム国（IS）を撃退できたのはこの「シリア民主軍」の功績が非常に大きい。

しかし、トルコにしてみれば不愉快な話である。PYDが軍事的に強力になれば、将来主権国家として独立しかねないからだ。隣国に敵対的なクルド人の主権国家が樹立されることはトルコにとっては悪夢であり、国防上許しがたき事である。そのためトルコ軍はPYDを牽制するために、シリア国境を越えて進軍をはじめてしまった。

アメリカはどうか。シリア内戦に対しては、常に腰が引けた状態で対処している。内戦がもはや手に負えないことを知っているからである。それにまた、国益上、遠方にあるシリアは特に重要な国ではない。それ故に、アメリカは何もせずに〝傍観者〟の立場を決め込んでいる。

このように周辺国の思惑や干渉を受けてシリア内戦は国際化し、彼らの代理戦争化してしまった。

特に、ロシアやイランなどはシリア人の生命や平和などまったく眼中にない。自国の国益や権益にしか関心がなく、これを捨てるつもりは一切ない。

以上のように、①民主主義の根本的欠如、②数多の武装勢力、③内戦の国際化などの要因により、シリア内戦はあまりにも複雑化・絶望化し、シリアという国家が事実上消滅している。しかも、国際社会はこの内戦を野放しにするしかない状態である。

それでは、地球連合は一体どのようにしてこの複雑極まりないシリア内戦を終結させてゆくのか。次にその戦略的スキーム（枠組み）を五段階に分けながらシミュレーション（かなり複雑である）して例示してゆきたい。

地球連合による和平構築の第一歩はシリア国内の中でも比較的に安定している地域からはじめるべきであろう。差し当たり、その該当地域はどこかというと、シリアの国土の約三割を実効支配しているといわれるクルド人の住む北東部である。まずはこの地域に民主主義をもたらして連邦警察軍の根拠地（活動拠点）を設けることからはじめるべきである。

民主主義の経験がまったくない地域に対して、どのように民主主義をもたらすのかというと、最初は地球連合の電脳議会を通じて行う。したがって、まずは〝クルディスタン議会〟を電脳空間に設置し、この地域に居住しているクルド人、もしくは居住していたクルド難民に〝議員〟として〝登録〟してもらう。そして、〝クルディスタン議員〟からなる民主議会を実現し、最終的にその中からクルド人の代表者をサイバー選挙で選び出し、暫定内閣を組閣してもらう。

もし大統領制を採用するならば電脳議会内で大統領選挙を行い、選出された大統領が閣僚を指名し、暫定内閣を組閣する。議院内閣制を採用するならば、サイバー議会選挙で多数政党となった政党に暫定内閣を作ってもらう。いずれにせよ、まずは電脳議会の中で民主主義の体裁を整え、法治国家の礎を築いていただく。これが第一段階である。

第二段階は暫定内閣が連邦警察軍の派兵を決定し、クルディスタン電脳議会がそれを多数決によって議決することである。そして、過半数以上が賛成であれば連邦警察軍はシリアの北東部に即時展開する。この駐留は合法的なものであることが重要である。なぜならば、合法的であるというお墨付きがなければ他の武装集団と同じように勝手に軍事介入をはじめたことになってしまうからである。合法的であることによって、はじめて治安活動が合法化されるのであり、他の武装組織を〝非合法化〟できるのである。そして、この合法化の是非を決められるのは〝議会〟だけである。

連邦警察軍の任務は二つある。トルコが嫌うシリア民主軍の解体と、クルディスタンの国防である。なぜ、シリア民主軍を解体するのかというと、トルコを説得するためである。シリア民主軍がなくなれば、理屈の上ではトルコ軍をシリア国内から撤退せざるを得ないからである。但し、シリア民主軍のメンバーらはそのまま警察官として採用し、〝治安アプリ〟をダウンロードした市民と共に、クルディスタン全土の治安の安定化を計ってもらう。これが、第二段階である。

第三段階は、総選挙の実施と憲法の制定である。暫定内閣の最終目的は総選挙の実施と法治国家の大本となる憲法制定の準備であり、これをバーチャルではなく現実社会で実現することである。そして、総選挙を実施し、本選挙で選ばれた代表者や政党らが内閣を組閣した段階でサイバー暫定内閣は役割を終え、解散する。

第四段階は、総選挙を経て民主化されたクルディスタンを地球連合に正式に加盟させ、その直後にシリアから〝分離〟させることである。つまり、クルディスタンを〝独立〟させることである。これによって、歴史上はじめてクルド人は国家を持つことになる。

但し、その〝独立国家〟とは〝行政国家〟としての〝独立〟である。この〝行政国家〟とは主権国家から軍事力を取り除き、〝行政機能〟だけを残した〝非軍事国家〟のことを言う。あるいは〝政軍分離〟を実現した〝新しいタイプの民主国家〟のことを指している。つまり、軍事力を持たない、自治のための行政機能だけを持った国家を〝行政国家〟と定義しているわけだ。では、誰がクルディスタンの国防を担うのかというと、連邦警察軍がそのまま担う。

クルディスタン国家が出来たら、その次は治安の確保である。治安を安定化しないと、国家再建や難民の帰還を促せないからである。この治安の確保とは、要するにクルディスタン国家内で活動する非合法武装勢力の排除である。これを効率的に行わせるのが、地球連合が発行する〝治安アプリ〟である。

〝治安アプリ〟とは何か。IS(イスラム国)など地下に潜った武装勢力やテロリストなど怪しい集団を見つけたら秘密裡に連邦警察軍もしくは地球連合の連邦情報局に通報することができる、通常はスマホ画面にも現れず、通信履歴も残らない、特殊なアプリのことである。そして、通報が緊急性や信ぴょう性があると判断された場合、地元警察と連携しながら非合法的存在に対して迅速に対処し、その脅威を排除する。

もしこの〝治安アプリ〟別名〝スパイ・アプリ〟を何十万人もの市民にダウンロードしてもらえ

ればどうか。テロリストや武装勢力にとっては途方もない脅威となるであろう。というのは、誰でも手にできるだけでなく、もしかしたら仲間内のテロリストも密かに手にしているかも知れないからである。

疑心暗鬼の中でテロ組織が大きく育つことはない。したがって、このアプリの存在一つでテロ組織の弱体化に貢献するはずである。しかも、ひとりひとりの市民が部分的にせよ故郷や郷里で〝保安官〟の役割を担うことになり、故郷や地元の治安の改善に大きく貢献する。

けれども、もし警察組織などでは手に負えない武装蜂起や反乱が発生したらどうするのか。その時はクルディスタンの複数の治安拠点（軍事基地）から連邦警務官を乗せた数機あるいは十数機ものオスプレイを急派し、平定に乗り出す。さらに、必要ならば遠方の本拠地などからも陸海空軍の大部隊を出動させ、投入する。

ここでその派兵手順を述べておくと、原則として電脳議会での派兵決議や派兵要請だけで行われるものとする。言いかえれば、当該国の中央政府や議会、外務省や政治家などへの連絡は一切不要であり、地域住民の決議だけで派兵要請ができるということである。つまり、地元市民（郷里の電脳議会）はパトカーを呼ぶような感じで部隊を呼び出せるし、その権利を行使できるわけである。中央政府や議会、役所の手続きを完全に省くことができればそれだけ迅速性がアップし、効果的に反乱を鎮圧できるであろう。

では、外国から攻撃を受けた時どうするのか。つまり、アサド政権軍、ロシア軍、イラン軍、さらにはトルコ軍などの外国軍や武装勢力が介入し、侵攻してきたらどうするのか。その答えは、もうお分かりであろう。連邦警察軍が毅然たる態度で反撃し、撃退する。そもそも連邦警察軍の創設目的は治安維持だからだ。地域の治安を維持し、市民の平和な日常生活を保障できなければ警察組織などとは胸を張れない。

因みに、警察官の役割は万国共通である。社会全般の治安維持であり、罪を犯した犯罪者の逮捕である。ならば、連邦警察軍も警察組織である以上、犯罪者の逮捕も任務の一つとなるはずである。では、この場合、一体誰を逮捕するのか。

シミュレーション上では、クルディスタンに侵攻してきた外国軍の指導者ということになる。たとえば、侵攻してきたのがロシア軍ならば逮捕されるべき人物は、その最高司令官すなわちプーチン大統領その人とその側近たちになる。プーチン大統領ならば、おそらく特殊部隊をモスクワに送り込み、クレムリンを急襲して逮捕することになるに違いない。

しかし、国家元首であるプーチン大統領を逮捕できるのか。そんな越権行為が許されるのであろうか。そう考える前にまず、次のように考えるべきであろう。

なぜロシア人がシリアの一般市民を殺害できるのか、と。そもそもロシア軍がシリアに戦闘部隊までを送り込み、市民を殺害するいかなる権利も筋合いもないはずである。さらに、この場合、クルド人はクルド人であっても、「市民主権」を持った〝地球市民〟である。尚更のこと〝地球市民〟がロシア人に傷つけられ、殺される筋合いはない。

たとえアメリカ大統領であろうと、ロシア大統領であろうと、中国の国家主席であろうと一国の指導者だからといって〝地球市民〟を傷つけたり、殺害したりする権利は持たない。故に、地球市民に危害を加えたり、殺害したりする者は〝犯罪者〟として〝逮捕処罰〟の対象になる。これは、新しい〝地球法理〟である。

つまるところ、地球は内国化するのである。内国化とは地球が一つの国家となり、共通の社会規範や法体系、ルールが定められ、その一部が〝内国化〟してゆくということである。要するに、国家の枠組み（法律など）の一部が共通化・普遍化してゆくわけだ。そして、〝国民〟や〝民族〟の枠組みを超えて世界各国に住む人々が〝地球市民〟という共通のカテゴリーの中でも扱われはじめ、その中ですべての市民は平等となる。

プーチン大統領の逮捕まで言及したことで驚かれたかも知れないが、新しい地球の法理からすれば逮捕は理に適ったものである。しかし、現実的には〝逮捕〟はしないし、できない可能性が高い。シリアからの〝完全撤退〟を条件にして、ロシア軍やプーチン大統領の〝罪の免除〟すなわち〝免責〟で落ち着く可能性がある。なぜか。

その理由は、理論上、地球連合は必ずしも「超国家主権」を持った機構とはならないからである。「超国家主権」を有するのは〝地球政府〟であって〝地球連合〟ではない。この違いについては後述するが、いずれにしても、侵略行為に対して戦いも辞さない連邦警察軍の決然たる姿勢と、戦犯に対する新しい地球法理を背景にすれば外国軍も容易には侵攻できなくなるであろう。

第五段階は、国家再建と難民の帰還である。祖国の復活なしに、真の内戦終結はあり得ない。そして、難民の帰還が実現しない限り、真の故郷の復興もあり得ない。そして、復興の中心的存在は政府や政治家でもなければ役人や警察でもなく、その源泉となるのは市民であり、その活力である。

したがって、市民を中心に故郷や国家の再建が行われるのが望ましい。では、どのように再建に携わるのか。

まずはおのおのの故郷の市町村ごとに郷里の電脳議会を設けて地域政治に参画してもらう。つまり、〝市町村議員〟になった人々に故郷や国の未来に何が必要であり、何をしなければならないのか。そして復興やインフラ整備、雇用をどうするかなどを話し合ってもらう。そして、議論や議決を通じて、具体的な郷里の復興計画や要望がまとまったら、地球連合に提出していただく。

内戦終結の対価が平和であり、平和の対価が復興である。復興を実感してもらわない限り、停戦の有難みを感じてはもらえない。したがって、地球連合は各地から提出された要望書を分析し、まとめ上げ、そこから取捨選択し、体系化・効率化して計画的な支援策を決定する必要がある。そして、策定された事業案に基づいて学校や道路、橋、上下水道、農業、工業、物流システム、公共施設などの復興事業を開始する。

自国の財政だけに頼っていたのではクルディスタンの復興は何十年経っても終らない。そして、復興が進まなければ内戦の火種は燻《くすぶ》り続ける。となると、内戦を終結させた国々に対して、原則的に地球連合（将来の地球政府）が巨額の復興資金を負担し、クルディスタン政府や市民の借金にならないように復興を手助けできるように配慮するしかない。

ところで、元ＮＨＫ報道ディレクターで『内戦と和平』（中公新書）の著者であり、国連日本政府代表部公使参事官として戦火の中、内戦の調停に奔走し続けてきた東大作氏によると、内戦の解決には〝包摂性〟が非常に重要であるという。この〝包摂性〟とは、〝包み込むこと〟の意であり、たとえばアフガニスタンの内戦が長引いた原因の一つはこの〝包摂性〟を欠いたためだという。

はじめからタリバンを和平の枠組みから排除し、投降してきたタリバン兵士や幹部の生活支援を行わず、再び兵士に戻らせてしまったり、タリバンの幹部を制裁リストから外さなかったりと社会に受け入れる配慮を欠いていた。そのため、タリバン兵士はタリバンとして生きる以外の道が閉ざされ、何度か和平のチャンスがあったもののそれを逃し、結果的にタリバン独裁国家の再来を許してしまった。

東氏は内戦の当事者すべてを和平の枠組みに受け入れ、社会に受け入れる大切さを説いている。したがって、クルディスタンの復興事業には武装勢力やテロ組織の元参加者であろうと分け隔てなく受け入れ、団結して新しい国創りに励んでもらう。団結こそが和解を生み、和解こそが真の平和をもたらすからである。

その一方で、難民の帰還も重要である。特にヨーロッパなどに散らばった難民の帰還にあたって〝難民帰還（祖国復興）支援金〟を持参させて帰還させることが望ましい。

二〇一五年九月二日、幼い子供の遺体がトルコの海辺に打ち寄せられた。彼の名はアラン君三歳。父親はクルド人でシリアの首都ダマスカスで理髪師をしていた。シリアの内戦激化によってダマスカスから北部の町コバニに移動し、そこでアラン君が生まれる。しかし、コバニの町は悪名高きIS（イスラム国）の攻撃を受け、一家はトルコへと脱出。その後、ギリシャ経由で姉の住むカナダに移り住もうと決意する。

密航業者の手を借りて五メートルほどの長さのボートに乗り込み、夜陰に紛れて目と鼻の先にあるギリシャに向かう途上で悲劇が起きる。高波に襲われ、ボートが転覆したのだ。アラン君、兄のガリプ君、母のレハンさんが溺死し、父親だけが生き残った。トルコの通信社のカメラマンが撮影したアラン君の遺体がその日から翌日にかけて、欧米各紙の一面を飾り、全世界を駆け巡った。そして、悲しみと同情が世界中で共有され、改めて難民問題というものが注目され、切ないアラン君の姿が欧州の歴史を変えはじめた。

人道主義に目覚めた欧州の指導者たちが難民を受け入れる方向に舵を切り始めたのだ。特にドイツのメルケル首相は「難民の受け入れに上限は設けない」という主旨の発言を行い、難民の受け入れに積極的な姿勢を見せた。九月二二日にはEUの法務・内務閣僚理事会が開かれ、ギリシャやイタリアに集中している一二万人の難民申請者を他のEU加盟国へ移転することが決まった。

しかし、難民の受け入れを巡りEU国内で不満が増大し、不協和音が拡大してゆく。それでもドイツは難民を受け入れ続けた。そして、二〇二二年には一一〇万人を数えるまでになった。だが、ヨーロッパではその副作用も凄まじかった。別の難民問題が浮き彫りになりはじめたからである。

二〇一五年一一月一三日、フランスのオランド前大統領も観戦中であったサッカースタジアムの外で突如、爆発音が響き渡った。それと呼応するように、パリ10区と11区にあるバーや飲食店でも銃撃事件が発生。さらにコンサートが行われていたバタクラン劇場も武装勢力に襲撃され、若者らに向けて背後から銃を乱射した後、一部を人質にして立て籠った。このパリ同時多発テロ事件で少なくとも一三〇名が死亡、三五〇名以上が負傷した。

事件後、過激派組織であるイスラム国（IS）が犯行声明を出し、襲撃犯のうち二人がギリシャ経由で難民として入国していたことが明らかになった。さらに、翌年の七月一四日にはフランス南部のニースで花火見物をしていた人々の列に移民が運転するトラックが突っ込み、少なくとも八四名が轢かれるなどして死亡するという痛ましいテロ事件も発生している。

難民や移民によるテロや犯罪がヨーロッパで多発し、逆に難民や移民を襲い、排斥する事件も発生するようになる。やがてEUの人道主義は陰りを見せ始め、より深刻な亀裂が生まれる。イギリスのEU離脱である。

二〇一六年六月二三日、イギリスでEUを離脱すべきか。残留すべきかを決めるための国民投票が実施された。投票率は約七二パーセント。開票の結果、残留支持が四八パーセント、離脱支持が五二パーセントとなり、僅差で離脱支持側の勝利となった。この離脱に最も影響を与えたのが移民や難民問題であった。もし難民の受け入れをEUが決定しなければイギリスは離脱していなかった可能性もあるほどだ。

現在、難民問題はヨーロッパ社会を分断し、その中で難民たちはもがき苦しんでいる。私は難民問題の最終的な解決策は祖国帰還だと思っている。また、おそらく難民の多くは祖国で平穏に暮らすことを希望しているのではないだろうか。そして、その祖国もまた再建のために難民の力を必要とする。

そこで、クルディスタンが独立し、治安が安定次第、クルド難民を多く受け入れているドイツなどはたとえば一人当たり数万ユーロ（数百万円）の所持金を持たせて帰還させ、祖国復興に貢献できるように手助けすべきだと思う。仮に多額のユーロを持って荒れ果てた祖国の地を難民たちが踏めば、すぐにも新築住宅建設などの需要が生じ、それに付随して様々な分野のビジネスも生まれ、復興のスピードも格段に上がるからだ。

しかも、ドイツとしてはこの先何十年もの間、国内のクルド難民に対して延々と生活支援を続けるよりも〝祖国帰還奨励金〟を持参させたほうが結果的に財政負担も少なくて済むであろうし、帰還が実現すれば難民の排斥を掲げる極右勢力は支持を失う。言いかえれば、祖国復興の手助けをしながら難民問題も解決できるわけだ。

尚、シリアを行政単位ごとに区分するとダマスカス県、リーフ・ディマシュク県、クネイトゥラ県、ダルアー県、スワイダー県、ホムス県、タルトゥース県、ラタキア県、ハマー県、イドリブ県、アレッポ県、ラッカ県、デリゾール県、ハサカ県と一四県ある。この中でアレッポ、ラッカ、デリゾール、ハサカ県の四県をまたぐ地域がクルディスタンと呼ばれる地域に該当する。地球連合はまず、今のべた五段階の枠組みをクルディスタン地域にもたらし、この地域を安定させる。そして、順次他県へとこの五段階の枠組みを拡大してゆく。

これがシリア内戦終結に向けた地球連合の基本戦略となるであろう。では、もしシリア内戦が終わるとしたら一体どのような形で終結するのか。そして、最終的にシリアはどうなると予想されるのか。

シリア内戦終結の最終段階は、アサド大統領の退陣である。アサドの退陣なくして、シリア内戦の終結はあり得ない。しかし、退陣に際して、おそらく二つの条件を提示してくると思われる。一つはアサド一族の亡命先の確保である。この亡命先についてはは心配する必要はないであろう。ロシアかイランにすればよいからである。では、もう一つは何か。

アラウィ派に対する復讐の防止である。スンニ派のアラウィ派に対する敵意や怒りは、もはや抑えが効かないほどすさまじい。アサド政権が消滅すれば内戦の原因も難民化の理由も背負った不幸も悲しみもすべて少数派の責任に押し付けられ、差別や粛清、大量虐殺が起きる可能性がある。したがって、アサド大統領は必ず凄惨な復讐劇の阻止を条件に掲げてくるであろう。

これに関しては、地球連合がアラウィ派の住む地方をシリアから分離独立させて連邦警察軍を配備し、国防及び治安を強化するという手段が考えられる。ラタキア県を中心とする地中海沿岸の山岳地帯に住むアラウィ派は昔から独立志向が強く、多数派のスンニ派と一緒の国になることに抵抗してきた。したがって、この際、アラウィ派の夢である〝国家独立〟を実現し、なおかつ連邦警察軍が防衛するのである。これを保証すればアサドの杞憂は無くなり、退陣を受け入れやすくなるはずである。

シリアの最終形態としては、大まかに予想して少なくとも四つの国家に分裂すると考えられる。四つの国家とはクルド人国家、スンニ派アラブ人国家、アラウィ派国家、ドルーズ派国家である。そして、地球連合はそれぞれ四つの国家を「不戦共同体」「安全共同体」に組み込み、それぞれの国家は行政政府を通じて地域の安定と平和に積極的にコミットしてゆく。

ここに至ってはじめてシリア内戦は終結に至るであろう。新しい形のシリアの誕生である。

因みに、シリアの北東部に位置するクルディスタンは石油の産地でもある。ということは、この石油がクルド人に独占されたら、周辺諸国は黙ってはいない。そこで、この地域は地球連合（地球政府）の〝直轄地〟として、そこから生まれる利益はトルコを含む周辺国と分配されるように取り計らうべきである。つまり、石油などの資源紛争地域はすべて将来の〝地球政府の直轄地〟とするという大原則もあらかじめ戦略に組み入れ、定めておくのだ。

尚、現実のシリアでは武装勢力やテロ組織が銃を片手に街を闊歩している。それ故に、連邦警察軍が駐留しはじめれば各地で小競り合いや戦闘が繰り返されることも十分に予想される。したがって、残念ながら、内戦終結までの過程で何百人、何千人もの連邦警務官が負傷したり、殺害されたりする可能性も想定しておかなければならない。

しかし、たとえ命を落とすことになっても、地球市民の命と生活を守ってゆくのが連邦警察軍の使命であり、連邦警務官の役割である。地球上には誰かが命をかけて守らなければならない人々がまだまだ大勢いる。誰かに守ってもらいたいと願っている弱者がたくさんいる。誰かが国家を超えて市民の生活や命を守ってやらなければならないのだ。

ここで地球連合による解決策の要点をまとめてみたい。

一、「行政国家」を民族単位・宗派単位で建国できること。

一、新政府は国防軍を必要とせず、連邦警察軍が国防を担えること。言いかえれば、軍事費の出費の必要がないこと。

一、新政府は国家再建に集中できること。難民の帰還を促せること。

以上が、本論で構想したシリア内戦の解決方法であり、その枠組みである。五段階の戦略的枠組みを説明するために長々とシミュレーションを行ってきたが、地球連合が存在していれば停戦と和平、外国軍の撤兵、武装勢力の解体と更生、治安回復、分離独立、難民帰還、祖国再建、資源分配、国防強化、新国家創生、地球連合加盟など内戦終結に向けて総合的かつ多角的な力を発揮することが期待できるであろう。

そして、この五段階の枠組みは他の中東諸国をはじめロシアや中国などの多数の国家や民族が犇《ひし》めき合うユーラシア大陸やアフリカ大陸、南北アメリカ大陸の国々などで内戦が勃発しても同様のパッケージで応対できることは指摘するまでもない。言いかえれば、地球連合が存在していれば〝地球大乱〟に備えられるということだ。

しかしながら、現在進行中のシリアの内戦はあくまで中東問題の一部であり、そのすべてではない。シリアの内戦が終わればそれで中東に平和が訪れるわけではないし、そんなことはあり得ない。たとえば、ジャスミン革命の影響を受け、カダフィ政権が倒れたリビアではどうなったか。

東西に分裂し、西部のトリポリを拠点とする「国民合意政府」と、東部のベンガジを実効支配しているハフタル指揮下の民兵組織「リビア国民軍」との間で内戦がはじまり、いまも続いている。また、武装勢力も乱立し、石油施設の奪い合いや石油利権をめぐる対立抗争が続き、他国も介入して内戦が国際化している。

イエメンはどうであろうか。アラビア半島にあるサウジアラビアの南端に位置するイエメンも独裁者を追い出したものの、国内ではスンニ派とシーア派の対立が表面化し、宗派間の内戦がはじまってしまった。そして、スンニ派の大統領を支援するサウジアラビアと、シーア派のフーシ派を支援するイランとの代理戦争化している。その結果、〝幸福なアラビア〟と呼ばれ、かつては貿易の中継地として栄えたイエメンは世界最貧国の一つになってしまった。

エジプトでは民主選挙によって選ばれた大統領が軍部のクーデタで追い出され、再び独裁国家に戻った。結局、ジャスミン革命を経て、民主国家となったのはチュニジアだけであった。民主主義という理想は奈落の底に落ちて絶望へと変わり、内戦によって市民の日常生活が根本から破壊された。結局のところ、民主化という崇高な理想主義が内戦を生み、人々の日常生活を破綻に導いたのであろうか。

それは違う。銃口によって生まれ、銃口により統治されてきた国が再び銃口によって滅びただけである。そして、このことはいったんタガが外れ、コントロールが効かなくなると非民主国家に起こり得る結末であり、運命なのだ。したがって、これからも多くの非民主国家が銃口によって滅び、新しい内戦が世界各地で起こり続けるであろう。

しかしながら、すべての中東諸国に民主主義が広がっても平和が訪れることはない。なぜならば、前述したようにパワーポリティクスに支配された近代デモクラシーには限界があるからである。したがって、仮にすべての中東諸国が民主化されたとしても、国家間の潜在的な軍事的対抗関係までもが解消されるわけではない。残念ながら、その限りにおいて内戦や戦争などの悲劇は続く。

おそらく、今後、少なくとも一〇〇年以内には中近東の多くの国が核武装を行い、「ユダヤの核」のみならず、「イスラムの核」もまた互いの頭上に狙いを定めているであろう。そして、数多の武装勢力が核兵器の簒奪を狙うであろうし、彼らの手に渡ればヨーロッパやアメリカの都市で使用されるかも知れない。

だが、地球連合が存在していればどうか。すべての中東諸国が「核の共倒れ論」に憂慮し、未来に暗雲が立ち込めていてもわずか数日足らずでその悲劇的な危機を脱することができるはずである。なぜならば、連邦警察軍を急派し、中東地域の全軍事基地に展開して管理・統制下に置けば同時に核武装を解除することも不可能でないからである。

しかも、地球連合はアフガニスタン、シリア、イラン、イラク、トルコ、エジプト、サウジアラビア、ヨルダン、レバノン、イスラエル、カタールやドバイなどの湾岸諸国、パレスチナ及びガザ地区などすべての中東諸国を「紛争統御システム」に組み込むことができる。したがって、全地球治安システムを通じて〝世界の火薬庫〟と呼ばれる中近東の紛争や戦争を根本的に防止できるようになるであろう。

問題は、近い将来において地球連合が存在しているか。そして、彼らが加盟するのが核戦争前か後かということにつきるが、もし彼らが真の和平を望めば地球連合は中近東全域に平和と秩序をもたらす画期的な存在となるのは間違いない。

もちろん、これで中東の宗教・宗派間の対立、人種間の軋轢、民族間の憎悪と不信、経済格差、貧困などの問題を即座に解決できるわけではない。こうした問題の解消には長い年月と根気が必要だからである。しかし、諸問題解決のためにはまず新しい恒久平和に向けた枠組みである。それが中東なのだ。

ところで、9・11テロ事件後、西洋キリスト教文明対イスラム文明という新しい対立構造が明確になった。〝文明の対立〟である。この文明の対立は今や全世界を巻き込む地球規模の戦いの様相を呈している。しかし、この地球連合の枠組みは西洋キリスト教社会にも拡大できる。西洋諸国が加盟するためにはまずNATO（北大西洋条約）から脱退し、その代わりにヨーロッパ大陸に連邦警察軍を駐留させなければならない。

果たして、西洋諸国が〝西洋〟や〝キリスト教文明〟という共通の価値観で結ばれた軍事同盟を破棄するかどうかは分からない。しかし、アメリカ軍をヨーロッパから撤退させ、連邦警察軍を受け入れればどうか。アイスランド、イタリア、イギリス、オランダ、デンマーク、ノルウェー、フランス、ベルギー、ポルトガル、ルクセンブルク、ギリシャ、ドイツ、スペイン、チェコ、ハンガリー、ポーランド、エストニア、スロバキア、スロベニア、ブルガリア、ラトビア、リトアニア、ルーマニア、アルバニア、クロアチア、モンテネグロ、北マケドニア、フィンランド、スウェーデン、トルコに全地球治安システムを拡大できる。

したがって、〝文明の対立〟を回避することも不可能ではない。西洋キリスト教社会とイスラム社会が共通の安全保障体系で結ばれれば連邦警察軍が両文明間を自由自在に往来し、文明の対立や文明間戦争を抑制できるからである。そうなれば、植民地時代に散々痛めつけられた中東諸国は西洋キリスト教文明の覇権主義を恐れずに済むし、ヨーロッパ諸国は「イスラムの核」による滅亡を心配せずに済むであろう。

地球連合の枠組みを利用すれば、内戦終結に貢献できるだけでなく、新たな中東秩序を生み出し、同時にヨーロッパにも新しい秩序を築くこともできる。さらに、キリスト文明とイスラム文明さえも軍事的に結び付けられる。二一世紀に突入した今、われわれに求められているのはイスラム文明、キリスト教文明といった異なる文明を包括し、〝文明の和解〟と〝文明の大融合〟をもたらすような新しい安全保障システムではないだろうか。

(3)米ロ核戦略体制の解体

「市民主権」というコンセプトは〝地球市民〟という存在をクリエイトし、新たな地球社会を構築しはじめる。そして、その地球社会のもとではすべての地球市民は平等であり、いかなる国家も権力者らも〝地球市民〟を傷つけ、殺害し、大量虐殺する権利を持たない。その意味で、〝地球市民〟誕生の最も大きな影響を受けるのが〝核兵器〟であろう。理念上、いかなる権力者とて地球市民に対して核兵器を使用する権利を持たず、すべての核兵器は根本的に存在理由を失うからだ。

一九四五年八月六日、歴史上はじめて原子爆弾「リトルボーイ」が日本の広島に使用された。つづいて、八月九日には長崎に原子爆弾「ファットマン」が投下された。この二発の原爆は兵士が戦う最前線の戦地ではなく、女性や子供、老人など銃後の非戦闘員が主に生活する大都市への直接攻撃だった。

広島市は放射線による急性障害が一応おさまった一九四五年一二月末までに約一四万人が死亡したと推計し、長崎市では同年末までに七万三八八四人が死亡し、七万四九〇人が負傷したと推計している。人類史上類を見ない、一般市民の大量虐殺である。なぜ、アメリカは原爆を一発ではなく、二発も投下したのか。

広島にはウラン235を基にした原子爆弾、長崎にはプルトニウムを使った原子爆弾という二種類の異なる原爆を〝実験〟したかったからである。終戦直後、広島と長崎を訪れた米国戦略爆撃調査団はその威力や効果、被害、被爆者の人体状況などの〝実験結果〟を丹念に調査しただけで被爆して苦しむ日本人を手当することなく帰国した。二発の原爆を落としたことも許せないが、負傷者の手当をしなかったことも許しがたい。

一九五四年三月一日、南太平洋のビキニ環礁で大規模な水素爆弾の実験が行われた。この時、日本の遠洋マグロ漁船「第五福竜丸」の乗員二三名全員が被爆し、そのうち一名が亡くなっている。実は、日本は世界で初めて水爆による犠牲者を出した国でもあるのである。水素爆弾は原爆よりも破壊力が絶大でその起爆装置として小型の原爆を使用する。水爆の材料となる重水素などを核融合させるには超高温、超高圧下の放射線環境が必要だからだ。

因みに、旧ソビエトは世界最大の水爆「ツァーリ・ボンバ」を開発し、実験を行っている。その威力は五〇メガトン。実に広島型原爆一五キロトンの三三〇〇倍の破壊力を持つものであった。実験時、爆発の衝撃波が地球を三周もしたと言われている。しかし、直径二メートル、長さ八メートル、重量二七トンとあまりにも巨大すぎて実戦配備はされなかった。しかしながら、その後、核兵器の小型化に成功し、ミサイル一発に複数の核弾頭を装着、複数の都市を同時に壊滅できるようになった。

人類全体が〝滅亡〟を意識しはじめたのは米ソが核兵器を大量に配備するようになってからである。最盛期には核弾頭数が七万発にも膨れ上がり、地球を数十回も破壊できるまでになった。そして、そのほとんどが米ソを中心とした西洋文明の所有であった。以来、西洋文明が築いたこの「人類絶滅装置」によって、人類全体がハルマゲドンの瀬戸際に立たされ続け、二〇二五年以内にもプーチン大統領の決断次第ではいつでも核戦争がはじまる可能性が十分にある。狂気の沙汰である。

現在、地球は〝西洋文明の核弾頭〟すなわち「西洋の核」による〝核植民地体制〟にあるといっても過言ではない。西洋列強は強大な核戦力を背景に世界政治を自らの都合の良いようにコントロールし、事実上諸国家及び諸民族を脅して従わせようとしてきたからである。もし、彼らが強大な核戦力を保有していなければ、いまほどの影響力は行使できないであろう。

しかし、なぜ「西洋の核」によって、人類は根絶の危機に立たされなければならないのか。なぜ米ロは地球を破滅させるだけの核兵器を配備しているのか。これは非常に疑問である。しかし、それ以上に疑問なのは文明国としてふるまい、非文明国を蔑み、人権や平等を主張し、自由や民主主義を掲げてきた西洋諸国にこれほどの大量破壊兵器が集中しているのかということである。

私は悩む。もしかしたら、西洋人は〝人間として大切な何かが欠落している〟のではないか、と。〝人間〟としての〝こころ〟がまだまだ未発達なのではないかとも。なぜならば、東洋人は西洋人のように自らの都合と利益のために全人類を滅ぼしてもよいなどという非人間的な思想は逆立ちしても出てこないからだ。

今後、仮に東洋文明圏の国々が経済的に大発展し、軍備を拡充させても地球を何度も壊滅させるほどの核兵器を大量に配備することはあり得ない。なぜならば、東洋文明が長い歴史の中で育んできた文化や思想、哲学、宗教、叡知といった〝東洋のこころ〟がそれを許さないからである。

確かに東洋世界は貧困、格差、未発達な経済、不完全な民主主義、社会制度の不備、人権の抑圧など問題だらけである。しかし、あくまでそれらは政治的・経済的な表層上の問題に過ぎない。つまり、東洋人の〝こころ〟や〝人間性〟とは別の問題である。それこそ東洋文明は西洋文明に優越した〝人間性〟〝道義心〟〝理性〟を持っているのではないだろうか。

それを証明しているのが、核兵器の圧倒的な数の格差である。〝人徳〟〝礼節〟〝人情〟といった精神世界を重んじる東洋世界にとって、西洋人が下劣なまでに求める〝力こそが正義である〟といった覇権思想は相容れないものがある。

ウクライナ戦争におけるロシアの暴挙については言うまでもないが、アメリカもロシアと似たり拠ったりである。二〇〇三年、アメリカがイラクに侵攻した際、ブッシュ大統領（子）は作戦のコードネームを「イラクの自由作戦」と名付け、これを〝正義のための戦争である〟と、イラク侵略を正当化した。しかし、果たして彼らに正義を掲げる資格があるのであろうか。

なぜならば、地球市民の立場から見ると、アメリカもまた地球市民の〝生存権〟及び〝生存の自由〟を根源から奪っている張本人だからだ。つまり、この視点から見るとアメリカは人類存続を奪う歴史上最大の「人類抑圧国家」として位置付けることができるのである。極論すれば、ナチス・ドイツ以上に危険な〝悪の帝国〟でさえある。そんな国に〝正義〟など語る資格はない。

もちろん、この見方はアメリカ人を当惑させ、怒らせるであろう。自由社会とはアメリカあっての世界だと信じているアメリカ人も多いからである。しかし、これは明らかに欺瞞であり、偽善である。彼らは〝自由〟や〝民主主義〟を掲げながらも、実際には誰も望んでいない地球規模の抑圧体制を築き上げてしまった。これが偽りのない姿なのだ。彼らの語る〝自由〟とは自己陶酔的なものに過ぎず、それは地球市民にとって〝真の自由〟ではない。アメリカ人は自己陶酔と自己満足、思い込みが激し過ぎる。

9・11同時多発テロ事件で無辜の多くの市民が誠に遺憾である。しかし、アメリカもまたたった三〇分足らずで地球をマンハッタン化できる「人類絶滅装置」を二四時間絶え間なく機能させていることを忘れるべきではない。テロリストがいかなる市民をも殺害する権利を持たないように、アメリカ人もロシア人も八〇憶人もの地球市民を殺戮し、不幸のどん底に陥れるいかなる権利を持たない。アメリカは自らの偽善的なプロパガンダによっていかに多くの不自由と抑圧を人類全体にもたらしてきたか、いい加減に悟るべきであろう。

諸悪の根源は何か。第一章で述べたように、「主権国家システム」であって、アメリカではない。本論のこの立場は一貫している。アメリカもこの中で必死に生き抜こうともがき続ける世界システムの単なる〝操り人形〟であり、〝奴隷〟に過ぎない。真に恐れるべきは「主権国家システム」であって、むしろアメリカはこのシステムの暴走暴発を防ぐ〝最後の砦〟であり、〝必要悪〟として貴重な存在でもある。

しかし、プランA上では、戦後、アメリカが築き上げてきた軍事同盟は解体されなければならない。そうしなければ全地球治安システムが築けないからである。だが、アメリカを盟主とした軍事同盟が解体されればどうなるか。

コンマ秒単位で同盟国から入る軍事情報がアメリカに集まらなくなる。つまり、北米航空宇宙防衛司令部（NORAD）のような中央総司令部に安全保障上欠かすことのできない軍事情報が途絶え、ディスプレイの一部が消えてしまう。アメリカにとって、これほど恐ろしいことはないであろう。なぜならば、核攻撃を受けても、即座に反撃できなくなる可能性があるからだ。

自業自得である。その恐怖を感じながら自らが構築した「人類絶滅装置」によって人類全体がいかなる恐怖に直面し、閉塞感を味わい続けてきたか、いい加減に思い知るべきであろう。

西洋文明が生み出した「人類絶滅装置」の解体と廃絶。これは〝善の善なるもの〟であり、人類共通の〝正義〟である。そして、地球人類の〝真の自由〟のために実現すべき目標であり、われわれの子孫をこの地球規模の抑圧体制から〝解放〟しなければならない。しかしながら、西洋キリスト文明には、「西洋の核」を自ら単独で解体・廃絶する力量はない。なぜか。

なぜならば、彼らにはそれを可能とする〝こころ〟すなわち〝精神力〟がないからである。つまり、彼らの歴史、宗教、文化、思想、哲学の中にそのための〝こころ〟を育んでこなかったからである。本質的に人間は〝善〟であるという「性善説」を信じる明るく無邪気な東洋社会とは異なり、神との契約を重視し、人間はその原罪ゆえに〝悪〟であると見なし、「性悪説」を信じる彼らには根本的に人間を信じることができない。いわば人間を信じる強い〝こころ〟をもっていないのだ。

人間を信じる〝こころ〟がなければ、真の〝平和〟は築けない。彼らが信じるのは〝力〟である。強いものが弱いものを支配することである。それが〝平和〟の〝礎〟であり、〝正義〟でなければならない。これこそが西洋文明が至った結論であり、この思想が積もり積もって出来上がったのが、「西洋の核」なのである。「人類絶滅装置」とは、実は西洋人の思想や精神を体現したものなのだ。

文明論的に言えば、このことは西洋キリスト教文明の思想的・宗教的・道義的限界を物語っている。はっきり言おう。真の脅威はイスラム文明ではない。西洋キリスト教文明である。そして、西洋キリスト教文明が核廃絶という〝善の善なるもの〟を実践する強い〝精神力〟がないのならば新しい文明が代わってこれを実現するしかない。では、その新しい文明とは何か。

それが〝地球連合（地球政府）〟であり、〝地球市民〟である。そして、地球連合ならば次のような核完全廃絶のシナリオを描くことができる。その方策はもうお分かり頂けるであろう。米ロ両国を全地球治安システムに組み込めばよいからだ。

米ロ核戦略体制解体の第一歩は、連邦警察軍が核廃絶のための米ロ特別駐留軍を編制することからはじまるであろう。この米ロ特別駐留軍の中核を成すのは、もちろん〝地球市民〟である。宇宙空間にある軍事衛星や偵察衛星からもたらされる衛星画像をすべて地球市民に開放し、家や街角にいながらにしてパソコンやスマホで両国全域を監視してもらうからだ。この全地球監視システムを築き、〝地球市民〟にその情報をすべて開放すること、これがまず第一歩となる。

次に、連邦警察軍を中核にアメリカ軍兵士二五万人、ロシア軍兵士二五万人、特別編成の地球連合加盟国軍二五万人の他、文民組織として地球連合の連邦議員を組み入れた米ロ特別駐留部隊を編制する。そして、北米航空宇宙防衛軍のような米ロの中枢軍事司令部を手始めにすべての核ミサイルサイロ、核戦略原子力潜水艦、B1やB2、B52のような戦略爆撃機を同時に管理下に置き、すべての戦略・戦術核兵器を完全に掌握する。

この他にも、すべての作戦司令部、陸軍基地、海軍基地（航空母艦などの海軍艦艇を含む）、空軍基地、さらに軍関連施設、軍産複合体の兵器工場や実験施設に至るまで駐留をはじめる。そして、地球市民、地球連合、連邦警察軍、加盟国軍、米ロ両軍兵士がそろって戦略・戦術核兵器の完全廃絶に取り掛かり、核戦争勃発の可能性をゼロまで引き下げる。と同時に、連邦警察軍の本隊が米ロ両国を完全に軍事的支配下に置き、両国の軍事機能を一体化、共通の安全保障システムで結び付ける。もし、これが実現すれば両国間の核戦争及び世界大戦は消滅する。

その一方で、両国を根拠地化し、多数の〝軍事基地（治安拠点）〟を確保した連邦警察軍はその行動半径を一気に拡大し、地球の大部分に対して「普遍的警察権」を行使できるようになる。そして、強大な核戦力を失い、軍事的基盤を共有化・統合化された米ロ両国は軍事ヘゲモニーを消滅させ、覇権国家の地位を失う。その結果、〝世界の一地方国家〟に転落してゆく。

この歴史的意味は大きい。なぜならば、約五〇〇年前の大航海時代から続いてきた西洋覇権の歴史が終わりを迎えるからである。と同時に、〝力こそ正義である〟というアングロサクソンの論理も消滅する。力を背景にした〝西洋文明の終焉〟である。

しかしながら、それ以前の問題として、そもそもアメリカが軍事覇権をそうやすやすと譲り渡し、〝一地方国家化〟への道を選択するであろうか。そんなことあろうはずがないという疑問の声が聞こえてきそうである。このことについては〝戦略編〟で扱っている。

いずれにしても、核完全廃絶や世界大戦完全抑止に至る道のりは決して平坦ではない。しかし、核戦争による人類絶滅の危機から地球を現実的に救い出すことができるのは、おそらく連邦警察軍という新たな軍事・警察機構以外にないであろうし、地球連合にしか平和裏に解体することはできないであろう。残念ながら、核兵器削減交渉などではじめから限界があるのだ。

言いかえれば、真の核廃絶のためには地球規模の新しい政治・軍事システムの構築が不可欠だということである。もし核完全廃絶が実現すれば、人類史上最も大きな転機が訪れる。地球は核による死滅の脅威から解き放たれ、「人類後史」の扉が切り拓かれるからである。

第二節　世界統一理論の証明

市民主権、地球市民、地球連合、連邦警察軍、全地球治安システムなどのコンセプトを繰り返し利用しながら、これまで世界統一に向けたシミュレーションを展開してきた。ややこしかったかも知れないが、読者諸賢の方々もこれらのコンセプトの概要はおおむね掴めたのではないかと思う。

ではなぜ、これら複数のコンセプトをわざわざ生み出したのかというと、その目的は一つ。次のコンセプトをクリエイトするためである。

〝地球政府〟である。〝世界連邦〟〝地球国家〟あるいは〝IT地球国家〟と言い換えてもよいだろう。本論でクリエイトされたコンセプトすべては、畢竟《ひっきょう》、この〝地球政府〟の道へと通ず。

〝地球政府〟はすべての国が地球連合に加盟すれば必然的に誕生する。言いかえれば、「主権国家システム」は解体の道をたどり、それに代わって「普遍国家システム」（超国家体制）が登場する。

それでは、その理論的根拠はいかなるものであろうか。一体いかなるメカニズムを経て、〝諸悪の根源〟が解体され、超国家体制が登場するのか。次に、それを明らかにしてみたい。

まず、すべての国家が地球連合になるということは、民主主義が地球全体に行き渡り、すべての民族に対する「民族永続の権利」が確立され、前述したように国際問題の解決への見込みが立っているということである。さらに、石原莞爾が掲げた世界統一のための軍事的条件が完成していることでもある。連邦警察軍がすべての軍事基地に駐留していれば、全地球治安システムが地球規模で稼働していることになるからである。

これは極めて重要なことを意味している。というのは、諸国家を軍事的に統合し、独自の安全保障ネットワークを築き上げた連邦警察軍が事実上、地球全体を軍事支配していることになるからだ。言いかえれば、これは全地球治安システムが地球全域を覆い、より高度な政治的・軍事的枠組の「安全保障基盤」が確立されているということでもある。

《「国家主権の根本的変質」によって、地球政府が登場し、国際法体系（超国家法体系）に基づく世界秩序が必然的に誕生する》という「仮説」が正しければ、これにより人類の歴史上に〝地球政府〟は生まれはじめる。つまり、《主権国家、軍事力、パワーポリティクスを原理とする「主権国家システム」は解体され、超国家権力、普遍的強制力、超国家法体系を基盤とする「普遍国家システム」が人類社会に創出される》わけである。なぜか。

第一章で述べたように、主権国家は他の主権国家から完全に独立した存在となっている。それを保障しているのが、「国家主権」である。そして、この「国家主権」を最終的に成り立たせているのが「軍事的独立性」であり、軍事力の存在である。

言いかえれば、軍事力や「軍事的独立性」が他の「権力主体」に対する「独立性」を形成し、諸国家が国際社会のなかで独自の意思決定システムと行動の自由を持った自己完結的な行動単位でいられることを保障していた。これこそが、主権国家システムの〝特徴〟であり、〝本質〟であることは述べた。

しかし、連邦警察軍が地球を軍事統一していれば、主権国家を取り囲む状況は革命的に変化する。なぜならば、このとき、すべての国家は互いに戦争が出来なくなっているからである。つまり、「国家主権」の究極的な発現形態である「戦争権」を失っているからである。というのは、「紛争統御メカニズム」がすべての国家間で作用し合い、事実上国家間戦争が成り立たなくなるからである。

しかも、このとき諸国家は単に「戦争権」を失うだけでない。他の「権力主体」に対する「軍事的独立性」もまた失う。なぜ「軍事的独立性」まで失うのか。それは自国の「軍事機能」を他国のそれと一体化され、連邦警察軍に軍事基地を自由自在に使用されたのでは「軍事的独立性」など張子の虎と化し、意味を失ってしまうからである。

すべての国家が互いに戦争権を失い、「軍事的独立性」までも失う。では、諸国家にとって「軍事的独立性」を失うということは一体何を意味しているのか。

まず、軍隊を保有する意味を根源的に失う。戦争が出来ないのにもかかわらず、財政負担の大きい軍隊を常備し続ける意味が失われるからである。言いかえれば、すべての国で軍隊の存在意義が同時に消滅するわけである。それでは、「軍事的独立性」を形骸化させ、軍隊の存在意義までも失うということは一体何を意味しているのであろうか。

一般に戦争とは、外交戦略が行き詰り、自らの目的を成就するためには軍事力の行使以外にその手段がないと考えられたときに生ずるものである。ところが、全地球治安システムの下では国家間の戦争が成り立たなくなっている。それ故に、外交戦略の最後の切り札となる軍事力の行使ができない。したがって、〝戦争とは他の手段をもってする政治の継続である〟というクラウゼヴィッツの格言にしたがうならば、すべての国家にとって広義の外交戦略の独自性・遂行性を失うことに等しい。

それでは〝広義の外交戦略の独自性・遂行性を失う〟ということはどういうことなのか。それは諸国家にとって、他の「権力主体」に対して〝独立〟した存在ではいられなくなることを意味している。言いかえれば、他の「権力主体」に対して〝主権〟を失うということである。

この〝主権〟の概念は二つあった。一つは、国内政治のありかたを最終的に決定できる「最高権」を表し、もう一つは他の国々からの完全な独立を保障した「独立権」を表していた。そして、この二つの概念に堅牢に守られ、他国に対して独自の意思決定システムと行動の自由をもった自己完結的な行動単位でいられたのが〝主権国家〟であった。

ということは、〝主権〟を失うということは国内政治のありかたを最終的に決定できる「最高権」と、完全な独立を保障した「独立権」を失うということである。では、「最高権」や「独立権」を失うとは具体的にどういうことなのか。それは「国家権力」を最高意思決定機関とした従来の枠組みの中では機能しなくなり、究極的には独自の国家権力システムを弱体化もしくは崩壊させるということを意味している。

つまり、〝主権国家〟としての〝自己完結性〟を失うわけだ。というのは、諸国家は国防や外交政策など広義の政治上の案件を単独かつ自力で自己完結的に解決できなくなっているからである。では〝広義の政治上の案件を単独かつ自力で解決できなくなる〟とは具体的にどういう意味か。

たとえば、アメリカと中国、日本と中国、韓国と北朝鮮、イランとサウジアラビア、イスラエルと中東諸国など様々な主権国家間で深刻な対立が発生しても、連邦警察軍によってこれらの国々が軍事統一されているがゆえに対外戦争には踏み切れなくなっている。ということは、外交上の問題を解決するためには武力行使以外の手段を取らざるを得ない。では、武力行使以外の解決方法とは何か。

それは国家の枠組みを超えた超国家的機関による〝法的裁定〟以外にない。超国家的な第三者による法的裁定でなければ、国際問題を客観的に解決できないからだ。これは既存のすべての国家が特に国家間の政治上の案件を究極的には自らの意志で自己完結的に解決できないことを示している。

言いかえれば、「国家権力」を最高意思決定機関とした権力システムそのものに亀裂が入り、「主権国家」としての「自己完結性」の土台がその根本から揺らぎ始めることを意味している。当然、戦争を遂行できず、対外的な政治上の案件を自らの手ではなく、第三者の手を借りなければならず、さらに主権国家としての「自己完結性」までも崩壊させはじめた国々をもはや〝主権国家〟などと呼ぶこともできなければ定義することもできない。

したがって、仮に軍事統一が実現すれば①軍事力、②他の「権力主体」に対する「軍事的独立性」、③国際社会のなかで独自の意思決定システムと行動の自由と有した自己完結的な行動単位としての枠組みなど、これまで近代国家を根底で支えてきた要素を三拍子そろって同時に失い、「国家主権」そのものを根本から変質させることになる。つまり、「国家主権の根本的変質」がすべての国家間で生ずるわけである。

それでは、この「国家主権の根本的変質」は一体どのような影響を諸国家にもたらすであろうか。ひと言で言えば、主権国家そのものの枠組みの〝瓦解〟である。それはまた、「主権国家システム」の〝自壊〟と言い換えてもよいであろう。究極的にはすべての国家権力システムが地球規模で同時に機能不全になり、大混乱に陥ってしまうからである。

しかしながら、ここにより高次の世界機構が生まれるチャンスが巡ってくるのである。なぜか。その理由は、もし地球政府のような諸国家の上部に君臨する世界機構がしなければどうなるであろうか、想像していただきたい。地球規模で機能不全に陥った諸国家は国家間の問題などの解決を巡って無統制状態・無秩序状態に陥り、無限の時空に漂流しはじめてしまう。当然、国家の本能としてそうした無統制・無秩序状態から脱却し、再び確固たる「自己完結性」を回復しようと試みるであろう。では、そのためにはどうするべきか。

「超国家権力」を生み出すしかない。なぜならば、国家を超えた次元から共通のルールや法体系を定め、すべての国家を統制・管理できるのは「超国家権力」以外にないからである。言いかえれば、主権国家としての「自己完結性」を〝瓦解〟させた諸国家は、自らの生存と安定のために好むと好まざると、他の国々を自分と同じ枠組みの中にいわば強引に押し込むことのできる〝超国家体制〟

の出現を本能的に希求し、欲しはじめるのである。

その結果、どうなるのかというと、諸国家はより高次の社会単位である〝地球政府〟あるいは〝世界連邦〟の枠組みを求めて、互いに独立的であった「権力主体」同士の相関関係を変化させ、新たな枠組みの中で再び「自己完結性」を回復し、生き抜こうとしはじめるのである。つまり、自らの意志で自主的に〝超国家体制〟の枠組みの中へと飛び込み、その下位システムの一部として復活し、存続しようとしてゆくのである。

ここに連邦警察軍による《軍事統合》の必然的結果として、「超国家権力」が誕生する理論的根拠が発生する。では、この「超国家権力」が具体的にどのように誕生するのであろうか。

たとえば地球連合の頂点に君臨していた加盟国の政府首長や閣僚らによる意思決定システムを完全に廃止し、〝地球市民〟が民主選挙により選出した超国家議員などに超国家内閣を直接組閣してもらい、この超国家内閣を最高意思決定機関とする超国家権力システムを生み出す。と同時に、超国家的な司法機関となる〝地球法廷〟も創出し、地球規模での三権分立体制を実現する。

その結果、既存のすべての「国家権力」は「超国家権力」に一元化され、〝地球政府〟に収斂されるとともに、主権国家の「国家権力」と「超国家権力」の相関関係が変化し、「超国家権力」が諸国家に対して優越的な権力を持つようになる。このように「超国家権力」は生まれてくる。

さらに、この「超国家権力」の誕生後、全国家の軍隊を解体すればどうか。連邦警察軍は地球上で唯一の「強制力」を発揮できる超国家的な警察組織体として、「普遍的強制力」としての地位を得るに至る。と同時に、これにより地球規模での軍備の解体・廃絶が一気に実現し、国家間戦争は地球上から姿を消す。

さらに、ここで見逃してはならないことは、このときすべての国家間の力関係もまた消滅するということである。なぜ、国家間の力関係が消滅するのかというと、諸国家の軍事力が消滅し、その軍事的基盤が解体された結果、パワーポリティクスの原理が必然的に消滅し、国家間の力関係を背景とした政治や外交が成り立たなくなるからである。

では、軍事力を背景にしたパワーポリティクスの原理が国際社会から消滅すればどうなるか。それに代わって、今度は超国家法体系に基づく世界秩序が登場することになるであろう。

さらに、マックス・ウェーバーは、国家を「合法的に組織された暴力装置」と定義したが、超国家権力によって諸国家の「軍事的基盤」を解体すれば、「非軍事国家」としてその「行政機能」だけが生き残る。では、「行政機能」だけを残した国家はその後どうなるのかというと、〝地球政府〟を支える〝行政国家〟すなわち〝地方国家自治体〟として、その下位システムに組み込まれてゆくことになる。

言いかえれば、これによって「主権国家システム」は解体の道を辿り、それに代わって「行政国家」を基底として成り立つ「行政国家システム」（後の「普遍国家システム」）が新たに登場することになるわけである。そして、他の「権力主体」に対して自衛していかなければならないという「主権国家システム」の論理はこれによって楔を打たれ、跡形もなく消滅する。

したがって、世界が統一されれば主権国家、軍事力、パワーポリティクスを原理とする現行の「主権国家システム」に代わって、今度は超国家権力、普遍的強制力、超国家法体系を基軸とする

「普遍国家システム」が人類社会に必然的に登場し、地球規模でのパラダイムシフト（構造枠組みの大転換）が実現する。そして、分権的な構造下にあった国際社会は一気に中央集権的な構造下に置かれ、中世の暗黒時代に産声をあげたウェストファリア体制は崩壊。地球は一つの連邦国家となる。〝地球国家〟の誕生である。このとき数世紀にわたり人類と地球を蝕《むしば》んできたウェストファリア体制が最期の最後で〝輝き〟を放つのも確かであろう。なぜならば、地球政府の行政基盤を地球の隅々まで行き渡らせ、新しい統治システムへの移行を大いに助けるからである。

以上のことを「仮説」として理論的にまとめると、《すべての主権国家が「自己完結性」を失ったときに地球政府が誕生し、同時に主権国家、軍事力、パワーポリティクスを原理として成り立つ現行の「主権国家システム」は地球規模で解体され、超国家権力、普遍的強制力、超国家法体系を基盤とする「普遍国家システム」が人類社会に創出される》となる。そして、これをさらに短く要約すると、《「国家主権の根本的変質」あるいは《「国家主権の根本的変質」によって、地球政府が必然的に誕生し、超国家体系に基づく世界秩序が登場する》あるいは《「国家主権の根本的変質」によって、地球政府が必然的に誕生し、超国家体制に基づく世界秩序が登場する》ということになるのである。

要するに、地球政府はすべての国家が主権国家としての「自己完結性」を自壊させたときに登場し、「超国家法体系」は諸国家からその「軍事機能」を摘出し、「行政国家」として地方国家化したときに機能しはじめるのである。言いかえれば、〝超国家体制〟は近代デモクラシーから軍事力を摘出し、「政軍分離」を実現した「非軍事国家システム」の枠組みのなかではじめて実現するということだ。そして、そこに至る上で最も大きな鍵を握るのが、連邦警察軍による《軍事統合》なのである。

以上が、世界統一のメカニズムである。と同時に、本書のメインテーマであった「仮説」の証明である。これにて、「仮説」の立証を終えることにする。

ところで、これまで創造してきた様々なコンセプトや、数々のシミュレーションはすべてこの世界統一論を本源として生まれ、この理論へと収斂されてゆくものである。そして、これから登場する様々なアイデアや数々の戦略、新機軸もまたこの統一理論を本源として生まれてくるものである。

第三節　地球統治システム原案

前節では、連邦警察軍による《軍事統一》の結果が〝地球政府〟の誕生へと結びつくのみならず、「主権国家システム」の解体へと必然的に繋がるという、その理論的根拠について説明した。しかし、机上において筋を通すことができても理論は所詮理論である。やはり現実世界とは違う。

現実問題として、地球政府の根幹は目には見えないサイバー空間を基盤に構築され、〝電脳議会〟も〝電脳決議〟もまたサイバー空間で行われるが故にハッキングなどの問題を残す。そして、この大問題を解消しない限り、実は地球政府そのものが根底から音を立てて崩れ落ちてしまうという極めて深刻な未来が待ち受けている。つまり、すべては〝幻想〟に終わるということだ。

これはサイバー空間に頼ったIT地球国家の最大の弱点であると言える。しかし、八〇億人以上もの地球市民を民主体制の中に組み入れるためにはやはりサイバー空間に頼らなければならないのが現実である。だからといって、一つ間違えれば地球国家は瓦解し、地球政府への信頼は地に落ちてしまうのもまた確かであろう。したがって、この大問題が解決されない限り、実は地球政府は成り立たない。

ならば、如何にこの大問題を克服するのか。さらに、八〇億人もの地球社会を統治してゆくために地球政府はどのような統治システムを構築してゆくのか。

現時点では、地球政府について考えることはあまりにも時期尚早に思えるかも知れない。しかし、いま指摘した深刻な問題もあるため地球統治システムの原案を考えておくことは極めて重要である。そこで次に、いくつかのアイデアを提示しながら、本論の地球政府のコンセプトを明らかにし、その全体像を描いてゆきたい。

はじめにまず、地球政府は〝地球連合〟と〝国際連合〟の両者が合併・統合して誕生するものとしている。国際社会の中で二つの国際機構が併存してゆく理由が失われるからである。したがって、地球連合のIT（主権・議会）部門及び軍事・安全保障部門と、国際連合の非安全保障部門すなわち世界保健機関（WHO）、国連世界食糧計画（WFP）、国際連合児童基金（ユニセフ）、国連難民高等弁務官事務所（UNHCR）、国際労働機関（ILO）などを統合し、さらには求められる新機関・新組織を新設して誕生するのが地球政府であると考えている。

図Ⅱが地球政府の主な組織である。実際には、多数の超国家行政機関が付属することになるが、

図Ⅱ

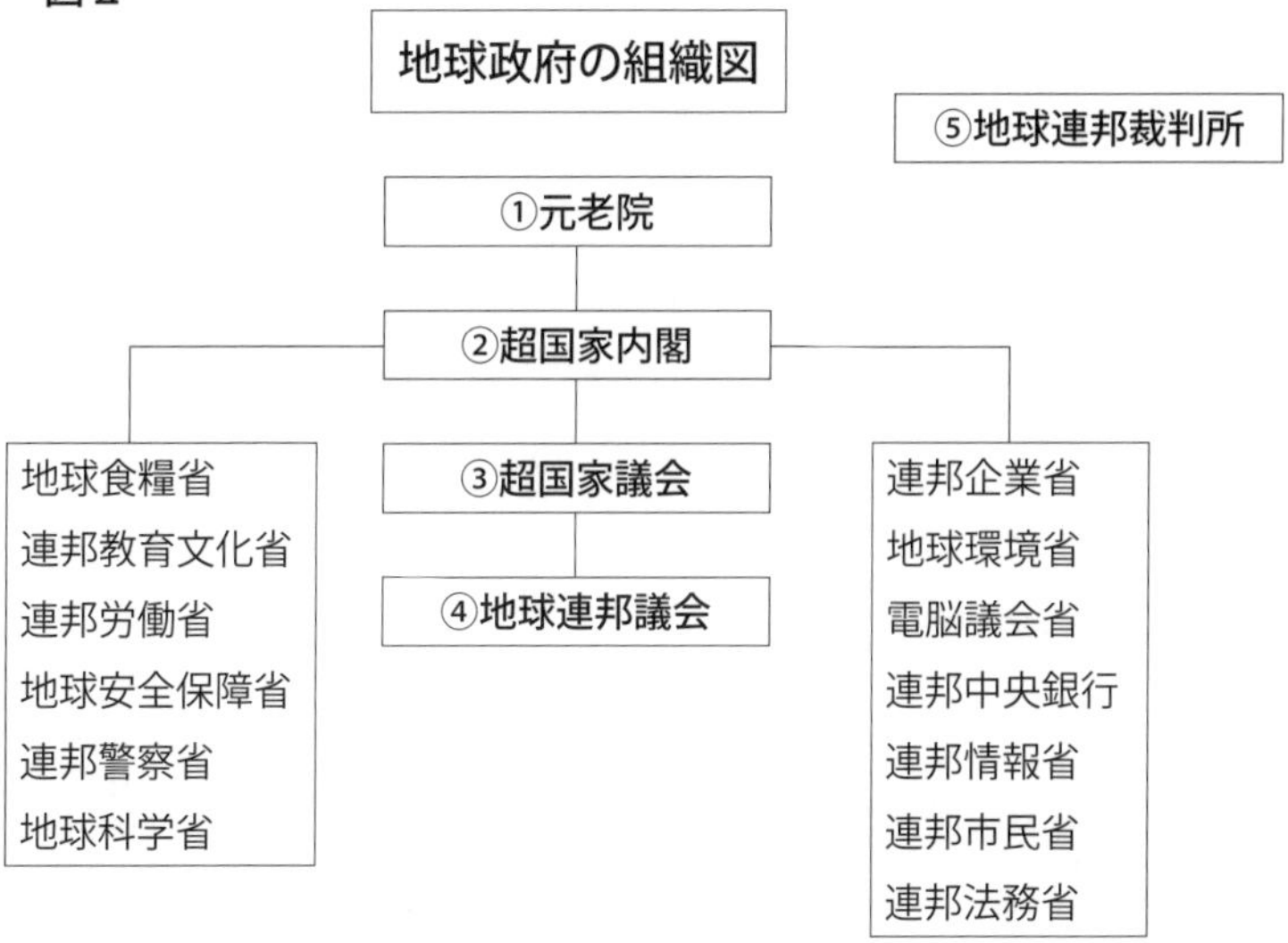

ここではいくつかの行政機関の提示だけに留める。ひとつひとつ書き表し、説明していたら切りがないからである。

まず、本論の地球政府の最大の特徴から述べてみたい。最大の特徴は「ツイン・デモクラシー」を採用していることである。「ツイン・デモクラシー」とは何か。〝推薦制〟と〝立候補制〟の二つの民主システムを軸とする新しい超国家民主システムのことである。

ところで、紀元前に誕生した中華文明は日本や朝鮮半島、ベトナムなど周辺諸国に多大な影響を与えた。この中華文明の最大の功績は何かというと、私は象形文字（漢字）を発案・体系化し、さらにその文字を母体にして偉大な思想を生み出し、〝人間社会〟に〝光〟を灯したことであると思っている。では、その偉大な思想とは何か。

〝儒教〟である。個人的には老子や荘子の

老荘思想のほうが好みだが、やはり孔子が与えた影響力の大きさを考えれば〝儒学思想〟であろう。私は〝儒教〟を生み出したことが中華文明の〝真髄〟だと思っている。ならば〝儒教〟のどこが優れているのか。

話は脱線するが、私はこの原稿書きの合間に動物の動画を見ることがある。会社帰りの疲れた心身を一度リセットし、頭を少し休めるにはとりあえずこれが良いからだ。インコ以外のペットを飼ったことがないし、特に動物好きというわけではないが、なぜか見入ってしまう。なぜ見入っているのかというと、ある〝確証〟を探し続けているからだと思う。

その〝確証〟とは、犬猫鳥を筆頭に多くの動物たちもまた、おそらく人間と似たような感情を抱いて生きているのではないかという疑念があるからだ。つまり、彼らもやさしさや愛情を表現し、労り、気遣いを見せながら生きているのではないか、と。その反面、生存競争も激しく、自らのテリトリーに侵入してきた他者に対しては威嚇し、攻撃したりすることもあるが、これもまた人間と似たり寄ったりであろう。

人間と動物の間でどれほどの感情面での違いがあるのか。実際は極端な違いはないのではないか。それは分からない。しかし、人間と動物の間には決定的な相違点がある。それは人間が〝思想〟を生み出すことができる生き物だということである。そして、そこから学んで人生や社会に生かせる。

〝儒学思想〟をひと言でいえば仁と義、徳と礼、忠と孝（親孝行など）などの新しい概念を生み出し、人間はかく生きるべきであるという人間の生き方を示したことである。そして、人間として生きる道を示したことにより、社会に道徳と秩序をもたらした。逆に言えば〝儒学思想〟が生まれる以前の社会には〝仁義〟や〝礼節〟〝道徳〟といった概念はなく、人間として生きる〝生き方〟もなければ〝道〟もなかったわけだ。だからこそ、人間は動物のように振舞い、社会は混乱し、乱世に明け暮れていた。

ある意味で〝儒学思想〟のおかげで〝人間〟ははじめて〝人間〟になれたといえる。その意味で〝儒学思想〟を生んだ〝中華文明〟は〝人間〟を〝誕生〟させたともいえる。つまるところ、〝思想〟が〝人間〟を創り、〝人間〟が〝文明〟を開化させたのである。

同様のことはユダヤ教、キリスト教、イスラム教にも言える。これらの宗教がその誕生以前の人間社会を〝未開社会〟と定義することを好むのは〝思想〟を持った〝人間〟がいなかったと見なすからだ。彼らは信仰する〝宗教〟を見つけたことで〝人間〟へと大きく成長した。だからこそ彼らにとって〝宗教〟とは〝人間〟であることの〝証〟であり、心の拠り所であり、生活の一部なのである。

つまるところ、これらの宗教も人間としての生き方、人間の道を示した〝思想〟なのだ。彼らの聖典の中には天地創造、神との契約など形而上学的な側面があり、難解に思われるかも知れないが、実際には様々な物語を通して（神を信じて）こう生きなさいという、人間の生き方や人間の道を示しているに過ぎない。

儒学思想にせよ、旧約聖書にせよ、新約聖書にせよ、コーランにせよ、仏典にせよ、現世で目指したものは一つ。〝平和〟と〝安寧〟である。そして、平和と秩序をもたらす〝人間社会〟を創ることである。この点ではみな共通している。そして、東洋の大思想家である孔子が理想とした〝平和のかたち〟とは何か。

〝徳治政治〟である。これは古代ギリシャの大哲学者・プラトンが理想とした〝哲人政治〟と似た概念を持つものかも知れない。では、〝徳治政治〟あるいは〝哲人政治〟とは何か。それは賢人、哲人による〝善政〟のことである。

パワーポリティクスの消滅によって、〝力こそが正義である〟という覇道思想が失われた社会では〝徳こそが正義である〟という東洋の王道思想を実現する機会が巡ってくる。国家の〝正義〟が消滅し、人間自身の〝正義(道徳・規範)〟がそれに取って代わる可能性を秘めているからである。したがって、地球政府はこの機会を生かし、〝徳治政治〟を実現するのだ。そして、それを追求したものが「ツイン・デモクラシー」である。

この「ツイン・デモクラシー」の一翼を担う舞台となるのが①の〝元老院〟である。因みに、「ツイン・デモクラシー」のもう一方は②の〝超国家内閣〟を頂点にした行政・立法・司法機関である。では、この〝元老院〟とは何か。誰が誰をどのように選ぶのか。そして、その役割は何なのか。

まず、五、六年に一度の割合で地球規模の〝推薦制〟の選挙を開催し、人種、国籍、民族、宗教とは無関係に一八歳以上の地球市民が一人一票を行使して八〇億人の中から地球社会を代表する〝賢人〟や〝哲人〟を選び出してもらう。推挙の基準はシンプルである。〝徳治政治〟〝哲人政治〟を実現できる人間を選んで投票してもらえばよいからである。そして、地球政府は上位五〇〇名から一〇〇〇名くらいを〝元老院〟を司る〝賢人〟として選出し、本人の承諾を得て元老院のメンバーとなってもらう。

もちろん、推薦制であるが故に、蓋を開けるまで一体誰が選ばれているのか分からない。逆に言えば、選ばれた本人たちも開票が終わるまで分からない。そのため〝推薦制選挙の結果、突然選ばれる〟ことになる。ということは、元老院の賢人たちは金銭をまったく使わずに選出されるわけだ。「絶対権力は必ず腐敗する」という格言があるように、地球政府も天使ではなく、生身の人間集団が動かす以上、過ちや腐敗は必ず起きる。しかし、もし地球政府が腐敗し、人類から信用を失えばどうなるか。信用や権威を失墜し、人類社会は不安定なものになってしまうであろう。

しかし、選挙資金や政治資金を一切使わず、しかも地球人口八〇億人以上の中から選ばれた賢人たちならば腐敗・堕落することは考え難い。万が一、何らかの問題が一部に生じても全体的な信用を失うことはないであろう。言いかえれば、この元老院が存在し続ける限り、地球政府が根本的に腐敗することは永遠にあり得ないということである。つまり、政治腐敗などから地球社会を守護することが元老院の大きな役割の一つになるわけだ。

この他にも、いくつか大きな役割がある。その一つが、ハッキング対策である。そして、特に強調したいのが〝調停者〟としての〝政治介入〟である。

たとえハッキングが不可能な量子暗号に支えられ、技術的に万全の対策が施されていたとしてもサイバー空間を使えば問題を残す。超国家体制も、所詮は人間社会である。そして、地球市民が品行方正なる人間の集まりなどということはあり得ず、一部の人間たちは身勝手でえげつない存在であるという前提に立つことも必要である。

故に、サイバー選挙の結果や議決に対して、〝選挙結果がハッキングされている〟〝支持していた○○が当選していないはずはない〟〝投票が操作されている〟〝これは○○の陰謀だ〟などの妄想を勝手に持ち込んで騒ぎ出す輩も数多く出てくるはずである。つまり、ドナルド・トランプのような輩たちの出現である。自分に不利な選挙結果や判決、議決が出ると、それを受け入れずに騒ぎ出し、いちゃもんをつけることしかしなかったトランプとは一体何者であったのかと問われれば〝民主主義を破壊しようとした男〟であると私なら答えるであろう。

ハッキングの真偽は別として、〝電子決議〟や〝電子投票〟の結果を不服とする一部の政治家や政党、社会への不満を撒き散らして面白がるネット市民、クリック数を増やすためにフェイクニュース流す輩が騒ぎ出せば何かと面倒である。特に、僅差となった多数決の結果を巡り対立が激化すれば、超国家体制の運営に若干の支障が出ることもあり得る。

したがって、その際、サイバー空間に頼らないまったく別のルートで速やかに問題解決に当たるルールやシステムを確立しておかなければならない。それが〝元老院〟による〝政治介入〟である。これはどういうことか。

簡単に説明すると、たとえばトランプとバイデン大統領が争った二〇二〇年の大統領選では敗北したトランプがなかなか敗北を認めなかった。その結果、選挙結果を不服とするトランプの支持者らによる連邦議会議事堂占拠までも発生し、五人の死者まで出した。なぜ、このような暴動が起きたのか。トランプのわがままを誰も止められなかったからである。

しかし、もしアメリカ合衆国の頂点に〝賢人会議〟なるものが存在し、毅然とした態度でトランプに引導を渡すことができたらどうか。トランプをホワイトハウスから強制的に追い出すことができたであろう。要するに、超国家体制内で問題が生じたら、賢人らに解決してもらうのである。

たとえば、ハッキング疑念によって混乱に陥った場合、元老院がサイバー内での決議結果を分析・議論し、それが〝有効〟であると判断すれば〝有効〟になり、〝無効〟であるといえば〝無効〟となる。先のアメリカ大統領選の場合ならば元老院が勝者はバイデンであるとの判断を下せばバイデンの勝利となり、トランプが勝者だと下せばトランプの勝利となる。

つまり、問題の白黒の最終決着を図る絶対的な権限を与え、元老院が下した決定及び裁定はそのまま最終決定とするわけである。このようなシステムを確立しておけばサイバー空間に頼ることなく、元老院の判断と権威で最終的に諸問題を解決できる。要するに、スポーツ界における審判の役割を果たしてもらうわけだ。

この他にも、選挙資金や政治資金を使って選ばれた政治家からなる超国家内閣などの〝お目付け役〟となることも役割の一つとなる。つまり、元老院が腐敗防止機関として機能し、②超国家内閣を頂点とする行政・立法機関や政治家、官僚などの監視及び監督を行うわけである。そして、必要に応じて超国家内閣の解散権や閣僚、③の超国家議会の政治家の罷免権なども発動する。

さらに、何らかの不測の事態が生じて、超国家内閣や議会などが致命的ともいえる大混乱に陥った場合、非常時における〝非常大権〟を発動して〝元老院〟が〝全権〟を掌握し、トップダウン式に体制の安定化を計るなどの役目も負う。つまり、地球規模の巨大な権力機構の一方が機能不全に陥った場合に備えて、その受け皿にするわけである。

因みに、元老院は〝名誉職〟である。しかし、賢人らは賢人として選ばれるにも関わらず、実際には人間社会のいろいろな問題や相談、悩みを扱う機関になるであろう。彼らに悩みを解決してもらおうとする人々や組織が数多く出てくると予想されるからである。したがって、〝名誉職〟どころか、人間社会の瑣末《さまつ》な諸問題も扱う極めて多忙な機関となる可能性がある。そのため、メンバーの数にもかなりの幅を持たせている。

つまるところ、「徳治政治」「哲人政治」を実現し、超国家体制のサイバー政治の弱点を補い、地球市民社会の〝守護者〟として君臨することが〝元老院〟の使命となるわけだ。そして、その元老院は必ず推薦制の選挙によって選び出し、地球政府の頂点に君臨しなければならない。

だが、実務上の権力・権限は②超国家内閣を中核とした立法・行政機関の方が握る。したがって、超国家体制の運営を計るのは、通常は超国家内閣の側だということである。なぜならば、超国家内閣は民主選挙に立候補し、政治家として選ばれた〝超国家議員〟から構成されるからである。

ところで、八〇億人以上を統治しなければならない地球政府にとって重要なこと何か。②の超国家内閣を最高意思決定機関とする盤石な意思決定システムを築くことである。ところが、やはりここでも大きな難題に直面する。その難題とは何か。

一体誰が内閣を組閣するのかというものだ。日本やイギリスなど議院内閣制を採用している国では多数派となった政党が内閣を組閣している。アメリカなど大統領制を採用している国では国民が直接大統領を選び、大統領が内閣を組閣している。ならば、地球政府の超国家内閣はどのようにして選び出すのか。誰かがこの超国家内閣を組閣し、担当しなければ地球政府は運営できないのである。

ところで、第二章で述べた地球（連合）議会の場合、地球連合アプリをダウンロードした段階で一定の年齢以上の地球市民は任意で〝下院議員〟にも〝上院議員〟にもなることができた。そして、〝上院議員〟と〝下院議員〟の違いは単にどちらに登録するかの違いがあるだけであった。しかし、実際には〝上院議員〟は国家や民族、宗教、人種の枠組みを超えた〝超国家政党〟の結党が求められた。そして、その目的は〝政治家〟としてサイバー空間で〝議会政治〟を試みてもらうためであった。そのため地球（連合）議会は上院と下院の二つの議会から成り立った。

しかし、地球政府誕生後はこの上下両院は解体され、下院議会は④の〝地球連邦議会〟となり、この連邦議会を構成する〝連邦議員〟には登録すれば誰もがなれる一方、上院議会もまた解体され、③の超国家議会となる。けれども、この超国家議員には誰もがなれるわけではない。超国家議会選挙に立候補し、④の地球連邦議会を舞台にした〝地球総選挙〟で当選した政治家しか超国家議員になれないからである。

この〝超国家議会〟は〝地球連邦議会〟の上部機関となる。その理由は超国家議会が〝サイバー議会〟ではなく〝リアル議会〟だからである。

この超国家議会の議員数や、どのような選挙区を設けて選出するのか。さらに、普遍国家単位で行われるのか。民族単位で行うのか。それとも国家や民族を無視して、あくまでも〝人類と地球〟という単位で行うのか。さらに、普遍国家単位で選出される議員からなる普遍国家議会や、全地球民族からなる地球民族会議なども別枠で設けるべきかどうかなど、これらに関しては現時点では思考中であり、未定である。

しかし、この〝超国家議会〟で多数政党となった超国家政党が内閣を組閣する。あるいは、複数の超国家政党が連立を組み、連立内閣を造らせる。この点ははっきりしている。そのために〝上院議員〟らには超国家政党の結党が求められるのである。しかしながら、ここでも大きな懸念が生ずる。

おそらく、アメリカのように二大政党が生まれ、二大政党による議会政治が成り立っていれば組閣は可能だろう。けれども、少数政党乱立となった場合はどうなるのか。小党連立内閣が生まれれば問題ないが、連立に失敗し、組閣の道が閉ざされた場合も想定しておかなければならない。そこで、次善策として、次のバックアッププランを考えておくべきであろう。

それは〝地球大統領制〟の導入であり、〝超国家内閣政権担当グループ〟との同時選挙である。これはどういうことか。まず、前者はいわば地球大統領選に立候補した候補者を地球市民が選び出し、選出された地球大統領が各行政機関の長官を任命し、内閣を組閣するというものである。アメリカ大統領選の〝超国家版〟としてイメージしてもらえばよいであろう。

後者は超国家内閣の誰がどこの行政機関のトップに立つのか、その人事を事前に決めておき、〝政権担当グループ〟を選挙前に結成して立候補してもらうやり方である。こちらは選挙前に一つの政権担当グループを作り、立候補することから一つ一つのグループの政策やビジョンが分かり、出身国や民族、宗教、人種などのバランスもはっきりするという利点がある。

その選挙のやり方であるが、まず有権者が超国家議会の議員を選び出す。この段階で過半数を制した政党が存在すれば単独で内閣を組閣する権利を持つ。しかし、すべての政党が過半数に届いていなければ連立内閣を組閣しなければならない。これがスムーズにできれば問題はない。

問題は少数政党が乱立して組閣に手間取り、結果的に失敗した時である。その場合、元老院が〝非常大権〟を発動し、一時的に暫定政権を担う一方で、超国家内閣を組閣するための予備選挙と本選挙（決戦投票）の準備に入る。

予備選挙の立候補資格は超国家議会に議席を勝ち取った超国家政党自体を除外し、これとは別枠で地球大統領として立候補した個人、さらに政権担当グループに与えられる。仮に大統領として立候補した人物が一〇〇〇〇人以上、政権担当グループが一〇〇グループ以上あった場合、すべての候補者がサイバー上で同時予備選挙を戦う。そして、上位一〇候補を選び出す。その後、本選挙に出馬させ、決戦投票でトップとなった候補が組閣するというものである。

たとえば、決戦投票の上位一〇候補者の中に大統領候補が七名、政権担当グループが三つ選ばれればその中から本選挙を通じて〝組閣の権利を持つ主体〟を一つ選ぶわけである。もし大統領がトップ当選すれば単独で内閣を組閣し、政権担当グループが選ばれればそのグループがそのまま超国家内閣となる。そして、内閣が組閣された時点で元老院の暫定政権は解散し、超国家権力を超国家内閣へと移譲する。

あくまでも一つの原案に過ぎないが、混乱に陥った場合、今のべたようにして組閣化する方策も念頭に入れるべきだと思う。地球大統領にせよ、政権担当グループにせよ、どちらも超国家議会が小党分立などで混乱していても組閣が可能だからである。

推薦制の選挙によって元老院体制が構築され、立候補制の選挙によって超国家内閣が誕生すれば、これによって「ツイン・デモクラシー」という新しい超国家民主システムが確立される。そして、超国家内閣は超国家行政機関を通じて地球統治を行う。参考程度までに超国家内閣に付属する主な行政機関を羅列すると次のようになるであろう。

◎地球保健省　国連の世界保健機関（WHO）を改編・強化して設ける。世界各国の公衆衛生機関と密接な関係を持ち、人類全体の健康増進をはかる。WHOよりも強力な権限を持ち、ウイルスの発生現場などに迅速かつ強制的に立ち入り、防疫のためのロックダウンなどを命ずることもできる。ウイルスや病気など人間の体を蝕むすべての存在との戦いの最前線に立つ。

◎地球食糧省　国連世界食糧計画（WFP）を統合・改編して設ける。食料危機にある国に対して食料支援を行う。また、農業の技術支援・食料の増産などを行う一方、七つの海を養殖場化し、漁業資源の強化をはかる。万が一、地球全体を覆うような食糧危機が発生した場合、世界各国に食糧を平等に分ける。この世から飢餓を無くす。

◎連邦教育文化省　国際連合児童基金（ユニセフ）を改編して、その活動を強化する。発展途上国を中心に学校施設を建て、すべての子供が学習できる環境を整える。識字率を上げる。人類のためのアカデミズムを推進し、文化の興隆をはかる。世界文化遺産を永遠に守る。

◎連邦労働省　国際労働機関（ILO）を吸収・合併・強化して設立する。全世界の労働者の権利と利益を保護し、労働者の生活の改善をはかる。また、〝地球連邦議会〟の一部を〝労働組合〟として活用する。おそらく大多数の〝連邦議員〟たちはビジネスパーソンであり、労働者や派遣社員であろう。したがって、この際、地球連邦議会自体を〝超国家労働組合〟としても機能させてはどうだろうか。そうすればグローバル企業は恐れおののき、マルクスは腰を抜かすに違いない。
◎地球安全保障省　連邦警察軍を指揮・監督する。地球全域の治安任務に当たり、地球市民の正義と平和と生活を永遠に守る。地球市民のために命を賭けることを条件にこの連邦警察軍への門戸は人種、宗教、民族、ジェンダーを問わず、すべての地球市民に開放される。
◎連邦警察省　国際刑事警察機構（インターポール）の業務を引き継いで新設される超国家的な警察機構である。すべての国の警察機構と常時密接な連携を持ち、特にサイバー犯罪に特化し、数百名ものサイバー部隊を各国に常駐させ、地球上のサイバー空間を守る。もちろん、一般市民も〝登録〟すればサイバー警察の市民部隊の一員となれる。
◎地球科学省　人類の進歩に欠かせない科学技術分野のさらなる発展を計る。宇宙開拓を率先して行う。因みに、当面の最優先課題は宇宙開発ではなく、〝重力の謎〟を解明することである。後述するように、人類にとって世界統一の次に待ち受けている新たな戦いが〝重力〟との戦いだからである。
◎連邦企業省　全世界数千万社の企業、すべての地球市民が利用できる普遍的経済市場（プラットホーム）を運営する。超国家版ケインズ政策を立案し、発動する。発展途上国を中心にインフラ整備を無償で行う。さらに、発展途上国エリアの〝電脳議会〟を中核にして〝公富公益〟を目指す新たな共生資本主義を育成する。
◎地球環境省　地球上のすべての環境問題に取り組む。「人類後史」は地球という有限資源との戦いのはじまりを意味しているが、その最前線に立つ。環境汚染と戦い、資源の有効利用をはかる。
◎電脳議会省　地球連邦議会という中央議会を頂点に大陸別、さらにその下部の国家や州県単位、また市町村単位で様々な議会がサイバー空間に生まれる可能性がある。さらに、それとは別に様々な専門分野での議会も生まれてくるであろう。そのサイバー議会の管理・整理及び維持・更新を行う。
◎連邦中央銀行　超国家内閣から独立し、その役割は超国家的な金融政策を行い、超国家通貨を発行することである。この法定通貨は仮想（デジタル）通貨を主体とし、世界各国の通貨当局と連携して作り上げる。尚、ドルの大暴落を避けるため、当面の間はドルとの〝複本位制〟を採用する。
◎連邦情報省　世界中のマスコミの連合体から成る。その使命は地球市民に対して、常に正確な情報を送り続けることである。スパイ機関ではなく、内務省のような組織でもないが、対フェイクニュース機関ではある。また、連邦情報省に登録すれば誰でも市民ジャーナリストとして活動できる。この機関は超国家内閣から独立し、むしろ元老院側に属する。
◎市民主権省　地球政府のＩＴ・主権機関である。この市民主権省は地球市民の主権と権利を擁護することを使命とする一方で、アプリを通じて様々な利便性を地球市民に対して提供することが大きな役割となる。この機関もまた元老院側に属する。
◎連邦法務省　地球社会の根底を支える超国家法を立案する、アメリカの司法省、日本の法務省に相当する行政機関である。地球政府はこの超国家法体系の上に成り立ち、その永続性を正統化できる。この超国家法は様々な分野の法律の集大成から成り立つであろうが可能な限り分かりやすく、シンプルであることが望ましい。

以上が、主な行政機関である。この他にも司法機関を司る⑤の地球連邦裁判所がある。この地球連邦裁判所は超国家内閣や元老院からも独立した司法機関となり、連邦最高裁判所を頂点に高等裁判所、地方国家裁判所のように幾つかの裁判所から成る。こちらは専門の裁判官から成る裁判所だが、この他にも地球市民を陪審員としたサイバー空間で〝地球法廷〟も併設し、地球市民に対して「司法権」を行使する機会を与えるべきであるとも考えている。

超国家議会や地球連邦議会などの〝立法機関〟、超国家内閣や行政組織などの〝行政機関〟、さらに地球連邦裁判所や地球法廷などの〝司法機関〟が設けられれば地球規模の三権分立体制が確立される。これに〝徳治機関〟となる元老院を頂点に加えれば地球政府の体裁が整い、超国家統治システムの根幹が成り立つ。

だが、この統治システムだけでは、地球国家の最終形態となる「普遍国家システム」は誕生しないのである。なぜか。

ところで、前述した「行政国家システム」は「主権国家システム」から「普遍国家システム」への移行期を支える〝暫定国家システム〟であり、一時的な処置に過ぎない。地球統治システムを堅牢強固なものにするためには「行政国家システム」をさらに進化・発展させた「普遍国家システム」を確立しなければならない。そして、この「普遍国家システム」の構築にはさらに気の遠くなるような諸問題の解決が求められる。

因みに、政軍分離を実現した「行政国家システム」、あるいはそれ以前に述べた「紛争統御システム」はあくまで国家間の戦争や戦争状態を統御することを目的としたものであって、領土問題や国境問題、分離独立問題など国家間のすべての問題の根本解決を目指したものではない。というのは、それだけの〝チカラ〟すなわち〝執行力〟を地球連合は本質的に持ち合わせてはいないからである。

国家間の問題を根本的に解決できるのは〝超国家権力〟(すなわち地球政府の徳治機関、立法機関、行政機関、司法機関の四つの機関)である。そして、この超国家権力を持って諸問題を平定し、その後「行政国家」に代わって登場するのが「普遍国家」を構造枠組みとする「普遍国家システム」なのである。

では、「普遍国家システム」をどのようにして生み出すのか。「普遍国家システム」とはどのような条件を備えた国家から成るのか。次に、「普遍国家システム」について述べたい。

はじめに、領土問題や分離独立問題など既存の国家が引き起こす国際問題の本質は何かというと、地球という〝人類の惑星〟を諸民族、諸国家が何の根拠もなく勝手に分割・統治していることにあると私は考えている。ただ歴史的にその土地に住んでいたから。戦争で勝ち、占領したから。新大陸を発見し、移民したから。かつて宗主国が統治し、植民地解放闘争を経て彼らを追い出したからというような理由だけで勝手に〝国家〟を作って支配している。

つまり、領土や国家が歴史的・自然発生的、さらに領土争奪戦の結果として、また植民地分割による人工的、意図的によって形成され、市民の意思や国際法、民主的手続きによって成り立ったものではないことがまさに問題なのである。そして、そうしたいい加減さ、安易さ、無原則さ、さらに法的根拠のなさこそが領土問題や分離独立問題、国境問題を引き起こしているのだ。突き詰めると、この点こそが国際問題の本質なのである。

地球が〝人類の惑星〟であり、〝地球市民の住む星〟であるならば国家の〝領土・領域〟といった線引きはもはや無意味である。もしあるとすればそれは単なる〝行政上のライン〟に過ぎない。つまり、ある特定の国に地方自治を担当させるための〝行政区分〟に過ぎないということである。そして、その行政区分は原則としてできる限りそれぞれの市民の意思を尊重することによって作られるのが望ましい。

そこで、私は超国家権力の誕生後、現在の主権国家の枠組みをいったん白紙に戻し、市民の帰属投票の結果に基づいて新しい行政区分を創り直してはどうかと考えている。つまり、ひとりひとりの市民が「地球統治権」を行使し、その民主的結果に基づいて新たな「行政国家」を創るわけである。

そうすれば、市民の意思によって現在のような勝手に線引きされた国家の枠組みが解消され、領土問題や国境問題、資源の領有権などの国際問題を解決できるからである。だからといって、これによってすべてが解決できるわけではないし、残念ながら丸く収まることもない。というのは、既得権益を持ったものが有利だからである。

住民の帰属投票だけに頼って「行政国家」を作ればいわゆる北方領土はロシア側に属してしまうし、中国共産党が国策として行なってきた漢民族の移住に晒され続けているウイグルやチベットなどは中国人の支配下に永久に置かれ、イラクのキルクーク油田などはクルド人だけのものになってしまうであろう。こうした問題は世界各地で生じるし、〝領土〟という古い観念が失われたとしても、今度は〝行政ライン〟の確定をめぐって様々な確執や争いに発展することは十分予想がつく。

そこで、住民投票でも解決できなかった場合、超国家権力による解決手段を取る。この解決手段は複数ある。

①元老院の調停による解決。
②連邦裁判所による解決。
③地球法廷による解決。
④地球政府の直轄地とする解決。
⑤既存の国際法の廃止による解決。
⑥地球意識の育成による解決。
⑦〝喜捨〟による解決。

この七つである。それぞれの中身を簡単に説明すると、①は紛争当事者らが元老院に調停を申し入れ、賢人らに問題を解決してもらうやり方である。つまり、元老院の〝徳性〟と〝知性〟と〝理性〟に頼った決着方法である。②は紛争当事者らが連邦裁判所に事案を持ち込み、連邦裁判官による判決を通じて問題の解決を計る方法である。つまり、裁判による解決である。

③は地球市民を陪審員とする〝地球法廷〟での解決である。この法廷は〝地球連邦議会〟の一部を利用し、開廷して行われる。陪審員は誰もが任意でなることができる。したがって、これは衆人環視の下での〝ネット裁判〟による解決方法となる。もちろん、この方法は人間の情理や偏見に左

右されるため〝知性〟〝理性〟〝平等〟など当てにできないであろう。しかし、地球法廷による解決も一つの手段として組み入れておくべきだと思う。

因みに、①から③による最終決定や判決は、もちろん当該国や当事者を拘束し、その履行を迫られる。しかし、その際、それが気に入らないからといって軍事力をちらつかせて拒否することはできないことは言うまでもない。というのは、そのための軍事的基盤を諸国家はすでに失っているはずだからである。

④も解決策として有効であろう。このアプローチは解決できなかった土地や領域は、すべて〝地球政府の直轄地〟として強制編入すると定めることである。

たとえば南シナ海には南沙諸島の領有権問題がある。この南沙諸島を歴史的に領有していた国はなく、住民もいない無人島であった。ところが、この海域に資源があることがわかると中国、台湾、ベトナム、フィリピン、ブルネイが領有権を主張し、対立しはじめた。特に、中国は浅瀬を埋め立てて人工島を建設し、レーダー基地、地対艦、地対空ミサイルを配備してこの地域の実効支配を確立しようとしている。

紛争と利益とは表裏一体の関係にある。利益があるからこそ、争いが生まれるからである。だとすれば、地球政府が紛争地域はすべて〝地球政府の直轄地〟とするという超国家法を制定すればどうか。たとえば南沙諸島の場合、最終的に紛争当事者らによる共同統治や分割統治、あるいは資源の共同開発など話し合いで利益を分けあう形で問題解決を計るであろう。なぜならば、当事者間で解決できなければ領土や資源、それに伴う利益がすべて地球政府の手に渡ってしまうからである。

しかも、地球政府は高みの見物を楽しめるかも知れない。当事者間で解決されればそれはそれで安心できるであろうし、解決できなければこの海域の資源や利益などをそのままいただけばよいからである。その意味で、皮肉を言えば、むしろ問題が解決できないほうが好ましいとさえ言える。

これ以外にも、⑤のアプローチも考えられる。たとえば、国連海洋法の廃止である。現在の国連海洋法では海岸から一二海里（約二二キロ）を領海と規定し、沿岸国の主権が及ぶ海域としている。この領海の反対が公海であり、沿岸国は公海に対しては主権が及ばないが、二〇〇海里内（約三七〇キロ）までを排他的経済水域（EEZ）として設定できる。

排他的経済水域とは「沿岸国の経済的な権利が及ぶ水域」という意味であり、この水域内であれば水産資源や石油や天然ガス、鉱物資源の開発などを行える。これに対して、諸外国は沿岸国の許可なしに天然資源の開発はおろか資源探査すらできない。外国船による漁業については、沿岸国の許可がある場合に限り認められるが、許可がない場合は違法操業となる。

主権国家が消滅すれば、当然、領土や領空、領海といった概念も消滅する。これは事の理である。したがって、当たり前であるが、実は国連海洋法は廃止になる運命にある。そこで新しい超国家海洋法を制定し、七つの海すべてを公海とし、そこに存在する天然資源はすべて人類に属するものとして諸問題を平定するのもよいであろう。

けれども、問題を最終的に解決するのは⑥であろう。これは超国家権力による解決例に当てはまらないが、これこそが究極的な解決方法であることは間違いない。

子どもは誰もが天才である。鉛筆やノートがなくても言葉を暗記し、文法を解析し、三歳くらいからしゃべりはじめる。教師がいなくとも、きちんと身の回りの世界を認識し、理解する能力がある。今から二〇年くらい前だろうか。画用紙の中央に丸く青い地球が描かれ、地球環境を大切にしようと訴えていた小学生の絵を見て、これは〝凄い〟と感銘を受けた記憶がある。私自身とは違って、この小学生の頭の中にはすでに〝地球〟という球体がスッポリと入り、無理なく地球を意識できるのだなと羨ましく感じたのだ。

蛇足だが、甥っ子の幼稚園の文化祭に行った。そこに当時六歳だった甥っ子の絵が展示されていた。何を描いたのか誰もが理解に苦しむようなものであったが、その説明に〝太陽の熱にとける地球〟と書いてあるのを読んで非常に驚いた。一体どれが太陽でどれが地球なのか皆目見当がつかなかったが、本人は先生にそう語ったそうである。今の子供は〝宇宙〟ですらも頭の中に入っているのだろうか。

私は人々の心の中に〝地球〟を意識させることこそが、既存の国際問題を最終解決に導くものであると確信している。国家や領土、民族、国益ではなく〝地球〟と〝人類〟を意識したマインドこそがすべての問題を平定するものであると信じている。おそらく、〝地球人〟としての自覚が全世界に広がった時、真の平和が地球に訪れることであろう。では、どのようにしてそうしたマインドを育んでゆくのか。長い黙考の末に私が出した結論が〝時空の共有〟である。つまり、国家や民族の枠組みを超えた人類としての〝歴史の決断と共有〟を行うことである。

若者は既成概念を打ち破る力を備えている。新しい価値を生み出し、受け入れる能力に優れている。その彼らに〝市民主権〟や〝地球議会〟をもたらし、時空を共有化すればやがて彼らの意識は地平線の彼方へと拡大し、世代を下るにつれて〝地球人〟としての自覚が芽生えてくるのではないか。この観点から構想されたのが、実は「地球統治権」や「歴史の議決権」なのである。

⑦は地球連合への加盟条件になっていたものである。なぜ、これを条件にしたのか。改めて言うと、すべての国家間・民族間の問題を誰もが満足するように解決することは一〇〇パーセント不可能だからである。したがって、問題解決に当たり何らかの〝譲歩〟が求められる。しかし、一般的に〝譲歩〟は外交的敗北の一種とみなされるため安易なことはできず、それ故に多くの外交問題が棚上げになってきた。

だが、全人類のための〝譲歩〟すなわち〝国益の犠牲〟ともなれば話はまったく別であろう。この場合の〝譲歩〟は〝敗北〟どころか、〝高貴な犠牲〟となり、〝永遠なる名誉〟となるからだ。そして、その〝譲歩〟こそ、ここで言う〝喜捨〟である。

言うまでもなく〝喜捨〟は〝喜捨〟であり、当然領収書を伴うものではない。つまり、必ずしも合意書や条約を伴うものではない。人類のための喜捨を謳った宣誓宣言一つで済むからである。ということは、時間を費やした外交交渉、無数の合意書や条約の作成を省けるわけだ。だからこそ、これを加盟条件にしたのである。

しかしながら、〝喜捨〟や〝国益の犠牲〟を行わない国や民族はどうするのか。その場合、「普遍国家」としての地位を与えない。その理由は全人類のために犠牲を払わない国など「普遍国家」と見なす必要はないからである。言いかえれば、「普遍国家」の地位を得るための絶対条件の一つは〝喜捨〟を行うということだ。

因みに、「普遍国家」の地位を獲得するための主な条件は五つある。
一、人類のための〝喜捨〟を行うこと。
一、三権分立の民主国家であること。
一、超国家法を国政議会で一括批准し、超国家体制の下位システムに組み込まれること。
一、「地球市民主権」や「民族永続の権利」を永久尊重すること。
一、全地球治安システムに組み込まれること。
これらの条件を満たした上で、さらに地球連邦議会において地球市民から「普遍国家」としての承認を受けなければならない。言いかえれば、これら五つの要件を満たし、議会で承認されなかった国家は「普遍国家」とは認められない。認めないとは、突き詰めると国家や民族として存続する価値がないということだ。

因みに、「普遍国家」と主権国家の最大の違いは何か。それは既存の主権国家が何の法的枠組もないのに自己都合で勝手に存在しているのに対して、「普遍国家」は超国家体制の枠組みの中に誕生し、超国家法の〝法の支配〟の上に成り立つことである。つまり、「普遍国家」とは〝地球政府（地球市民）からその存在を合法化された国家〟となるわけである。そして、軍事力を常備せずとも永久に存続できる「政治的保障」並びに「法的独立性」が与えられ、その最大のメリットは戦争や紛争などによる国家・民族の滅亡の恐れが永遠に消滅することである。

ところで、地球政府というと、諸国家の上に君臨するオールマイティなイメージがあると思う。しかし、地球政府はおのおの普遍国家の〝個性〟を認めるべきである。言いかえれば、普遍国家に対して一定の「法的独立性」を認め、必要以上に管理・干渉することは避けるべきである。「法的独立性」とは、すべての国家がその独自の慣習や思想、習慣、文化を守るために地球政府や他の「普遍国家」から一定の範囲内で独立的な自治を営むことを認めた権利のことを言う。

言うまでもないが、超国家体制は地球を西洋文明化するために生み出すわけでもなければ人類をアメリカ人化することでもない。それぞれの人々が地球市民という〝新しい絆〟のもとで独自の哲学や文化を互いに尊重しながら生きるということである。したがって、おのおのの「普遍国家」が独自の伝統、慣習、文化、法律、教育制度などを存続できるようにしなければならない。それを保障したのが「法的独立性」である。

つまるところ、人類の永続を前提とした時代が切り拓かれればよいのであって、それ以外のことで地球政府はいちいち地方国家自治に口を挟むべきではないということだ。地方自治はあくまでそこに住む市民に全面的に委ねるべきである。この「普遍国家」は日本でいえば各都道府県に相当し、アメリカならば各州に相当する「行政機能」を有した「地方国家自治体」のことを指す。そして、地球国家の下位システムとして地方自治を担い、その決定事項や政策を履行したりする役目を負う。

尚、地球には数多くの民族が存在し、その中には少数民族も含まれている。この少数民族の扱いはどうなるのか。この点についても触れておくと、四つの選択肢があると思う。

一つは「普遍国家」として自立することである。しかし、この場合、三権分立体制の確立が絶対要件になることから独自の法体系、裁判所、民主議会、警察、官僚組織などを単独で設けなければならない。二つ目は、近隣国家との連邦制を選択することである。つまり、裁判所、議会、警察、官僚組織など近隣の他の国家と一体化・共有化することである。

たとえば、民主中華（中国）を例に取るならば中国からの分離独立をやめて、中国と共通の立法・行政・司法制度を共有し、中華民主自由連邦の枠組みの中で存続してゆくことを意味する。利点としては経済的に依存できること、国家予算の分配を受けられること、さらに三権分立体制を独自に構築して維持しなくて済み、その負担や重荷を大幅に削減できることなどが挙げられる。

三つ目は、複数の少数民族がそれぞれ「民族永続の権利」を尊重し合いながら一つの「普遍国家」を形成することである。つまり、裁判所、議会、自治政府、警察、官僚組織などを少数民族同士で共有し合い、国家運営を計ることである。四つ目は地球政府の委任統治領となって、地球政府の直接統治を受けることである。この場合、「普遍公国」として地球政府の統治下に置かれる。但し、これは極めて例外的なものとする。

このように「普遍国家」といっても、様々な形態が生まれることになるであろう。ここで「普遍国家システム」を改めて定義しておくと、「普遍国家システム」とは超国家法体系の支配のもとに構築され、合法化された国家を構造枠組みとして成り立つ新しい国家システムのことを意味している。つまるところ、世界統一とは〝国家〟の〝存在〟を〝合法化〟することなのだ。言いかえれば、超国家体制は〝合法化された国家集団〟から成り立つわけである。

このことは極めて重大なことを意味している。なぜならば、これによって人類史上はじめて国家の合法化が実現し、合法的に諸国家が永続できる体制が整うからである。第一章で、私は〝世界統一とは「普遍国家システム」を構築することである〟と記したが、これは〝国家の合法化〟を実現するという意味でもある。

そして、「主権国家システム」に代えて、「普遍国家システム」を具現化することこそ世界統一の最終到達点であり、これをもって真の世界統一が完遂する。私が構想した地球統治システムの原案の説明はこれで終えるが、細部にわたる統治システムのあり方などは今後の研究課題となろう。

以上をもって、教科書的な枠組みの説明を終了するが、これまで述べてきたことはあくまでも〝教科書的なもの〟に過ぎない。そこで、次の第四章からはこれまでの〝教科書〟を下地にしながら世界統一をより〝戦略〟化していきたいと思う。

その意味で、実は、本題はこれからなのだ。

第四章　世界統一の戦略化

第一節　証明課題の検証

第一章で掲げていたように、本論では以下のことを証明することを目的としていた。まずはその検証から始めていきたい。

①世界統一はすべての〝軍事基地〟を一体化・連動化してゆくだけで可能であること。

②世界統一は原理的に戦争を伴わずに達成可能なこと。

③諸国家の軍事力が世界統一の妨げにはならないこと。《世界統合》過程において、国家主権は尊重され、その過程そのものが主権国家の解体に結びつかないこと。

④現在、地球上に存在する様々な国際問題は地球政府の枠組みの中で解決可能なこと。地球政府はパワー・ポリティクスの原理によって支配されず、「徳治政治」や「哲人政治」が必ずしも理想にとどまらないこと。

⑤スマートフォンが世界統一のデバイスになること。全人類参加型の統一が可能であること。

①に関してはすでに理論的に証明済みなので、ここでは本論と欧州統合との着眼点の違いを指摘し、その違いを明確にしておきたい。多くの読者は〝欧州統合すらまだ実現の見通しすら立っていないのになぜ世界統一なのか〟と疑問に感じたはずである。これは至極まっとうな疑問である。

けれども、私に言わせれば欧州統合ははじめから戦略的にアプローチが間違っており、同次元で論じるべきことではないのである。なぜならば、経済統合が実現し、EU大統領の権力基盤が強化され、ヨーロッパ国民から直接税金を徴収し、さらに欧州連邦軍などにその財源を使えるようになっても欧州連邦が創出されることはないからだ。ではなぜ、実現しないのか。どうして戦略的に間違っているのか。

その根源的な理由を言えば、統合の最終段階で〝人間の理性〟を当てにしているからである。そして、統合の最終段階で欧州各国が「軍事的独立性」を保持し、主権国家としての高い「自己完結性」を堅持しているからである。どうしてこの点が問題なのか。

「軍事的独立性」と「自己完結性」がそのままだと「国家主権の根本的変質」が達成されないからである。言いかえれば、より高次の機構を求めて各国の主権が欧州連邦の一部に向けて自律的に収斂され、その下位システムの一部として機能しはじめるという一連の統合メカニズムが作用しないからである。要するに、《統合》の必然的結果として、超国家権力、欧州連邦軍、欧州法体系が誕生しないからだ。

彼らは統合の最終段階で超国家権力や欧州連邦軍など欧州連邦を支える政治的・軍事的な枠組みを生み出そうとしている。つまり、理性的かつ協調的に生み出そうとしているわけである。しかし、残念ながら、それでは統合のベクトルがより高次の権力機構に向けて自律的に作用せず、その目論見は失敗に終わるであろう。

これに対して、本論はどうか。通貨や経済統合を優先したEUの戦略とはまったく異なり、諸国家の《軍事統合》を最優先する戦略をとった。そして、この《軍事統合》の本質は地球政府の安全保障・治安基盤を初期の段階から世界各地で築き上げ、最終段階において諸国家の「軍事的独立性」を崩壊させ、その「自己完結性」を瓦解させることをキー・ポイントとした。

すべての国家の「自己完結性」が瓦解し、無統制・無秩序状態に置かれれば本能的により高次の権力機構に向けて《統合》のベクトルが作用すると考えたからである。誰でも無統制・無秩序状態に置かれれば不安感や恐怖心をいだくであろうし、国家ならばなおさらのこと統制が取れた超国家体制を希求しはじめるであろう。極論すれば、ある種のこの本能的な〝恐怖心〟や〝恐れ〟こそが〝人間の理性〟をあてにした欧州統合との違いなのである。

したがって、アプローチ的に戦略的過誤を犯し、最終的に〝人間の理性〟を頼り、体系的な理論を欠いた欧州統合と本論とはそもそも同じ次元で論じられる問題ではないのだ。そして、私が思うに欧州統合は経済統合で完結させ、ヨーロッパ各国の個性を失わせ兼ねない欧州連邦の創設という最終目標は(達成されないのだから)解消すべきである。むしろ地球政府の樹立にその初期から参加し、協力すべきであろう。(尚、本論の地球政府の枠組みの中での欧州連邦は実現可能である)。

②も、シミュレーション上では証明されたと思う。というのは、諸国家の〝軍事基地〟に連邦警察軍を〝同居〟させてゆくだけで統一に結びついたからである。これは原理的に戦争を経ずに世界統一が可能であることを示している。つまり、紀元前三世紀に秦の軍事力を持って中国が強引に統一されたように、あるいは紀元前一世紀にローマの軍隊によってギリシャ・ローマ世界が統一されたような武力制圧による統一が避けられることが判明したわけである。

けれども、実際はどうか。連邦警察軍は加盟国防衛の義務を負うため、たとえば中国軍が周辺の加盟国に侵攻してくれば否応なしに砲火を交えなければならないであろうし、シリアなどで武装勢力の攻撃を受ければ反撃し、治安を保たなければならないであろう。それ故に、地球全域を治安責任範囲とし、紛争地域にも展開しなければならない連邦警察軍はアメリカ軍よりも桁外れに多くの任務をこなし、死傷者を出す可能性がある。

しかも、連邦警務官に死傷者が出るということは相手方のみならず、無辜の市民にも犠牲者が出ることも避けられない可能性もあるということでもある。拠って、常にその覚悟が必要である。しかし、たとえそうであったとしても、その本質は議会によって議決され、法律に定められた治安出動であり、市民や議会の要請に基づく警察活動である。

したがって、諸国家の軍事活動とは本質的に異なるのであるから、あくまでも〝警察権〟の発動として認識されるべきである。その意味で、武力統一という事態はあり得ないわけであるが、こうしたことが判明したことは大いに意義があろう。

尚、連邦警察軍はあくまでも警察組織である。アメリカ軍やロシア軍とは根本的に違う。拠って、有事の際にも可能な限り双方の犠牲者を最小限に留めるべきである。敵軍の将兵にも家族があり、父母がおり、妻や夫、子供や恋人がいるかもしれない。一般市民を守るのが警察の使命であり、悲しみや不幸を一般市民にまで撒き散らしてはならない。したがって、加盟国防衛上やむなき場合を除き、大規模な軍対軍の正面衝突は避けるべきである。

言いかえれば、戦争を起こした国家の指導者層や軍の将官の逮捕にこそ傾注すべきだということである。そして、犯罪者たちを法廷に出廷させて裁く。まずはこちらの方を第一優先とし、大規模な強制力の行使は第二とすべきである。

③の諸国家の軍事力が世界統一の妨げにはならないこと。《世界統合》過程において、国家主権は尊重され、その過程そのものが主権国家の解体に結びつかないことも理論上証明できた。世界政府というと、これまでその過程で軍事力や主権を放棄しなければならないというのが定説だった。しかし、本論では最終段階まで「国家主権」の放棄が求められず、しかも軍隊を常備したままでも統一が可能であった。

このことは統合期間中、諸国家の「自衛権」も保障され、仮に統一が失敗してもそのまま自国軍に国家防衛を任せられることを意味している。さらに、主権の放棄を求められないということは、地球連合が統一のための「主導機関」に留まり、超国家権力なしに統一が可能なことを示唆している。ということは、「世界統合」の際には軍事力や国家主権の放棄が求められ、諸国家に対して大混乱を引き起こすという、従来からのステレオタイプなイメージを根底から覆すことにもなろう。

尚、地球連合と地球政府の相違点をひと言で指摘しておくと、地球連合が「世界統合」を主導してゆくためのいわば「戦略主体」に過ぎないのに対して、地球政府は超国家権力を有し、すべての国家自治体の上位に位置する超国家的機構となっていることである。ではなぜ、この格差が生まれるのかというと、統合段階では諸国家が「戦争権」を失っていないため主権国家としての高い「自己完結性」を保持し、他の「権力主体」に対する「独立性」を堅持しているからである。

それ故に、地球連合は主権を制限する超国家権力をもった機構とはなり得ず、世界統一のための主導機関に留まるのである。いずれにせよ、超国家権力なしに連邦樹立が可能であるというのも意外な展開だったのではないだろうか。

④も納得いただけるであろう。軍事基地の一体化という単純極まりない統合原理が「紛争統御システム」を生み出し、多くの紛争や戦争を回避しながら国際問題の解決に寄与してきたからである。

朝鮮半島の平和統一、日朝韓を包括する安全保障システムの構築、朝鮮半島からのアメリカ軍の撤退、全アジア安保体制の確立、シリア内戦の解決、分離独立問題の解消、難民問題への対処、ユーラシア動乱及び地球大乱の阻止、中東新秩序及びヨーロッパ新秩序の創出、キリスト文明とイスラム文明という異文明を結び付ける安全保障システムの創生、米ロ中を包括する全地球治安システムの構築、そして全地球常時監視システムの下での核兵器の廃絶及び核戦争の完全回避、国家間戦争の消滅など本論の中で取り上げただけでも多くの国際問題の抜本的解決への道筋を描くことができた。

もちろん、これはすべてシミュレーションではある。しかし、本論では〝白紙状態〟から世界中の国際問題を一気呵成に解決に導けた。体系的かつ論理的にこれだけの国際問題を解決できたのは本書がはじめてである。私に言わせればシミュレーションが問題なのではなく、これまでシミュレーションですら描けなかったことこそが大問題なのであり、その結果として現在人類存亡の危機が訪れているのだ。

さらに、本論では地球政府がパワー・ポリティクスに支配されず、「徳治政治」や「哲人政治」が理想にとどまらないことも証明できた。というのは、統一後、パワー・ポリティクスの原理が消滅し、地球政府が国家間の力関係によって支配されないことが判明したからである。しかも、超国家体制に「徳治政治」や「哲人政治」まで導入できることが明らかになった。このことは、古代社会において理想と謳われた「徳治政治」や「哲人政治」が国家間の力が消滅する状況下においてはじめて実現する機会が訪れることを示唆している。

しかも、「ツイン・デモクラシー」という新たな民主形態を導入すれば永続的な権力防止機能が備わるだけでなく、一方の巨大な権力システムが機能不全に陥っても、もう一つの民主システムで超国家システムを回復するバックアップ・システムまで付属できることが明らかになった。おそらく、この発見は地球政府にも国家間のパワー・ポリティクスが持ち込まれ、その運営に行き詰まるという考えを否定し、新たな視点を提供することになるであろう。

⑤のスマートフォンが世界統一のデバイスになることもお分かり頂けたと思う。スマートフォンを通じて地球連合アプリを登録すれば地球上の誰もが〝連邦議員〟となり、地球連合の運営に参加できるように構想されていたからである。このことは全人類参加型の統一を推進できることを物語っている。言いかえれば、〝地球市民革命〟の結果こそが世界統一だということだ。

⑤以外はすべて《国家主権の根本的変質」によって、地球連邦政府が登場し、超国家体系に基づく世界秩序が誕生する》という、たった一行の「仮説」がその論理的帰結として副次的に導き出したものである。これは本構想が帰納法ではなく、アインシュタインの相対性理論と同様の演繹法（図形の証明問題を解くような数学的手法）によって書かれたものであるがゆえに可能になったといえるであろう。

そして、この仮説の大本にあるのが、石原莞爾が軍事的直観によって導き出した世界統一の前提条件に他ならない。彼の『世界最終戦論』との出会いなしに本構想は生まれなかった。本構想を描けたのは石原莞爾のお陰であると断言できる。

以上、第一章で掲げられていた証明すべき項目の立証を終える。どれもが理論的には筋が通っていたと思う。

ところで、人生が教科書的に生きられないように歴史もまた教科書通りには進まないし、この世に教科書ほどつまらない書物は存在しない。現実の生活や人生にはあまり役立たないと言ってもよい代物だからだ。それは本構想とて同様である。

たとえば、世界統一まで少なくとも二〇年の歳月がかかるとして一年間当たりの運営予算（連邦警察軍の創設・維持費を含む）を五〇兆円とすると、最終的に一〇〇〇兆円の軍資金を捻出しなければならないが、一体どうするのか。また、世界中にはまだまだ非民主国家が数多く存在するが、彼らをどのように民主化してゆくのか。こうしたことは第三章までの〝教科書編〟には書かれていなかった。

人生を生きるには様々な生き方や処世術があるように、歴史を動かすためには教科書をはるかに超えた深淵な智謀知略が必要であり、それを体系化した大戦略が求められる。理論面と戦略面が一体となり、現実に則したものとなって人は動き、歴史は変わるからだ。

そこで、この最終章ではこれまでの教科書を参考にしながらも、それを戦略面から書き換え、本論のコンセプトに新たな視点や補足的な説明を加えながら大戦略の中へと組んでゆきたい。そして、世界統一の成功率を高いものへと導いてゆきたいと思う。

世界統一のための大きな戦略を一二項目にまとめた。さらに、一つ一つの戦略から派生する戦略や指針（戦術）は全体として一〇〇を超えている。

第二節　統括的戦略案

□地球連合は超国家通貨を発行し、新たな世界市場を創設しなければならない。
「市民主権」は新しい「地球共同体」を産む。それはまた新しい経済市場の出現も意味している。なぜならば、社会とは同時に市場でもあるからだ。そして、市場には通貨が流通していなければならない。経済の血液こそが通貨だからである。

地球連合は地球政府に先んじて〝超国家通貨〟を発行しなければならない。この〝超国家通貨〟とはすなわちデジタル通貨、暗号資産、あるいはスマホ通貨とも呼ぶべき〝仮想通貨〟のことである。では、なぜこれを地球連合が発行するのか。

それには大きな目的がある。というのも、地球連合の運営資金を独力で稼ぎ出す（かき集める）ためだからである。つまり、加盟国の分担金なしに自立的に年間予算を確保できるようにするためだからである。では、どのように稼ぎ出す（かき集める）のかというと、複数の手段が考えられる。

その一つが今述べた地球連合の市場化である。もし超国家通貨を発行し、この市場内で流通しはじめればどうか。新たな決済通貨として機能しはじめ企業間取引のみならず、地球上の街角のあらゆる場面で使用され、最終的に個人がスマホだけで世界中の国々をキャッシュレス旅行できるようになる可能性も秘めている。

つまり、ドルやユーロ、円に代わる新たな世界通貨になる可能性があるということである。ということは、あらゆる決済の際に僅かながらの手数料を徴収できれば、地球連合は税金の代わりに世界中から収入を得ることができるはずである。さらに、これに加えて〝通貨発行益〟も得られる。通貨発行益とは何か。

二〇一九年六月一八日、フェイスブックはリブラ（仮想通貨）白書を公表した。この白書のサブタイトルには「リブラの使命はグローバル通貨と金融インフラを速やかに提供し、数十億人の人々に恩恵を与えることである」と記されていた。フェイスブックは様々なブロックチェーン技術の課題を克服・解決し、極めて良くできた現実性のある仮想通貨を完成させ、地球規模で流通させることに意欲を見せていた。

しかし、このリブラ構想は世界の通貨当局から凄まじい集中砲火を浴びる。通貨当局が震え上がり、反対したのも無理はない。もし数十億ものユーザーを持つフェイスブックがリブラを流通させれば、あっというまに世界中に拡散し、各国の通貨主権を脅かすどころではなく、民間企業の仮想通貨がドルやユーロ、円などの上に君臨しはじめる恐れがあったからである。

そうなれば法定通貨を発行する世界各国の中央銀行の威信は吹き飛ぶ。しかしなぜ、世界の通貨当局を敵に回してまでリブラを発行しようとしたのか。あまり知られていないが、それは莫大な〝通貨発行益〟がもたらされるからである。

ここで思い起こしてほしいのが、二〇一八年一月、日本で発生したコインチェック事件である。仮想通貨取引所から五八〇億円ものコインが盗まれ、大騒ぎになった。この原因は一つのホットウォレットでの管理やマルチング機能を使用していなかったなど闇金融業者も呆れ果てるほど驚く杜撰な管理にあった。しかし、さらに驚いたのはこの無責任な会社が破綻もせずに四六〇億円を被害者に弁済できたことであろう。

この金は一体どこからもたらされたのか。二〇〇名の従業員しかいない小さな会社がこれほどの金を返済できたのはなぜか。それは通貨発行益のおかげである。

そのからくりを説明すると、〝紙幣〟とは〝紙幣〟に過ぎない。その本質は単なる〝紙〟である。一万円札と一〇〇円ショップで売られているおもちゃの一万円札の違いは何かというと、バックに政府日銀が付いているか否か。そして、国民がその紙のお札に〝価値〟があるという〝幻想〟をいだけるか否かの違いがあるだけである。

しかし、近年、ブロックチェーン技術の発達に伴い、ビットコインなどネット上で流通する仮想通貨が誕生した。しかも、この仮想通貨は中央銀行の裏付け保証なしに流通しはじめた。投資家が通貨として〝価値〟があると〝幻想〟を抱くと、実際の通貨としての価値を含有しはじめたのである。

一コイン当たり一万円の価値があると判断されれば（幻想をいだいてもらえれば）、その価値で売買された。たとえそれが子供じみたいい加減な会社の発行するものであっても、マネーゲームの媒体手段として役立ち、値上がりが期待できれば通貨としての価値が見出されたのだ。

コインチェックが発行した仮想通貨ＮＥＭ（ネム）もその一つである。ＮＥＭ（ネム）に価値を見出した投資家たちが仮想通貨取引所でＮＥＭ（ネム）を買い始めたことから価値が生まれ、通貨として売買されはじめた。その結果、ＮＥＭ（ネム）への投資家からの投資額が数百億円にものぼった。

だが、実際にはコインを流通させたわけでも、鋳造したわけでも、発行したわけでもない。物理的に実態のあるものは何も作っていない。作ったのはＮＥＭ（ネム）という名の〝価値〟だけである。しかも、それはネット上だけに存在しうるものであった。

ということは、彼らは投資家からもたらされた数百億円をまるまる懐の中に入れていたことになる。（私に言わせればＮＥＭは偽造通貨のようなものである）。実際は、投資家からの換金に備えた資産を常に手元に置かなければならないので、すべてが利益になるわけではない。利益になるのは通貨の値上がり分や運用益であり、単純に言えばこの部分が通貨発行益となる。

コインチェックが価値の値下がり分として八〇億円を差し引いた四六〇億円もの大金を弁済できたのはＮＥＭ（ネム）から得た資金を資産として手元に置いていたことも大きい。本当に悪質な業者ならば保有しておくべき資産を他に流用し、使ってしまうからだ。それにしても彼らはＮＥＭ（ネム）で一体いくら儲けたのであろうか。

さすがにそれは公表されていない。しかし、この事件後、金融庁への仮想通貨交換業への申し込みが殺到したのも頷ける。通貨発行は実に驚くほどおいしい商売だと皆が気付いたのだ。フェイスブックが目を付けたのも、この通貨発行益である。

たとえば、一〇〇兆円分のリブラを発行すれば何が起るか。まずフェイスブックのユーザーや投資家などが手持ちのドルやユーロ、円を売り、リブラを買いはじめるであろう。その結果、フェイスブックの手元には一〇〇兆円の金が入ることになる。しかし、これは必ずしも直接的な利益とはならない。現金などとの換金に備えて保有しておかなければならない裏付け資産でもあるからだ。

けれども、この一〇〇兆円を年利一パーセントで運用すればどうか。一パーセントなら一兆円、年利三パーセントならば三兆円の利益が毎年継続的にもたらされる。この額は一民間企業としては法外な利益である。しかも、リブラの価値が値上がりすればそれに応じて利益も大きくなる。フェイスブックが仮想通貨の発行で狙っているのはまさにこの運用益なのだ。しかも、これに加えて、世界中でリブラが使用されるたびに手数料を得れば利益はますます大きくなる。まさに濡れ手で粟であろう。

だが、所詮リブラはノンバンクが発行する〝私幣〟に過ぎない。何らかの原因で〝私幣〟が価値を失ったとき何が起こるか。会社の業績が悪化し、その資産に棄損が生じたらどうなるか。世界規模で取り付け騒ぎが生じ、世界中の経済・金融市場は大混乱する。場合によっては〝私幣〟の〝悪貨〟によって世界恐慌に突入する可能性すら出てくる。

しかも、フェイスブックは公共性のない一介の営利企業に過ぎない。ということは、肝心の金融政策が行えない。金融政策は中央銀行の専売特許だからだ。だから、リブラ白書にはリブラは中央銀行のような金融政策は行わないとも記されていた。だが、金融政策を行えないというのは〝グローバル通貨〟の発行主体としてはあまりにも無責任である。通貨の発行主体と金融政策は本質的に一体でなければならないからである。

日々、各国の通貨当局が何に苦労しているのかご存じであろうか。それは金融恐慌を起こさないことである。それが金融当局の孤高なる使命なのだ。しかし、フェイスブックは通貨発行に伴う責任をはじめから放棄し、免れるつもりでいる。

仮想通貨はＩＴ時代の申し子である。巨大ＩＴ企業がグローバル通貨を発行したい気持ちはよくわかる。新しいことにもチャレンジしたいであろう。だが、リブラが暴落したときのことを想定すると、通貨当局として何の保証もできない以上、その発行資格はないと言わざるを得ない。彼らは永遠に繁栄を約束された私企業ではないのだ。

もし、数十億人の人々にグローバル通貨と金融インフラを提供できる存在があるとすれば民間企業ではなく、やはり公共性のある政府機関である。ならば、世界各国の中央銀行がグローバルな仮想通貨を発行できるかと言えばそうではない。そもそも自国内での使用を念頭に置き、その流通性においてフェイスブックとは天と地ほどの差があるからである。要するに、本質的にグローバル性を欠いているわけだ。

ならば、グローバルな仮想通貨の発行主体に求められる条件とは何か。それは地球規模の信用保証と金融政策、そして流通性と公共性の四本の柱を提供できることである。では、その条件を満たすことのできるのは何か。地球政府であり、それに準じた機構である。つまり、この場合〝地球連合〟が相応しいということである。

もし、地球連合が仮想通貨を発行すればどうか。まずグローバルな流通性という点においては問題ないはずである。地球市民社会はグローバル社会であり、経済市場でもあるからだ。また、超国家的な通貨当局という観点から金融政策も発動できるであろうし、通貨の発行主体としての信用保証の点も問題ない。政府機関ゆえに倒産の心配がないからである。

また、万が一、通貨流失事件が起きても、全世界に張り巡らしたサイバー警察を通じて、迅速な対応も期待できる。さらに、何らかの原因で仮想通貨が消滅しても、民間企業とは異なり、全額保証もできるであろう。民間企業だと裁判沙汰になったりして返金の保証も限られるかも知れないし、その前に倒産しているかもしれないからである。

こうした点を考えると、地球連合はグローバルな仮想通貨を発行するには打ってつけの存在だと言える。地球連合にとっても、仮想通貨の発行によって通貨発行益などがもたらされるメリットは大きい。

因みに、この通貨発行益（シニョリッジ）とは、基本的には政府や中央銀行が発行する紙幣やコインからその製造費用を控除した通貨発行利益のことを言う。この語源は中世ヨーロッパの封建領主（フランス語でシニョール）が額面より安い費用でコインを鋳造し、その差額を財政収入として懐に入れていたことによる。

一九八六年に昭和天皇在位六〇年記念金貨を発行した日本政府も、同様のことを行っていた。額面一〇万円の金貨を一〇〇〇万枚発行したが、実際には一枚あたり二〇グラムの金しか使用しておらず、しかも当時の金価格は一グラム二〇〇〇円程度であった。ということは、金貨一枚当たりの価値は約四万円程度であり、日本政府は一枚につき約六万円の利益を儲けていたことになる。当時の大蔵省の役人も笑いが止まらなかったであろう。

日銀のホームページでは「日本銀行の利益の大部分は、銀行券（日本銀行にとっては無利子の負債）の発行と引き換えに保有する有利子の資産（国債、貸出金等）から発生する利息収入で、こうした利益は通貨発行益と呼ばれます」と役人らしく小難しく記しているが、通貨発行益の概念は今と昔では大きく異なるし、通貨論もさまざま存在するのでここでは通貨論には立ち入らないことにする。

ところで、アメリカのＦＲＢ（連邦準備銀行）は理論上ドル紙幣を無制限に刷ることが可能だと言われている。では、地球連合（地球政府）が超国家通貨を発行するとしたらどれくらいまで流通させることが可能であろうか。取り敢えず、二〇年くらいのスパンで見れば一〇〇〇兆円くらいはできるのではないだろうか。最低でもこの程度くらいなければ超国家通貨などと胸を張れないからである。ならば、どのように流通させるのか。

もちろん、地球市民や企業の経済活動や投資を通じて行う。しかし、一番良い方法は何かというと、連邦警察軍の軍備拡充・拡大に使うことである。たとえば一年間当たり三〇兆円を〝鋳造〟し、最新装備や航空機、艦船、弾薬などの兵器を世界中の軍産複合体に発注してその代金を超国家通貨で支払うのだ。そして、一気に超国家通貨を世界中に一気に拡散させ、同時に連邦警察軍の戦力を充実させる。

もちろん、問題がないわけではない。軍産複合体が超国家通貨での支払いに応じるとは限らないからである。つまり、彼らが〝通貨〟であるとの〝価値（幻想）〟を抱かないかも知れないからである。したがって、それを避けるためにも、全世界の中央銀行の全面的な協力によって超国家通貨が創られ、法定通貨としての価値が見出されるようにしなければならない。また、信用保証の問題もあるので多額の準備金（担保）も用意しておかなければならないであろう。

もしこの通貨戦略が成り立てば、地球連合は加盟国の分担金を当てにせずに年間予算を一応確保し、連邦警察軍の編制ができるようになる。つまり、そのために超国家通貨という新しい通貨を流通させなければならないわけだ。そして、これが運営資金を独自に賄うための財政政策上の第一案となる。

しかし、超国家通貨への信用問題があったり、逆にドルが暴落して金融市場が大混乱に陥ったりして、この第一案が成り立たたず、超国家通貨を発行できない場合やその流通が沈滞した場合のことも想定しておかなければならない。それが、第二案である。

第二案は、第一案よりもオーソドックスなものとなる。運営資金を〝連邦債〟の発行により、賄うからである。つまり、〝超国家債券〟を発行し、市場からの〝借金〟を通じて一〇〇〇兆円余りの運営資金を調達するわけである。

ところで、二〇二〇年五月九日付け日経新聞の朝刊ではＧＡＦＡ四社にマイクロソフトを加えた五社の株式時価総額の合計が五六〇兆円となり、東京証券取引所の第一部に上場する約二一七〇社の合計を上回ったと報じていた。この五社だけで日本のトップ企業約二〇〇〇社以上の株式時価総額の合計が上回ったというのだから驚きである。このGAFAとは一体何者なのか。

グーグル、アップル、フェイスブック、アマゾンの四つの巨大IT企業の頭文字を取った四社の略称のことである。そして、この四社に共通している特徴と言うと商品やサービス、情報を提供するプラットホーム企業であるという点である。プラットホーム企業とは世界中のユーザーの検索履歴や買い物傾向、情報端末の利用状況などの個人データを独占的に蓄積し、活用することで他社より優越した立場で利益をあげられる企業のことを言う。

そして、世界中のユーザーがこの四社のサービスを利用していることが大きな問題となっている。独占禁止法に触れるビジネスを行い、競合他社を排除している疑いが生じているからである。また、巨額の利益を上げる一方で、その陰では数多くの企業が倒産・廃業に追い込まれている。さらに、世界中から利益を得ているにも関わらず、アメリカ政府以外に税金を払っていなかった。

これら四社はヨハネ黙示録の四騎士に譬《たと》えられている。四騎士とは地上を四分割して支配し、剣、飢餓、悪疫、獣によって地上の人間たちを抹殺する力を与えられた者たちのことを言う。まさに今のGAFAを指す言葉としてこれほど的を射たものはないであろう。

現在、独占禁止法や個人情報保護などの観点から四騎士の動きを規制すべきではないかという議論が欧米で起こっている。アメリカ司法省はグーグルを反トラスト法で訴え、国内ではGAFA解体論も出ている。しかし、GAFAを解体できなければ（できないであろうが）いずれ四騎士を頂点とする排外主義的な世界市場が生まれ、ますます多くの企業が苦しむであろう。

もし、彼らが市場を独占すればどうなるか。超国家体制下の経済市場はいびつなものになり、社会は分断される。ごくごく一部の超大企業と、そこで働く人間だけが豊かになる一方で、貧乏人はさらに貧乏になり、中流階級は消滅。大半の金持ち階級も下層階級に転落し、超上流階級と超貧困階級という二極化が進んだ市民社会が形成されてゆく可能性がある。

もちろん、地球社会の分断など容認できるものではない。社会の分断は反乱の予兆でもあるからだ。

けれども、地球連合ならばこうした問題を解消できるであろう。というのは、公共性のあるプラットホームさえ構築すれば、少なくとも三つの恩恵をもたらせるからである。

一つは、人間的なアルゴリズムである。つまり、GAFAのように自社製品や特定の企業を優遇せず、すべての企業を平等にもてなし、等しくチャンスや利益をもたらし、さらに儲けが出ていない企業や商品を目立たせたり、アピールしたりできる思いやりや気遣いができる人間的なアルゴリズムを導入できるからである。当然、個人情報も不当に集めて利用したりはしない。

二つ目は利益率のアップである。つまり、売り上げた商品の利益に対する地球連合への利益の還元率を低くし、企業の収益を上げられるからである。利益を自らのポケットだけに押し込むのがGAFAであるが、地球連合はいわば税金のような形で受け取り、再び地球社会に還元できる。

三つ目は、倒産の恐れがない安定した超国家通貨を提供できることである。これはいま述べた通りである。

したがって、この三本の矢を持ってすれば世界中の企業は使い勝手が良く、親しみやすいプラットホームに加われるであろう。言いかえれば、地球連合はGAFAを超えた存在になり得るということではないだろうか。そして、この点こそがまさに重要なのだ。なぜならば、地球連合はGAFA四社の総資産を超えた資産価値を持つ存在にもなれるからである。ということは、このことは一〇〇〇兆円の債権くらいならば十分発行可能だということを示唆している。莫大な資産と収入があれば莫大な借金も可能だからである。

何しろ陰湿な格差社会が広がり、家計を支えるために高校生までもワーキングプアとして働かなければならないほどの貧困が進んだ日本一ヵ国でも一二〇〇兆円以上の債権を発行しているのである。ならばなぜ、人類の未来を担う地球連合が一〇〇〇兆円程度の債権を発行できないのであろうか。そんなわけはなかろう。

したがって、通貨発行益、仲介手数料、超国家債権の発行。この三つを組み合わせれば地球連合運営のための資金は確保できるはずである。もちろん、問題がないわけではない。巨額の連邦債の発行に頼った場合、巨額の借金が残るからである。世界統一のためとは言え借金は借金であり、地球政府がその創設当初から一〇〇〇兆円前後もの負債を抱えるのは好ましくない。

なぜならば、連邦樹立後、〝地球の近未来化〟という超国家的な連邦公共工事が待ち受けているからである。世界統一の真の意義は戦争の終結だけではなく、その先にある〝地球の近未来化〟である。しかし、そのためには数千兆円〜数京円もの財政出動が必要になる。したがって、借金は出来ることなら作らないほうが良い。

そこで第三案の出番となる。第三案とは〝債権〟の代わりに〝未公開株〟を発行するというものである。何の未公開株を発行するのかというと、地球政府それ自体の〝未公開株〟である。

考えてみれば、地球連合（地球政府）は〝巨大ＩＴ企業〟そのものである。というのは、独自の経済市場を内包し、そこから利益を得ることもできるからである。ということは、ＧＡＦＡを含む全世界数千万社の企業さえ包括できる地球市場を持つ地球政府の価値を株式に換算すると一体どうなるであろうか。さらに、将来的に地球政府が宇宙全体のすべての資源は地球市民に属すると宣言し、立法化すればどうか。

それこそ地球政府の総資産は天文学的なものとなるに違いない。つまり、明らかに地球政府は地球上で最も資産価値のある存在になり得るということである。であるならば、なぜ株式市場に上場しないのであろうか。超優良株になることは間違いないのだ。

もちろん、上場企業とは利益あっての上場企業であって、配当あっての企業でもある。利益や配当はどうするのかというと、この点に関して利益は市場で稼ぐ手数料を利益として計上し、配当に関してはアマゾンのようにポイントで配ればよいであろう。

しかしながら、ニューヨーク、ロンドン、東京の株式市場に上場するためにはそのための条件を満たさなければならないが、そもそも政府機関などはじめから投資の対象外である。政府は株式会社ではないのだ。したがって、当然、上場を拒否されるであろうし、上場されることもないであろう。ならば、どうするのか。

自ら株式市場を創る。つまり、地球連邦株式市場を創設し、第一号として地球政府自身を上場させるのである。要するに、地球政府は自前の通貨、経済市場、株式市場を持つわけだ。そして、加盟国が保有する地球政府の〝未公開株〟をマーケットに放出させる。その時、株価が上昇すれば、それは加盟国の利益になる。

因みに、この未公開株は加盟国のみが購入できるものとするが、投資家や機関投資家も加盟国に手数料を支払えば購入できるようにする。投資家を世界統一に巻き込むためである。もちろん、世界統一に失敗すれば株の価値はなくなる。ということは、彼らも世界統一に協力的に成らざるを得ないであろう。

実際のところ、地球連合が〝未公開株〟まで発行できるのかどうか分からない。しかし、〝債権〟よりも〝未公開株〟の発行の方が話としては面白いはずである。何しろ、こちらは借金の話ではなく、儲け話だからである。さらに、株式ならば債権とは違って地球政府の借金にはならない。つまり、この場合、一〇〇〇兆円もの借金の返済義務は生じないわけだ。

いずれにしても、未公開株を発行できれば地球連合の運営費は潤う。さらに、値上がりが期待できれば、加盟国や投資家の世界統一への意欲と熱意もより一層増すであろう。では、こうした理由のために未公開株を発行するのかというと、それは違う。

真の目的は別のところにある。というのは、真の目的は株価を〝バロメーター〟とすることだからである。

地球政府とは、一瞬一瞬に変化する有機体であり、多面的な〝顔〟を持つ人工生物体でもある。というのは、元老院があり、議会があり、内閣があり、治安機関があり、市民社会があり、経済市場があり、通貨があり、SNSがあり、さらにひとりひとりの地球市民が〝連邦議員〟でもあるからである。それ故に、あまりにも多くの〝顔〟をのぞかせて機構自体が変幻自在になり、逆に掴みどころのない有機体となってしまう恐れがある。

また、これだけの〝顔〟をのぞかせれば一体何をやっているのか分かり難い組織となってしまうであろう。果たして、人類のためになっているのか。地球のためになっているのか。一体どこに向かっているのか。何をしようとしているのか。進化しているのか。退化しているのか。良いことをしているのか。無駄なことをしているのか。誰もが分からなくなってしまっては困る。

そこで地球政府自体の株価の変動を通して、政府の動きを把握し、市場に評価させるのだ。つまり、株式市場に地球政府を監視させるのである。そうすれば株価の変動を通じて、地球政府が正しいことをしているのか、あるいはそうでないのか。何をやろうとしているのか、またどこに向おうとしているのか。株価がバロメーターとなり、地球政府の行動を把握しやすくなるからである。これこそが株式発行の真の目的とするものなのだ。

残念ながら、理想主義も金次第である。先立つものがなければ世界統一は頓挫してしまう。そもそもこの点を弁えずし、世界統一などはじめから不可能である。ということで、まずは軍資金の調達方法を戦略化してみた。

■統一戦略及び指針（戦術）

一、地球市民社会を市場化する。

二、超国家通貨を発行する。

三、加盟国分担金に頼らないようにする。

四、超国家通貨の決済に際、僅かばかりの手数料を得る。
五、すべての企業を平等に扱うアルゴリズムを導入する。
六、超国家債権を発行する。
七、地球政府の未公開株の発行を視野に入れる。
八、投資家を世界統一に巻き込む。
九、地球連邦株式市場を創設する。
一〇、地球政府の株価の変動をバロメーターとし、市場に地球政府を監視させる。
一一、大半の予算を連邦警察軍の創設にまわす。

□地球連合は連邦警察軍を編成する。

連邦警察軍がどれほど重要な存在なのか。もはやその説明は必要ないであろう。「国家主権の根本的変質」は《軍事統合》なしに達成せず、全地球治安システムなしに地球政府は誕生しないからである。そして、莫大な軍資金なしに創設もままならないが、一応その資金の調達方法については前述した通りである。

しかし、そもそも連邦警察軍自体を編成できるのかという、大きな疑念が沸いていたのも事実であろう。何しろ国籍から人種、民族、言語、習慣、さらには仏教、イスラム教、キリスト教、ヒンドゥー教、シーク教など宗教宗派の異なる人々が一つの組織に集い、共に任務に就かなければならないからだ。つまり、全地球民族を包括しなければならないわけだ。そんな人種の坩堝のような組織を創ることが可能なのか。これほど非現実的な試みはないのではないか。

この疑念は当然のことであり、この疑念の払拭なしに世界統一が現実的だとは誰も考えないはずである。一体、この点をどう捉えているのか。

一九八七年、欧州統合の理念のもとで仏独合同旅団が設立され、ドイツのバーデン＝ヴュルテンベルク州に兵力四〇〇〇人規模の仏独軍人からなる混成旅団が配備された。しかし、その混成旅団は文化、言語、指揮系統の違いに悩まされ、「語学教室」の域を出ていなかったという。これはフランス軍人がドイツ語を学び、ドイツ軍人がフランス語を身に付けなければならないというハンディがあったのも確かである。

この混成旅団は一九九三年に欧州合同軍に編入され、国連平和維持活動や北大西洋条約機構（NATO）の任務に付き、ボスニア紛争やコソボ紛争の地に派遣された。ところが、二〇一三年、軍事費の削減のためドイツ・フランス合同軍隷下のフランス機械化歩兵連隊が解隊され、現在は数百人程度しかドイツに駐留していないようである。

ところで、多民族軍は歴史上数多く存在してきた。たとえばアレキサンダー大王が東方遠征を行った際、当時のマケドニア人やギリシャ人、さらにペルシャ人（現在のイラン人）などから編制されていた。また、一三世紀に日本を襲った元寇襲来ではモンゴル軍の他にも女真族や高麗人、漢人、宋人などで構成されていた。近年においては旧ソビエト軍が多民族編制であったし、アメリカ軍も多民族混成軍といってもよいであろう。

さらに、あのイスラエル軍ですらユダヤ人だけで編制されているわけではない。その理由は複雑なようであるが、イスラム教一派でありながら異端視されているドズール教徒などもイスラエル軍に入隊し、対イスラム戦線へ投入されている。また、全世界に悪名を轟かせたイスラム国の軍事組織もまた多民族混成であった。

ならばなぜ、連邦警察軍にできないのか。彼らに出来きるならば連邦警察軍にできないことなどあってはならないであろう。

最も、読者の中には〝食事〟一つをとってみても、食文化の違いから人種の坩堝的な大組織をまとめることは不可能に近いのではないかと推測する人もいるかも知れない。日本人のように海外に出ると日本食が恋しくなるような民族にとって、食生活の違いは大きな問題である。しかし、アメリカ人などはステーキが恋しくなるそうであるから、どの民族も似たり拠ったりかも知れない。

この食事について述べておくと、これは複雑に考えるのではなく単純に考えるべきである。世界中のいろいろな料理を提供すればよいからである。ということは、彼らの舌は肥え続け、見方によっては史上最大の「グルメ集団」ともなる。言いかえれば、世界には飢えに苦しむ人々がいる中で、これほど食文化に恵まれた組織はないわけだ。

けれども、イスラム教徒のようにラマダンの期間中、断食が課されている人々もいる。ラマダンとはイスラム教徒に義務付けられている断食で一年のうちおよそ一ヵ月間、日の出から日没まで食べ物と飲み物を絶ち、神の慈悲と恵みに感謝しなければならないという儀式である。断食とは言え、日の出前にスフールと呼ばれる食事をとり、日没には家族や友人が集まってイフタールと呼ばれる一日の断食の終わりの食事をとる。

しかし、日中の間は水を飲むことも、唾を飲み込むことすら許されない。また、このラマダンの最中は人間の様々な欲望を絶ち、飢えた人々への共感、恵まれない人々への金銭や衣類の寄付。空腹で貧しい人々に夕食をごちそうすることなどイスラム教徒としての自己犠牲を示すことが求められる。

〝イスラム教は世界で最も純粋な宗教ではないか〟と私の知人が語っていたが、それを聞いて大いに共感できると思った。イスラム教ほど人間の欲望を抑え、人間としての共感を求める宗教はないからである。何しろ金持ちも貧乏人も、一般市民も王族も一日に五回メッカの方角に向かって礼拝し、毎年、約一ヵ月間も断食しなければならないのである。

仏教でいえば、これは僧侶が行うレベルの修行であろう。それを一〇億人以上ものイスラム教徒が日常的に行っているのだ。とても純真な心がなければできないことである。それをごくごく一部の狂信的なイスラム原理主義者やテロリストがイスラム教のイメージを悪いものに変えてしまったことは誠に遺憾である。

どの国にも、民族にも、どの社会にも〇・一パーセント前後の確率でどうしようもない野蛮で卑劣な人間が存在する。そして、社会体制の中核が正統性を欠き、法秩序が歪められ、治安が失われた時にそうした蛮人たちが社会の表層に現れはじめる。そして、不幸にも彼らが組織化された時、暴力による支配がはじまる。

イスラム原理主義者らが宗教を掲げるのは自らの存在の正統性や根拠を宗教に求め、社会に対する欲求不満の捌け口として、あるいは自らの無知を覆い隠すために〝宗教〟を利用しているからでである。だからこそ、彼らは信心深いふりを演じるのだ。しかし、本質的に人間としての共感や愛情を欠いた集団であって、敬虔な宗教的人間でもなければ平和を愛する市民でもない。

イスラム圏でも、日本やアメリカ、中国や韓国、北朝鮮でもごくごく普通の市民が大多数を占めている。どこの国にでも、どの社会でもどうしようもない卑劣な蛮人はごく少数に過ぎない。そんな彼らを徹底的に封じ込める方法は何か。

民主主義である。つまり、民主主義に基づく正統性の選出であり、確固たる法秩序の確立と治安の維持である。そして、愚か者が罪を犯した時には必ず捕まえて法律の裁きを受け、罪を償わせる。〝善〟が〝悪〟に対して、常に毅然とした態度で臨むこと。これを〝正義〟といい、あるいは〝秩序〟という。これこそが〝平和の源〟なのだ。

なぜ、イスラム原理主義の台頭を許してしまったのか。つまるところ、民主主義という正統性の選出を欠いた社会を作ってしまったからである。そのためフリーハンドを得た愚か者たちが跋扈《ばっこ》するような社会を許してしまった。問題はイスラム教にあるのではなく、社会体制にあるのだ。

話を戻すと、連邦警察軍はラマダンの期間中、イスラム教徒に配慮したシフトをすべきであろうし、たとえばラマダンの始まりと終わりの日くらいは同じ釜の飯を食う仲間（戦友）として共に断食するべきではないだろうか。また、イスラム教は〝旅行中の人間〟などに対するラマダンの免除を定めているので〝任務中〟は〝旅行〟に当たると、世界中のイスラム法学者にラマダンの免除を掛け合ってもよいかも知れない。

いずれにしても、連邦警察軍は食事だけではなく、諸宗教に対する細心の配慮が求められる。また、連邦警察軍の精神的結束を強化するためにも地球の多様性に対する研究を行い、新しい思想や哲学、地球文化を生み出してゆかなければならない。私は人類を真の融合へと導く新しい宗教や思想はこの組織の中から、もしかしたら生まれ出てくるのではないかと思っている。

因みに、使用言語についてであるが、これは英語のみを公用語としてコミュニケーションを計るのがよいと思う。一説によると、多国籍企業の九割、ウェッブサイトの七割、世界の一五億人以上が英語を話すとも言われているからである。したがって、英語ならば比較的に意思疎通も計りやすいであろう。

しかしながら、そうは言っても、人種の坩堝的軍隊の運営についてはやはり半信半疑であるに違いない。実際問題として、超多民族編成の軍事・警察組織など組織化できるのか。私自身は一体どう考えているのだろうか。

私の答えは〝実際にやってみなければ分からない〟の一言に尽きる。そして、何も無理して当初からすべての地球民族を包括しなくとも、取り敢えずまとまっていける人間からまとまっていけばいいと思っている。何よりも重要なことは〝世界の坂本龍馬〟たちが地球を救うために立ち上がり、人類のために命を賭けているということであり、この使命感と法的枠組みさえあれば紛れもなく超国家的な軍事・警察組織となるからである。いずれにしても、多民族編成の軍事組織は紀元前のアレキサンダー大王の東方遠征の時代より脈々と続いており、歴史上はじめてのことではないのだ。

それでは連邦警察軍はどういった戦略に基づき創設し、どのような戦力を有するのであろうか。これについても一応触れておくべきかも知れない。まず、連邦警察軍は以下の戦略を基本に編制されるべきである。

①地球全域への兵力展開能力。

②加盟国の防衛。

③戦犯の逮捕。

①のためには、たとえばオスプレイのような小型輸送機をパトロール機として何千機も配備し、迅速な展開を可能とする兵力を保有することが求められる。もちろん、それを可能とする後方支援も充実させなければならない。②は加盟国防衛の義務を負うため非加盟国の軍隊とも正面から戦える軍事組織を目指すということである。したがって、それ相応の戦力の配備が必要不可欠になる。③は、侵略軍との全面対決に移行する前に、侵略国の首脳や軍の将官の逮捕を優先すべきだということである。そのためには、それに特化した高度に訓練された特殊部隊の投入が求められる。まずは犯罪集団を逮捕・一掃し、その指揮系統を砕いて無駄な戦争を回避し、兵士を家に帰す。これが第一である。

ところで、現代の軍隊の用兵思想の根本にあるのは何か。国家総力戦である。国家総力戦とは国家が陸海空軍の持つ全戦力のみならず経済力、技術力、精神力などすべての力を投げ打って挑む戦争のことで、国民の生活や生命に多大な犠牲を強いても勝利を得ようとする戦いのことである。過去二度の世界大戦も、この総力戦で戦われた。

国民の生命の犠牲を前提にした総力戦思想などもはや時代遅れであるのは明白であるが、ウクライナ戦争におけるウクライナ軍やロシア軍、あるいはパレスチナ紛争にみられるハマスやイスラエル軍のようにまだまだその思想は健在であり、諸国家も総力戦思想に基づいて軍事力を強化している。ということは、連邦警察軍もまた加盟国防衛のためには総力戦に対処し得る戦力を保有しなければならない。つまり、強力な陸軍、海軍、空軍、宇宙軍を創設しなければならないということである。

したがって、たとえば連邦陸軍としては戦車、装甲車、軽機動装甲車、戦闘ヘリ、大型・中型輸送機、特別な捕獲任務をこなす特殊部隊、水陸機動団、空挺部隊など。連邦海軍としては通常動力型（軽）空母、イージス艦、潜水艦、各種護衛艦、輸送艦、海兵隊など。連邦空軍及び連邦宇宙軍は戦闘機、攻撃機、爆撃機、大型・中型輸送機の他に通信衛星や偵察衛星などを配備しなければならないであろう。そして、その参考になるのが、アメリカ軍である。

最も、実際の戦力に関しては地球連合が連邦警察軍創設委員会を設けて、世界中から国防関係者や現役・退役軍人らを招聘し、どのような戦力を装備し、配備するのかまとめてもらい、その提言に沿って創設してゆく。また、陸軍士官学校や海軍兵学校、あるいは警察学校のような教育施設を設け、その卒業生を主体にして連邦警察軍を編制する一方で、世界中の現役兵士を階級そのままに連邦警察軍への軍籍転属も奨励する。

因みに、連邦警察軍の規模に関してはどうかというと、現実的にはどのくらいの予算を一年間当たり計上できるかにかかっている。十分な予算が確保されれば、規模も大きくなるし、そうでなければ規模は小さくなる。要は、予算次第であろう。

けれども、万が一予算が十分確保できなかった場合どうするのか。その場合についても想定しておかなければならない。その場合、クリンパーシステムを採用する。

クリンパーシステムとは何か。韓国が日本の再軍備をはかる指標の一つとしているのが、自衛隊全体に占める士官の割合である。普通の軍隊に比べて自衛隊は士官の比率が非常に高いのである。士官の数が多いということは有事の際に若者を大量徴用し、補充すれば部隊の数を一気に倍増できるということである。要するに、平時においては教育するのに時間のかかる指揮官をたくさん養成しておき、いざというときには大量の若者たちを徴兵し、短期間に訓練してあらかじめ育ててあった指揮官のもとに送り込み、多数の新鋭部隊を一気に編制するシステムをクリンパーシステムと言うわけである。

このシステムを最大限活用したのがヒトラーである。第一次世界大戦に敗退したドイツはベルサイユ条約のもとで一〇万の軍隊しか保有することが許されなかった。そこで当時のドイツ軍人が考えたのが、ドイツ国防軍内での士官の比率を高めておくという方法である。そのおかげでヒトラーは政権を握ると、短期間で数百万もの強力なドイツ軍を再建できたのだ。

したがって、財政難の場合、自衛隊のように士官の比率を高めた数十万人規模の連邦警察軍を編制して世界統一の行方次第ではいつでも戦力を一〇〇万規模に倍増できる体制を準備しておく。少なくとも自衛隊と同程度の連邦警察軍ならばいくらなんでも編制できるであろう。

ところで、本論では、連邦警察軍の本拠地としてオーストラリアを中心とする南半球に設定した。その理由は第二章で述べた通りである。しかし、オスプレイを中心とした緊急展開部隊などの実戦部隊はマッキンダーのハートランド理論に基づき、ウクライナに配備すべきであると考えている。

ハートランド理論とは何か。なぜウクライナなのか。第一次大戦後、イギリスの地理学者であり、地政学の祖とも言われているマッキンダーは『デモクラシーの理想と現実』の中で〝東ヨーロッパを制するものがユーラシア大陸を支配し、ユーラシア大陸を支配するものが全世界を支配する〟というハートランド理論を唱え、ランドパワーの重要性を訴えた。

ランドパワーとは陸上戦力（陸軍）のことで、東ヨーロッパを支配できればそこから西ヨーロッパ、ロシア、シベリア、中東、アフリカなどへの兵力の移動が容易になる。そのため、この地を手中に治めることへの地政学的重要性を唱えたのだ。それを文字通り実践したのがヒトラーである。

しかし、このハートランド理論はフレッド・マハンが『海上権力史論』の中で〝海を制するものが全世界を制する〟としてシーパワー（海軍力）の重要性を訴え、シーパワーを重視したアメリカの出現などで徐々に説得力を欠き、古典的な軍事思想と見なされるようになった。ではなぜ、その古典的軍事思想に基づいて連邦警察軍の実戦部隊をウクライナに配備するのか。

それは地球儀をお持ちならば御理解されるであろう。ウクライナを拠点にして人差し指で地球儀をなぞるようにそれぞれウクライナから西ヨーロッパ、アメリカ、南アメリカ、中近東、中央アフリカ大陸、南アフリカ大陸、インド、シベリア、中国、日本へと指先を移動してみてほしい。全世界への兵力展開に相応しい地理的位置にあることにお気付きになられるはずである。

これに比べてオーストラリアは創設地としては最適である一方、地球全体に対する迅速な兵力展開が容易な場所では必ずしもないのである。つまり、地政学的に創設地としては有意義であるが、前線基地としては不適なのである。したがって、ロシア撤退後のウクライナを第二本拠地の候補とすべきであると私は考えている。

ところで、もし全面核戦争が勃発すれば地球全域から秩序という秩序が失われ、途轍《とてつ》もない艱難《かんなん》が襲うことになる。そして、その苦しみはコロナ禍の比ではなく、途轍もない惨禍が襲いかかる。しかし、核兵器の完全解体を実現できるのは地球政府だけである。言いかえれば、統合期間中、地球連合はいかに核戦争を起こさせないかということも考えておかなければならない。

そもそも核戦争を予防し、阻止する手段を持たなければ連邦警察軍の威信と信頼が揺らいでしまうからだ。しかし、自らは核武装することなしに核戦争を抑止しなければならない。果たして、そんなことが出来るのか。不可能であろう。

だが、核保有国に対して心理的圧力を加えることはできるはずである。ならば、どのような心理的圧力を加えるのか。一応、考えてみた。

連邦海軍潜水艦部隊がその主役となる。そして、たとえば日本が開発した最新鋭「たいげい（大鯨）」型通常動力型潜水艦に非核通常弾頭を装着したトマホーク巡航ミサイルを多数積載し、核保有国の首都にある官邸や国防省に二四時間三六五日照準を定め、命令一下、攻撃できる体制を整える。つまり、連邦警察軍が首都ワシントンのホワイトハウスや首都モスクワのクレムリン宮殿の政治中枢機能をいつでも破壊できる体制を築くわけである。

なぜ、このようなことをするのかというと〝オマエたちに核兵器を使用させない〟あるいは〝オマエたちに地球市民を虐殺するいかなる権利もない〟という毅然としたメッセージを送り続けるためである。もちろん、通常弾頭ミサイル一発ではその破壊力には限界がある。おそらく建物一棟を破壊できるくらいであろう。しかし、たとえそうであっても、あるいはターゲットが地中深くにある軍事施設に守られて生きていようが、途中でトマホークが撃墜されようが、そんなことはどうでもよいのだ。

重要なことは核戦争から地球を守るという崇高な目的を態度で示し、常時、核保有国の指導層に対して心理的圧力をかけ続けることだからである。対象国はアメリカやロシアだけではなくインドやパキスタン、中国、イギリス、フランス、北朝鮮、イスラエルなども対象になる。

因みに、自衛隊の「たいげい」型潜水艦の建造費は約八〇〇億円だと言われている。実際に連邦警察軍用に建造するとなると、乗員の多文化性やトマホークミサイルの積載増量分などを考慮した場合、艦体の大型化は避けられない。したがって、少なくとも一隻当たり一二〇〇億円の建造費は見込んでおかなければならないかも知れない。そして、核武装国家に対して常時攻撃態勢を整えるとなると、稼働率や補給、乗員の休息などを考慮すると最低でも二五隻もの配備が必要になると思われる。

大雑把ではあるが、二五隻の建造費がおよそ三兆円。潜水艦隊の年間維持費を一〇〇〇億円とすると二〇年間で二兆円となり、総額で五兆円くらいは見積もっておくべきだろうか。

また、アメリカ製のトマホークを積載するわけにはいかないので、陸上自衛隊が配備している88式地対艦ミサイルを改良する。この88式地対艦ミサイルは対ソ戦に備えて開発されたもので、発射機を北海道の山奥に隠し、射出したミサイルを北海道の山岳地形に沿わせて飛行させ、沿岸に近付いてきた敵艦船を攻撃するという特異な地形追随飛行能力を持っている。

これを潜水艦発射型に改良する。そして、この核戦争抑止艦隊の建造から配備、メインテナンスをすべて日本が行い、潜水艦全艦を連邦警察軍に対して〝喜捨〟するのはどうだろうか。二発の原爆を落とされた日本が〝反核〟の意思を示すよい機会だからである。

最も、この潜水艦艦隊構想が本当に有用性のあるものなのか。はっきりと断言しにくいのも事実である。しかし、日本が約五兆円を支出することで核戦争勃発の危機を回避し、地球が救われるならばそれはそれで費用対効果は十分見込まれるであろう。

話を戻すと、現実的に連邦警察軍がどのような組織になるのか、まだまだ見当が付かない。しかし、これまで述べてきたようなコンセプトを参考にしながら連邦警察軍を創設してゆかなければならないことは確かであろう。

■統一戦略及び指針

一二、全地球民族を包括する超国家的軍事・警察組織を創る。
一三、連邦警務官は全世界から募集し、軍事警察学校で教育する。
一四、取り敢えずまとまってゆける人間や民族から入隊させる。
一五、現役兵士も階級そのままに任官させる。
一六、アメリカ軍を参考にする。
一七、イスラム教のラマダンなど多宗教・多文化を尊重する。
一八、公用語は英語のみとする。
一九、最終的に二〇〇〇万規模の組織を目指す。

二〇、財政難の場合、クリンパーシステムを採用する。
二一、必要ならば、潜水艦を中心とした核抑止部隊を編制する。
二二、オーストラリアを本拠地と定める。
二三、ウクライナを前線本拠地とする。

□地球連合アプリを通じて、地球市民を生み出す。

連邦警察軍が超国家的な組織体となるための根源は何か。実は戦闘機や戦車、航空空母や護衛艦などの武器弾薬の類ではない。連邦警察軍が連邦警察軍たる所以は連邦警察軍について定めた法体系にある。つまり、法律的な裏付けがあってはじめて連邦警察軍は普遍的な軍事・警察組織となり、超国家化できるのだ。

では、その法律を制定できるのはどこかというと、立法機関である議会しかない。つまり、この場合、地球議会上下両院である。この議会において連邦警察軍の立法化が多数決で決議されてはじめて合法化できるわけだ。

まずは、連邦警察軍に関して、次のような法律を制定する必要がある。

一、連邦警察軍は地球市民の、地球市民による、地球市民のための超国家的な軍事・警察組織である。
一、連邦警察軍は地球全域を治安担当とする。
一、連邦警察軍はあらゆる国・地域に自由に移動し、国境（行政ライン）の制約をまったく受けない。

一、連邦警察軍は諸国家の軍隊を指揮下に置くことができる。

一、連邦警察軍はその治安活動に対して妨害もしくは攻撃を受けた場合、それを速やかに排除し、責任者を逮捕・処罰できる。

一、連邦警察軍は地球連合（地球政府）が捕獲命令を出した人物（たとえ国家元首であろうと）を逮捕できる。

一、連邦警察軍は一般市民に銃口を向け、殺傷した軍の将官や現場の指揮官を逮捕できる。

一、連邦警察軍は加盟国防衛の義務を負う。

因みに、四番目の「連邦警察軍は諸国家の軍隊を指揮下に置くことができる」としているが、これは後述する「相互軍事制圧」を念頭においてのことであり、それ以外の場合は通常訓練や合同演習などを除いて考えていない。しかしながら、平時においても、有事においても「連邦警察軍はあらゆる国境の制約を受けない」し、絶対に受けるべきではないとは考えている。国境などという古い国家思想の制約を受けるべきではないからである。

であるならば、中国が軍事要塞化した南シナ海にある人工島の直上を連邦警察空軍が警戒飛行中、撃墜されたらどうするのか。そうしたことを想定したのが「連邦警察軍はその治安活動に対して妨害もしくは攻撃を受けた場合、それを速やかに排除し、責任者を逮捕・処罰することができる」や「連邦警察軍は地球連合が捕獲命令を出した人物（たとえ国家元首であろうと）を逮捕できる」という条文である。つまり、撃墜されたり、妨害されたりした場合は法律に従った処置がとられるということである。

前にも述べてきたように〝地球市民〟が諸国家の指導者に危害を加えられるいかなる筋合いもなければその権利もないし、それが治安活動中ならば尚更のことである。したがって、何らかの妨害や殺傷行為を受けた場合、犯罪者に対して処罰を行い、刑務所に送るのは当然であり、理に適ったことである。

こうした法律が制定されてはじめて連邦警察軍は合法的存在となり、執行力が生まれる。けれども、地球連合加盟国にはこうした超国家的な法律を立法化する権限はない。加盟国とは言っても本質的に主権国家であって、〝超国家主体〟ではないからである。それにまた加盟国政府がこれを法制化したところで非加盟国は反発し、無視するであろうし、ましてや法的拘束力など論外であろう。

では、誰が国際法違反に対して断固とした処罰を行える執行力（軍事・警察力）を立法化できるのかというと〝地球市民〟以外に存在しない。なぜならば、「世界統合」の段階で〝超国家主体〟になれるのは〝地球市民〟だけだからである。言いかえれば、地球市民が議会で立法化してはじめて法律が超国家化し、正統性のある執行力を持つわけである。逆に言えば、〝地球市民〟が存在しなければ連邦警察軍を合法化できず、連邦警察軍は非合法的な組織となってしまうのだ。

地球市民の存在がいかに重要かお分かりいただけるであろう。〝地球市民〟が存在しなければ、実は何も立法・法制化できないのである。だからこそ、〝地球市民〟というコンセプトが生み出されたのである。つまり、〝地球市民〟は未来における現実的な要請から生まれたものであり、決して理想主義から生まれたものではないのだ。この点をはっきりしておきたい。

では、どのようにして〝地球市民〟を生み出すのかというと、すでに述べた通り「市民主権」を通じてである。そして、この「市民主権」は「地球連合アプリ」を通じて誰にでも手に入れることができる。さらに、誰もが〝連邦議員〟に登録でき、「地球統治権」や「歴史の議決権」を行使できるように構想されていた。

しかし、この仮想空間上の電脳議会には問題がないわけではない。というのは、何千万何億人もの議員が誕生する可能性も否定できないからである。おそらく議論百出、百花斉放、百家争鳴、百万人議会などと揶揄され、まともに議会が機能するなどと考える人間は一人もいないであろう。あまりにも無茶苦茶に思えるのは皆に共通した思いであるはずだ。

議会が機能せず混乱すれば民主政治はカオスに至る。理想を追い過ぎれば社会は自壊する。要するに、この試みはハイリスク・ハイリターンなのである。諸刃の剣なのだ。

しかし、どれだけハイリスクであろうと、それを承知の上でリスクを冒すべきである。つまり、大混乱を前提にしても、議会政治を試みるべきである。なぜか。その理由はいくつかある。

一つは、欧州統合の失敗に学ぶべきだからである。EU不要論などもあるように欧州統合は盛り上がりに欠けている。その理由は欧州統合がEUの官僚たちを中心とした統合であり、一部のエリートに支配された機構となってしまったからである。つまり、欧州統合の中心に〝欧州市民〟が存在していないのだ。一般市民に対して共通の権利をもたらしてはいるものの、実際は欧州議会選挙の選挙権・被選挙権以外の政治的権利は持っていない。だからこそ欧州統合は白け切り、イギリスは離脱してしまった。

もし、地球連合（地球政府）も一部のエリートや官僚に支配される機構体になったらどうなるか。地球市民とは〝名ばかり〟となり、地球市民なしの機構となってしまうであろう。市民社会とは、市民あっての市民社会である。市民の存在を無視すれば社会は空疎なものとなり、活力を失う。そして、空疎な地球市民社会ほど恐ろしいものはない。

では、活力ある地球市民社会を産み出し、強く逞しい市民を創り上げるにはどうすべきか。ひと言でいえば、強力な主権（権力）をもたらし、すべての市民が直接歴史を切り拓いていけるようにすることである。口角泡を飛ばし、喧々諤々の議論を通じて時代を切り拓かせるのである。つまるところ、強力な主権（権力）こそが真の地球市民を創るのだ。

しかし、問題はそういったことではなく、現実的に議会政治に失敗したらどうするのかということであろう。まずは、失敗を避ける対策の一つとしては、すでに述べたように議決を電子投票に限定し、政策の是非を①賛成（YES）②反対（NO）③棄権（ABSTENTION）の三択のみにすることである。そして、スパコンを使い、意思決定を迅速化・単純化する。

何千何億の市民がいようとスーパーコンピュータならば結果を出すのに数分とかからない。これならば、人数に関係なく歴史の方向性を決定できる。もちろん、問題が生じた場合に備えて、元老院のような機関に最終判断を委ねるようなバックアップ・システムも作り上げておく。

もう一つは、議会の分散である。つまり、電脳議会を地域・地方ごとにも設け、身近な問題は身近な地域・地方議会に委ねることである。地域・地方議会とは何か。

地球議会上下両院を〝中央議会〟とすると、これ以外のすべての議会が〝地域・地方議会〟となる。具体的には大陸別議会（アジア議会、アフリカ大陸議会、欧州議会、中東議会、南北アメリカ大陸議会、ユーラシア大陸議会など）が来て、その下にそれぞれ任意であるが地方国家（自治体）議会、さらにその下に州および県議会、さらにその下に市町村議会がくることになる。

ルールとしては、連邦議員として電脳議会に登録できる議席は中央・地方を含めて一人当たり一議席のみとし、身近な市町村議会に関しては望めば兼任も可能にする。このように中央と地方でそれぞれの案件や議案、問題を分散して対処すれば中央議会への負担が軽減されるだけでなく、地方議会も活性化するであろう。

しかし、問題は電脳議会が機能不全に陥り、その運営に完全に行き詰ったらどうするのか。その場合の選択肢は二つ。

地球を選挙区ごとに分割して代議員選挙（投票は電子投票に限定）を行い、政治家を選出し、議会を〝電脳〟から〝リアル〟議会に移すこと。つまり、欧州議会のよう代議員制にすること。もう一つは、世界統一を中止し、地球連合を解体してプランBに移行することである。

尚、「地球連合アプリ」はその政治機能以外にも金融・経済・軍事、社会、企業、ＳＮＳを支える様々なアプリケーションを付け加え、汎用性のあるマルチ機能を持たせなければならない。このマルチ機能については、本論でその一部を紹介したのでここでは触れない。

いずれにしても、現在の国際社会の喫緊の課題は〝地球市民〟という国家を超えた〝超国家主体〟を創ることである。そして、その最も有効な戦略は地球連合が〝主権アプリ〟を発行し、〝地球市民〟を生み出すことである。

■統一戦略及び指針

二四、全人類共通の「地球市民主権」をアプリ化する。

二五、一八歳以上ならば誰もが〝連邦議員〟になれるように定める。

二六、議会の多数決で法案を立法化・超国家化できるようにする。

二七、議決投票は三択のみとする。

二八、大陸別議会など地方議会も設ける。

二九、仮想空間での議会政治が機能しなかった場合、代議員制に切り替える。

三〇、「地球連合アプリ」に民間のアプリも取り込み、汎用性の高いものにする。

三一、世界平和アプリ機能を通じて、ひとりひとりに世界平和を担ってもらう。

三二、全世界共通の市民証を発行し、パスポートの機能を持たせる。

三三、「地球連合アプリ」を通じて連邦警察軍の派兵要請ができるようにする。

□主権国家の約三分の二が地球連合に加盟した段階で超国家体制を生み出す。

これは主権国家の約三分の二が地球連合への加盟を果たした段階で実質的な世界統一と見なし、超国家体制の樹立を試みるべきだという意味である。どういうことか。

その前にまず、設立当初の地球連合の意思決定システムは加盟国理事会と最高戦略会議を頂点としたものであった。そして、この戦略会議のメンバーは加盟国理事会が任命するように構想されていた。その理由は地球市民が世界政治に直接責任を持つのは時期尚早であり、そもそも電脳議会の運営ができるかどうかさえ未知数だからである。しかし、状況に応じてこの意思決定システムを変えてゆくとも第二章で述べた。

その状況の変化とは、地球連合議会が運営され、法案の採決ができるようになることである。つまり、仮に何百何千万人もの連邦議員が存在していようと、立法議会として機能し、その役割を果たすことである。そして、この第二段階に達したら、加盟国理事会は連邦議員の中から最高戦略会議のメンバーを選び出し、地球市民にその運営を移譲する。

さらに、議会運営に自信が見られたら、今度は将来の地球政府の超国家組閣を想定して下院議会を舞台に総選挙を行い、上院議会で多数政党になった政党に最高戦略会議を組閣させる実験を行う。また、前章で述べたような様々な選挙パターンを実験しながら、実際に最高戦略会議を〝組閣〟させてみる。この組閣実験を一〇年かけて四、五回は繰り返し行う。これが第三段階である。

最終的に超国家内閣の組閣が可能であるとの確信を得て、さらに地球連合加盟国が既存の主権国家の約三分の二前後に達した段階で地球市民が〝世界統一宣言〟を行う。そして、超国家権力を生み出す。ではなぜ、約三分の二の段階で超国家権力を生み出すのか。逆に言えば、なぜ全主権国家の加盟後ではないのか。

その理由の一つは、現実的にすべての主権国家が加盟国となることはあり得ないからである。たとえば、独裁国家や共産主義国家の場合、民主化に繋がる加盟など絶対に受け入れないであろうし、むしろ反統一的ですらあろう。また、内戦中の国家の場合、正統な政府が存在しているわけではないし、民主国家でも他国と領土問題などを抱えている場合超国家体制が本当に機能するのか、その器量と実力を見極めるまでは加盟自体をためらう可能性もある。さらに、反世界統一的な国家グループが誕生し、それが反連邦派国家となって連邦派国家との間で激しいイデオロギー対立が生じているかも知れない。

要するに、全国家の加盟を望むことなどはじめから非現実的だということである。時間の無駄なのだ。したがって、どこかでいったん区切りを付けて、超国家体制の樹立へと舵を切るべきなのである。その目安が、三分の二前後の地球連合への加盟である。

二つ目は、地球連合の「紛争統御システム」だけでは諸問題を根本的に解決できないからである。言いかえれば、真の解決のためには超国家権力と超国家法を背景にした執行力が求められるからである。何度も言うように、地球連合は国家主権を超えられない以上、超国家権力を行使できない。超国家権力を行使できるのは地球政府のみである。

そして、この超国家体制のもとで可能になるのが、前章で示した新たな次元での国際問題の解決手法である。それらの解決方法は国家間の諸問題を超国家権力の手を借りて解決に導くものであり、最終的に法的拘束力を伴うものである。加盟国が三分の二に達した段階で超国家体制に移行しなければならない理由もここにある。つまり、新しい次元の解決手段を行使し、すべての問題を根本的かつ効率的に解決に導く力を得るためである。

尚、地球連合はその創設時から超国家体制を支える様々な分野の法律を作り上げ、統一宣言後、速やかに加盟国の国政議会に一括批准してもらえるよう事前準備しておく必要がある。一括批准を経て、個々の法律が超国家化してはじめて超国家体制が実現するからである。この超国家法とはすなわち後々の〝人類法典〟のことである。

第三の理由は統合期間の短縮である。つまり〝時短〟と〝コストカット〟である。というのは、全国家の加盟を待たずに早々に超国家体制の構築に移行することによって、おそらく世界統一までの期間を大幅に短縮し、同時に膨大な労力とコストカットも期待できるからである。おそらく世界統一を数十年は早められるのではないだろうか。

以上の理由から、主権国家の約三分の二が地球連合加盟を果たした段階で超国家体制を生み出すという戦略が用いられるべきなのである。言いかえれば、世界統一＝（イコール）全国家の地球連合加盟という思い込みは早々に捨て去るべきだということだ。そして、この超国家体制への移行と同時に行わなければならないことが、次の「相互軍事制圧」である。

■統一戦略及び指針

三四、地球連合の意思決定システムを段階に応じて変化させてゆく。
三五、第一段階は閣僚理事会が最高戦略会議のメンバーを任命する。
三六、第二段階は閣僚理事会が連邦議員の中から最高戦略会議のメンバーを任命する。
三七、第三段階では政党に最高戦略会議を〝組閣〟させる。
三八、超国家体制に向けた組閣実験を何度も行う。
三九、推薦制の選挙を試み、「徳治政治」実現の可能性を探る。
四〇、組閣に失敗した場合を想定して、大統領制や政権グループによる予備選挙や本選挙などの実験も行う。
四一、超国家議員選出のための選挙区分を定めておく。
四二、超国家法（人類法典）を事前に体系化しておく。
四三、世界統一＝必ずしも全主権国家の加盟とはしない。

□「相互軍事制圧」を実現し、諸国家の軍隊に〝地球守護〟あるいは〝地球防衛〟という新たな任務を授ける。

一八七七年一月、日本で武士による決起反乱が勃発した。西南戦争である。廃藩置県後、明治政府が秩禄処分、廃刀令など士族階級の解体を行ったため特権も名誉も失った士族の生活は一変し、没落していった。そして、その一部の武士が西郷隆盛を盟主として明治政府に反旗を翻して反乱を起こした。この士族の反乱は明治時代の反乱の中で最大規模のものであり、日本人同士が殺し合う最後の内戦となった。

もし地球政府が軍隊の武装解体を求め、軍人の仕事や名誉を奪えばどうなるか。彼らは命を擲《なげう》ってまで祖国を守ろうとした愛国者たちである。その愛国者たちから武器を奪おうとする行為は愛する祖国を簒奪《さんだつ》するに等しい。ましてやたかだか創設数十年の軍事・警察組織に下令され、武装解体されるなど冗談ではないだろう。

真の軍人にとって、武装解除ほど不名誉なことはない。屈辱的ですらある。したがって、彼らは安易には従わないであろうし、必ずしやその一部は大規模な反乱を起こす。しかも、反乱の火蓋が世界各地に広がれば、連邦警察軍にとって百戦錬磨の軍人たちを鎮圧することは至難の業である。つまるところ、統一直後の人類はハルマゲドンの危機に直面する可能性があるわけだ。

第三章で〝軍備の廃絶〟という概念を使用したのはあくまでも統一理論の枠組みを教科書的に説明するための便宜上のものでしかない。実際には〝武装解除〟や〝軍備の解体〟などはじめから〝夢物語〟に過ぎない。したがって、私は軍備の廃絶を主張するつもりは毛頭ないし、そもそも地球政府は絶対に諸国家の軍備を命じてはならないと考えている。これが私の真意である。

だが、何も卓袱台をひっくり返そうとしているわけではない。諸国家が軍備を保有していたのでは「主権国家システム」は解体できないことは十分承知の上だからである。ではどうするのか。その矛盾を解決するのが、「相互軍事制圧」である。

「相互軍事制圧」とは何か。狭義の意味は連邦警察軍指揮の下、周辺の仮想敵国を中心に各国の軍人たちを展開させ、好きなだけ軍事基地に展開させることである。たとえば韓国軍ならば日本や北朝鮮を中心とした周辺国に必ず派兵し、武器のあら捜しをしたがるであろうし、北朝鮮軍ならば韓国、日本のみならず遠方のアメリカにまで展開し、北朝鮮人民に対して歴史的勝利を宣伝するであろう。もちろん、自衛隊は中国、ロシア、アメリカ、韓国、北朝鮮などを中心に派兵し、軍事基地や司令部などすべてを監視下に置きたがるはずである。

また、インド軍は宿敵パキスタンの全軍事基地に派兵し、リアルタイムで管理したがるであろうし、パキスタン軍もしかりである。イスラエル軍は全アラブ諸国に展開するであろうし、全アラブ諸国軍はイスラエルのみならず、周辺のアラブ諸国にも派兵したがるであろう。無論、アメリカ軍やNATO軍、ロシア軍も同様である。彼らも互いに常駐し合い、徹底的に監視し合う。

ところで、軍事活動の要諦は機密性と秘匿性である。平時にせよ、戦時にせよ、軍事情報や作戦活動が外部に筒抜けになってしまったのでは自国軍と国民を危険にさらすからである。また、軍事活動とは集団活動が基本であり、その迅速さや果敢さ、軍事作戦の優劣が勝敗の決め手になる。ところが、仮想敵国の軍隊が自国領内に進駐してきて、しかも軍事基地に常駐しはじめればどうなるか。これをイメージしてほしい。

すべての軍事基地には必ず司令部が存在し、そこから命令が下され、軍隊は動く。その司令部に仮想敵国の軍人らが自由に出入りすれば何が起きるか。また、艦艇や戦車、輸送機に乗り込み、ピクニック気分でついてくればどうなるか。さらに、待望の新兵器が配備されたにも関わらず、その本体に直接触れ、本国に性能を報告されればどうなるか。

このようなことが日夜行われれば、仮に軍隊が存在していても、本来の軍隊の姿とは程遠いものになる。軍隊の生命線ともいえる秘匿性や機密情報などが完全に失われてしまうからである。そうなると、やがて諸国家の軍隊は次のように自問自答しはじめるはずである。一体いかなる軍事作戦を立案できるのか。軍人の士気を維持できるか。新兵器を開発し、配備する意味があるのか。軍事予算を確保できるのか。

何しろ、仮想敵国の軍人がすぐ隣におり、張り付いているのだ。一体、自分たちは何をしているのか。何のための国防軍なのか。自分たちは存在し続ける価値があるのか。おそらく、明確な解答を見出せず、諸国家の軍隊は自家撞着を起こす。そして、内部から混乱の道を辿りはじめるだろう。

何しろ、存在価値が見いだせないのだ。一体誰がこんな目に合わせたのか。

〝地球政府〟である。彼らはこう結論を下すかも知れない。〝地球政府〟こそが新たな〝敵〟である。

しかし、地球政府に対して不満を爆発させ、反乱を起こすわけにはいかない。というのは、地球政府が軍備の廃絶や解体を命じることはないからである。むしろ、仮想敵国への進駐と行動の自由を保障し、ある種の軍事制圧まで容認しているのだ。したがって、地球政府に対して反乱を起こすことは筋違いであり、正当な理由とはならない。

しかも、仮に反乱を起こそうとしても、主力部隊は海外に出張中であり、大規模な反乱活動ができない。さらに、面倒なことに他国の軍人らがいつも傍にいるだけでなく、全地球監視システムを使って地球市民もまた宇宙から監視の目を光らせている。それでもなんとか武装蜂起にこぎつけたとしても、全世界から即座に鎮圧軍がやってくる。これでは何もすることができない。約二〇〇ヵ国すべての軍隊がこのような軍事的ジレンマに陥る。

このような状態では軍隊は組織として健在でも実質的に機能はしない。「軍事的独立性」が形骸化するからだ。そして、この「軍事的独立性」の形骸化は「国家主権の根本的変質」へと直結する。つまるところ、「相互軍事制圧」とは他国への合法的進駐のことであり、その目的は「軍事的独立性」の形骸化なのだ。これが狭義の意味での「相互軍事制圧」の意義である。

しかしながら、この際、近隣の仮想敵国などと中途半端なことは言わずにアレキサンダー大王でも、チンギス・ハーンでも、ナポレオンでも成し遂げられなかった軍人の究極の野望をすべての軍隊にこの際叶えさせてやるのはどうだろうか。つまり、仮想敵国の軍事制圧だけでなく、何もこのような言い方をする必要はないかも知れないが、地球の軍事制圧を実現させてやるのだ。

自衛隊も、韓国軍も、北朝鮮軍も、中国軍も、インド軍も、イラン軍も、イスラエル軍も、アメリカ軍も、ロシア軍も、NATO軍も含めてすべての軍隊が地球全域に派兵し、地球全体の軍事制圧を行う。そして、無期限・無制限に全世界に常駐し、いかなる場所であろうと自由に行動し、移動してもよいことにする。すべての軍人たちにこうした自由と法的権限を与える。

しかし、なぜわざわざ地球を軍事制圧させるのか。何もそこまでしなくともよいのではないか。実は、これは崇高な〝取引〟のためである。

仮に超国家体制が樹立されても、すぐさま体制が安定するわけではない。超国家内閣や統治システムが程よく機能するかどうかわからないし、領土問題はなくなっても行政ラインの変更を巡り各地で新たな混乱や闘争が生じている可能性もある。また、その頃には環境問題の深刻化や気候変動、貧困の増大や食糧危機、地球資源の枯渇や格差社会の拡大などいろいろな問題が山積し、地球はスラム化しているかも知れない。誕生したばかりの地球政府がこうした不安定な状態を乗り切るためにはどうするべきか。

逆説的ながら、すべての軍人に地球と人類を守ってもらうことである。つまり、地球の軍事制圧を通じて、地球を〝守護〟してもらうのである。言いかえれば、「相互軍事制圧」を通じて軍人たちに〝地球守護〟あるいは〝地球防衛〟という新しい任務を担ってもらうわけだ。そして、これが〝取引〟なのである。

なぜならば、〝地球守護〟という最後の使命を全うし、〝有終の美〟を飾ってもらう土壌が生まれるからである。つまり、最後はすべての軍人たちが互いに手を組み〝地球〟と〝人類〟を守護し、「人類後史」という新たな時代の扉を開いて、連邦警察軍の成長を横目で見守りながらあくまでも自己の意思と判断に基づき、いずれ解体・消滅の道を選択する余地が生まれてくるからである。

この核戦争間際の時代、すでに世界中の軍人たちが国家・国民を守れなくなっている以上、〝地球守護〟や〝地球防衛〟を通じて国家・国民を存続させ、すべての人類を守ってこれを最後の任務として〝名誉〟と〝誇り〟を引き換えに身を引くことは〝取引〟として十分に成り立つことだと思う。そして、〝栄光ある最期〟を飾ってもらいつつ、軍人の反乱を予防しようというのが、広義の意味での「相互軍事制圧」となる。

まさに〝兵は詭道なり〟であろう。最後は諸国家の軍隊を〝地球守護〟〝地球防衛〟に用いるからである。おそらく、この時ほど軍隊が歴史上最も〝輝き〟を放ち、地球と人類の未来に希望を与えることはない。諸国家の軍隊が真の和平を全人類にもたらすからだ。そして、これこそ孫子の兵法の究極の用兵方法ではないだろうか。

■統一戦略及び指針

四四、地球政府は軍隊の廃絶を絶対に要求しない。

四五、「相互軍事制圧」を通じて他国への合法的駐留を認める。

四六、「相互軍事制圧」を通じて「軍事的独立性」を瓦解させる。

四七、〝地球守護〟という新しい使命を諸国家の軍人に与える。

四八、〝地球守護〟を通じて軍人の反乱を地球規模で防止する。
四九、孫子の兵法を用いて諸国家の軍人たちに〝名誉〟と〝誇り〟をもたらす。

□離間の計を発動し、全世界を民主化する。

離間の計とは、〝親而離之〟（親にしてこれを離す）という孫子の兵法・始計篇に記されている兵法である。この離間の計の極意は相手を仲違いさせ、相互不信に陥らせる、もしくは相互不信に陥らせ、敵を味方に引き入れる策である。

この離間の計を好んだのが曹操や諸葛孔明である。たとえば赤壁の戦いで大敗北を帰した曹操は、その後の遠征で敵将・馬超と韓遂の連合軍と衝突し、苦戦を強いられた。ここで再び負ければ曹操軍にとってさらに大きな痛手を蒙る。そこで起死回生策として曹操が採った策略が離間の計であった。

実は、曹操は敵将の韓遂と昔馴染みであった。そこで曹操は和睦を名目に韓遂を呼び出し、二人だけで会った。しかし、曹操は昔話をするだけで一向に和議には触れず、会談は終了する。ところが、曹操と韓遂が密会したことを聞いた馬超は韓遂に対して大きな不信感を抱きはじめる。

それから後、曹操から韓遂に書状が届けられた。もともと韓遂は同盟相手の馬超を裏切るつもりはないので、正直にその書状を馬超に見せた。ところが、その書状には曹操がわざと書き間違えた部分がそのまたくさん残っていた。しかし、馬超にしてみれば見られては都合の悪い部分を韓遂が消して書き直したように思える。そうこうしているうちに激しい猜疑心に駆られた馬超は、韓遂の片腕を切り落としてしまう。

二人が仲たがいしたのを知ると、曹操はすぐに兵を動員し、総攻撃を仕掛けて勝利。離間の計によって、絶体絶命の窮地を脱したのだ。

日本でも、慶長五年（一六〇〇年）の関ヶ原の戦いほど離間策が計られた戦いはないであろう。徳川家康を総大将とする東軍は総勢約七万、対する石田三成ら西軍は約八万。合戦当初は地の利を生かして陣地を築いた西軍が東軍を押し込み、西軍有利に展開していた。しかし、西軍の中には合戦に参加せずに様子見を決め込む大名もいた。東西二大陣営の合戦の火蓋が切られたにもかかわらず、様子見の大名がいるというのは奇妙である。しかし、これは家康が密約をしたため密使を使わして石田三成の陣営の切り崩しを事前に計っていたからである。

家康は開戦日の昼過ぎに西軍に与するか、東軍に寝返るか決めかねていた小早川秀秋の陣に目がけて大砲を撃ち放つ。驚いた小早川秀秋は徳川陣営に寝返り、突如一万五千の兵が西軍に襲いかかった。他にも徳川側に寝返る大名が続々と現れ、予期せぬ裏切りに直面した西軍の軍勢は総崩れとなった。

天下分け目の関ヶ原の戦いはほぼ一日で決着がつき、徳川家康の大勝利に終わった。そして、約二六〇年間続く徳川時代の幕開けとなった。家康は自分に味方すれば領地を与えるといったような書状を一五〇通以上書いていたという。離間の計が大いに功を奏したのだ。

ウクライナ戦争でも、離間の計は用いられている。ウクライナ側はロシア兵の携帯番号を傍受して特定し、〝投降すれば一万ドルの報酬とウクライナ市民権を与える〞とのショートメールを送信してロシア軍の仲間割れを計ったからだ。実際に投降の意思を示したロシア兵に対しては投降場所を指定して返信し、ドローンで監視しながら投降を装った待ち伏せ攻撃ではないと確認した後、接触して拘束した。なかには一人で戦車に乗って投降してきた兵士もいるという。

これはハイテク機器を使用した〝離間の計〟といったところであろう。では、地球政府はどのように離間策を使うのか。もちろん、曹操や家康と同様である。つまり、〝書状〟である。現代であれば〝メール〟ということになろう。では一体、どうするのか。

中国を引き合いに出して説明してみよう。まず中国国内にある一つ一つの〝軍事基地〟を一つの〝城〟に譬えてみたい。この〝城〟を〝開城〟させ、〝入城〟するに当たって、まず〝城〟に居住する人民解放軍の将官から下級兵士までの携帯番号を特定する。そして、ショートメール機能を使用して各兵士に対して中国語に翻訳したメールを地球市民が送信する。そのため何十、何百通ものメールが一人一人の兵士に対して全世界から送られることになるであろう。

その内容を言えば〝戦争をやめて地球守護に参加しよう〟あるいは〝中国共産党から離反し、自由と民主主義を手にいよう〟といったものになるであろう。場合によっては、いくらかの報酬を提示したり、連邦警察軍への転属を斡旋したり、独裁体制を倒した一族の名誉と誇り、あるいは民主革命の従事者としての栄誉なども強調して付け加えるべきかも知れない。

そして、軍事基地に駐留する将兵が〝地球守護〟への参加の意思を示しはじめたら連邦警察軍を〝城〟に急派し、合法的進駐をはじめる。この進駐は、もちろん平和裏に行われなければならない。そして、同じようにメールを用いて中国国内の〝城〟を次々と根気強く〝攻略〟し、最終的に中国全土に対する合法的駐留を目指す。と同時に、中国人民解放軍の将兵を〝地球守護〟に組み入れてゆく。

もし、これが成功すれば中国軍将兵は中国共産党の命令系統から脱し、中国共産党は軍隊を失う。事実上、人民解放軍は連邦警察軍の配下に下ることになるからだ。では、独裁体制を根本で支えていた〝暴力装置〟を中国共産党が失えばどうなるか。

中国人民は独裁政治から自由になり、解放される。そして、この機会を利用して、民主選挙を導入し、〝民主中華〟を実現させる。おそらく、民主中華は複数の普遍国家から成る〝中華民主連邦〟あるいは〝中華自由連邦〟となるであろう。

これが孫子の兵法を用いた中国の民主化戦略の枠組みである。要するに、軍事基地に常駐する将官や兵士に連邦警察軍への帰属（投降ではない）を直接呼びかけ、全地球治安システムに組み入れながら、人民解放軍を無力化し、共産党の軍事基盤を消滅させようというわけである。

この他にも、たとえば内戦中のミャンマーやスーダンに対しては、ひとりひとりの兵士に対して連邦警察軍への帰属を呼びかける一方で、これに応じない将官などに対しては裁判所が逮捕命令を出し、捕獲を試みる。そして、将官と一般兵士の分断を計り、軍隊を弱体化させつつ、連邦警察軍は強制進駐を試みる。この強制進駐は市民の要請と議会の承認、そして超国家法に基づくものであれば合法的なものになるので警察権の発動となり、武力介入には当たらない。

このように地球政府（地球市民）はメールを武器に離間策を発動し、非加盟国の軍隊を味方に組み入れつつ、諸国家を超国家体制に組み入れてゆく。これが超国家体制に加わらなかった国々に対して最終的に行なわれる〝離間の計〟である。多少の混乱はあるだろうが、これを持ってすれば非民主国家を平和裡に民主化することも夢ではないのではないだろうか。

けれども、離間策などが通用しなかったらどうするのか。たとえば、イスラエル軍である。誰もがイスラエル軍に対しては離間策など通用しないと思うはずである。しかし、世界最強のイスラエル軍にも弱点はあり、その弱点を突く。すなわち〝兵糧攻め〟で対処する。これに関しては最終節で述べる。

ところで、孫子の兵法を生んだ中国は孫子の兵法によって滅び去るのであろうか。もちろん、それは違う。というのは、私に言わせれば、むしろ孫子を生んだ国の兵法によって地球は救われるからである。しかも、中華文明が新たな人類の精神的支柱となる可能性すらある。なぜならば、新たな地球社会に芽生えるのは〝礼（礼節）〟や〝徳（人徳）〟に基づく、新しい世界秩序でなければならないからだ。つまり、中国が生んだ古代思想が人類の精神的統合をもたらす可能性があるわけだ。

したがって、共産中国は滅びても、民主中華は滅びない。むしろ中華文明は二一世紀に再興し、さらに輝きを放ち飛躍するであろう。それはかつてアジアで眩い輝きを放った〝大唐帝国〟の〝復活〟とさえ称されるに違いない。

その一方で、残念ながら日本は滅びゆく運命にある。なぜならば、日本人は太平洋戦争を愚かな思想（軍国主義のことではない）で戦い、太古に〝文明〟という〝知性〟を生み出せなかったためその知的限界と精神障害を露見させるからである。だが、その日本人を救うのもまた、孫子の兵法なのだ。

ところで、この構想を思考するにあたって、常に私の脳裏にあったのは何か。それは〝百戦百勝は善の善なるものにあらず〟という孫子の兵法である。この思想が私に世界統一は平和裏に達成されなければならないという信念を与えてくれた。そして、幸いにも、この古代から伝わる兵法のおかげで「紛争統御システム」などを発見できた。これは石原莞爾ではなく、孫子のおかげである。

ところが、実は、孫子が実在した人物かどうかまだはっきりとは分かっていない。われわれが孫子の兵法と呼ぶものは今からおよそ一八〇〇年前に曹操が編纂し、残したものである。曹操といえば、三国志の中で乱世の奸雄として描かれている人物である。

父の仇として敵将を討った際には数万人から数十万人の人間を殺害、鳥のさえずりや犬の鳴き声さえ失われたという徐州大虐殺を起こしたり、皇帝の子を身籠っていた妃を殺めたり、気に入らないからと言って孔子直系の子孫であった孔融とその子供たちを誅殺したり、反逆した皇妃伏寿とその一族数百人を処刑したりと神をも恐れぬ暴虐非道ぶりは数知れない。

他方、優れた詩も残した文学者としての側面もあり、漢字五字を一句とする五言詩を打ち立て、当時流行していた建安文学に一役買っている。そして、この五言詩が唐王朝における詩人・李白や杜甫を生み、中華文明に華やぎを添えることとなった。いわば、日本にも伝来した漢詩の興隆に貢献した人物でもある。

曹操とは一体どんな人物であったのか。皆目見当がつかないが、文武両道に優れ、頭脳明晰でスケールの大きな輩であったのは間違いない。曹操が諸葛孔明よりも優れていたなどとは考えたくもないが、できれば軍師・孔明にこそ孫子の兵法を編纂してもらいたかった。そしてまた、孔明にはアジアを超えたコスモポリタン的な思想を著わしてほしかった。

いずれにしても、孫子の兵法を編纂し、残してくれなければこの世界統一論は生まれなかったと断言できる。故に、この場を借りて、曹操には謝意を示したい。

■統一戦略及び指針

五〇、地球市民にメールを利用した離間策を発動してもらう。
五一、非民主国家の軍人たちの携帯番号を特定する。
五二、軍人の説得を通じて、非民主国家の軍事基地への合法的進駐を試みる。
五三、連邦警察軍への転属の斡旋、独裁体制転覆の名誉と誇り、民主革命の従事者としの栄誉などを強調する。
五四、必要ならばいくらかの報酬を提示する。
五五、内戦中の国家に対しては議会の承認を経て普遍的警察権を発動し、治安介入する。

□プランAが失敗した場合、速やかにプランBに移行する。戦略的矛盾の受け入れを大戦略とする。

時に、理想主義の結末とは残酷なものである。地球連合は国家や民族を超えた次元での運営が求められる人類史上はじめての超国家的な機関である。故に、機構運営失敗の確率が極めて高いと言わざるを得ない。おそらく、その失敗は主に三つの要因によって訪れる。

第一に、地球連合の運営に失敗することである。特に最悪なケースは電脳議会が機能不全に陥り、次善策としての代議員制まで麻痺し、最終的に最高戦略会議などの〝組閣〟の目処が立たないことである。ここまでくればもはや致命的であり、絶望的である。超国家体制への移行は儚き夢となるであろう。

二つ目の要因は〝地球市民〟が〝幻想〟に終わることである。つまり、人種や国家、民族、宗教の枠組みを超えて成り立つとしていた地球市民が実際には超えられないことが判明し、そのメッキが剥がれた時である。地球連合も地球政府も、基本的には地球市民による運営を建前としている。しかし、この建前が無残にも崩れはじめた時、人々は国家、民族、宗教の枠組みの中へと再び回帰してゆく。残念ながら、その先にあるのは人類前史的な闘争であり、戦争であろう。

三番目の要因は世界統一がイデオロギー化し、国際社会が二大ブロックに分裂することである。その二大ブロックとは地球の連邦化を望むグループとそれに反対するグループである。つまり、「連邦派国家」と「反連邦派国家」の対立である。たとえば、「民族永続の権利」を尊重して、領土内からいくつもの民族が「普遍国家」として分離し、その〝行政権〟を手放さなければならないことにロシアや中国が反発し、「反連邦国家」となって出現する可能性が高い。つまり、人類存続よりも自国の利益を優先して、地球連合のイデオロギーに敵対しはじめるのだ。

改めて指摘しておくが、未来において地球という惑星は地球市民のものであり、諸国家に属する領土、領空、領海という概念は失われ、独立国家という概念も消滅する。その意味で、国家からの〝独立〟という概念もなくなり、それは「行政主権」の〝分離〟という新しい概念に代わるであろう。しかし、すべての諸民族が〝行政分離〟の道を歩むとは限らない。

なぜならば、周辺の「行政国家」と「対等主権」を共有し、一つの「普遍国家」を形成したほうが効率的で何かと面倒がないという考え方も出てくるからである。したがって、中国やロシアが「行政分離」を避けたいのであれば諸民族に対して〝徳〟と〝誠意〟と〝利益〟を示して、真の〝対等共存〟を計るべきであろう。

この「反連邦派国家」には独裁国家や非民主的国家などが加わる可能性があるのみならず、実はアメリカも加わる可能性もある。なぜ、民主国家のアメリカが加わるのか。

アメリカ国内には、トランプのようなアメリカ・ファーストを望む国粋主義的な勢力が一定数存在するからである。彼らはアメリカの軍事力や影響力が弱体化し、世界の一地方国家に転落してゆくことに強く憤り反発するはずである。その反発の裏にはアメリカが没落すれば世界中から〝復讐〟されるのではないかという〝恐れ〟もあるだろう。何しろアメリカは自らの御都合主義で世界中の国家や社会を破壊し、数多くの市民を苦しめてきた国なのだ。

実際には、ロシアのことをどうこう言えた義理ではない。かつて日本の民間人の頭上に原爆を二発も落としている。国連もアメリカの〝暴走〟を止めたことは一度もない。

現在、そのアメリカは白人と非白人の間の人種差別、裕福層と貧困層の所得格差、最先端企業と衰退企業の集まる地域の地域間格差、高学歴と低学歴の間の雇用格差、銃規制を巡る対立や宗教宗派の対立、保守派とリベラル派の伝統的な対立、イスラエル支持とパレスチナ支持の対立などで国内社会が分断され、様々な対立と軋轢によってアメリカ社会の一体性が崩れはじめている。さらに、これに地球の民主化と自由、非核化を望むグループと、アメリカ・ファーストを掲げ、核武装の放棄とアメリカの地方国家化を拒むグループとの間で対立が生じればどうなるか。

アメリカ社会は完全に分裂する可能性がある。しかも、問題はそれだけではない。世界最強のアメリカ軍がこれに巻き込まれればどうなるか。

最悪の場合、アメリカ軍自体が「国粋アメリカ軍」と「自由アメリカ軍」に分裂し、両者の間で新たな戦いに発展する可能性がある。しかも、銃社会に生きるアメリカ市民がこれに加勢すれば、市民の間でも内戦に発展してしまう。アメリカ合衆国の崩壊である。

なぜ、このようなことが予見できるのか。それはアメリカが自由と民主主義を重んじる国であると同時に、核戦力に象徴される強大な力を志向する国でもあるからである。この相反する思想が元凶となり、政治、軍隊、市民の中で自己矛盾を引き起こし、社会が割れるのだ。つまり、アメリカ合衆国を根源的に支えてきた思想が自家撞着を呼び起こし、新たな戦いを引き起こすのである。

そして、このイデオロギー対立に〝国粋主義派〟が力を持ち始めれば、「反連邦派国家」となって出て来る可能性がある。場合によっては、一九四〇年九月に締結された日独伊三国同盟のような米中ロによる〝三国同盟〟（密約）という形になって出現するかも知れない。いかにもハリウッド映画が飛びつきそうなシナリオだが可能性は低いものの決してゼロではない。

以上の三つが主な要因となり、世界統一が失敗へと追いやられる。この中で一番可能性が高いのは、やはり一番目であろう。機構運営が出来なければ、当然のこととして地球連合は有名無実化の道を辿り、無用の長物となってゆくのは必然だからだ。しかし、実際に失敗すればどうなるか。

諸国家は「主権国家システム」へと回帰し、これが半永久的に地球社会を支配し続ける。この

「主権国家システム」の本質は何かというと〝カオス〟である。となると、人類は希望を失い、地球社会は無間地獄へと落ちてゆくに違いない。

したがって、世界統一失敗に備えて何らかの世界秩序の再構築が必要である。受け皿を設け、落しどころを見つけておかなければ無間地獄が地球全体を覆ってしまうからである。では、これを防ぐためにはどうするのか。

プランBを発動する。プランBとは何か。

これはアメリカの恒久覇権を正式に認め、それを〝民主国家連合〟が全面支援するというものである。この〝民主国家連合〟とは、統一失敗に伴って解体された地球連合の〝旧加盟国〟のことを意味している。この旧加盟国がアメリカ軍を世界の警察官に正式に任命し、その軍事覇権を認めてアメリカ軍を自国内に常駐させ、世界秩序の安定を計るというものである。

しかし、一体なぜ、わざわざアメリカの恒久覇権を認めなければならないのか。その理由は四つある。

第一に、失敗確定後、国益優先の国が数多く現われ、再軍備に動きはじめることは明らかだからである。アメリカやロシア、中国の他にも様々な身勝手な国が出現し、好き勝手にパワーゲームや戦争をやりはじめたら国際社会は一溜まりもない。これを防ぐにはどうするべきか。

毒には毒をもって制す。すなわち、アメリカを〝番長格〟にして〝ならず者〟や〝ゴロツキ〟を退治させるのである。おそらく、それしか実行性のある秩序形成への道は存在しないであろう。国際社会としても数多くの〝ゴロツキ〟の出現を許すよりは〝ならず者〟を〝アメリカ〟一国だけに絞り込んだほうがマシであるはずだ。

二つ目の理由は、イデオロギー対立の阻止である。第二次大戦後、自由主義と共産主義の優劣を巡る米ソのイデオロギー対立によって、国際社会は二大ブロックに切り裂かれ、この間、人類は不毛な対立に巻き込まれ、無駄な時期を過ごした。同様に、未来において、「連邦派国家」と「反連邦派国家」の間で対立が生じれば再び国際社会は分裂してしまい、世界統一どころではなくなるであろう。では、これを避けるためにはどうするべきか。

失敗確定後、速やかにアメリカの恒久覇権を認め、間髪入れずに旧加盟国の軍事基地をアメリカ軍に全面的に譲り渡す体制を常時整えておくことである。なぜならば、これによって「反連邦派国家」＝「アメリカの恒久覇権を認める国家」という構図を作れるからである。つまり、「連邦派国家」と「反連邦派国家」ではなく、〝世界統一〟か、〝アメリカの恒久覇権〟か。二者択一しか道がないことをすべての国家、民族に悟らせるのである。

当然、中国やロシア、北朝鮮などは二者択一しか道がないのであれば〝世界統一〟を選択しなくてはならないであろう。というのは、〝アメリカの恒久覇権〟を選択すれば国民からはそれまでの反米政策は一体何だったのかと突き上げられ、政府や共産党の信用は地に落ちてしまうからである。言いかえれば、「反連邦派」の立場を取れば彼らもまた自己矛盾に陥り、自家撞着を起こすわけである。

したがって、〝世界統一か〟〝アメリカの恒久覇権か〟の構図に持ち込むことに成功すればイデオロギー対立を避けやすくなる。いわば恒久覇権とはそのための戦略でもあるわけだ。

三番目の理由は、アメリカ軍自体の分裂を避けるためである。アメリカ軍は史上最強の軍隊である。ロシア軍などとは比べ物にならないほどの戦力と戦闘能力を備えている。このアメリカ軍が「国粋アメリカ軍」と「自由アメリカ軍」に分裂すればどうなるか。最悪の場合、地球規模の内乱が勃発する。アメリカ軍は世界各地に軍事拠点を持っているからである。

しかも、仮に「自由アメリカ軍」が第七艦隊などを引き連れて日本や西側諸国に庇護を求めてきても、これによって連邦警察軍の戦力が一気に倍増すると喜ぶよりは、むしろ戦いに巻き込まれることまで憂慮しなければならない。したがって、日本やヨーロッパに駐留するアメリカ軍が分裂して、本気で戦いはじめればこれらの地域も戦場化するだろう。

トランプやその支持者たちの行動などを分析していると、残念ながらこのようなアメリカ軍分裂の危険性も垣間見え、想定すべき最悪の問題の一つになってしまう。ならば、内乱を防ぐためにはどうするのかというと、アメリカ軍に新たな目的と使命を与えておくことである。すなわち統一失敗後、アメリカ軍が地球を守るという明確な目的と使命を与えておくのだ。

けれども、本論の立場からすればアメリカは「人類抑圧国家」であり、人類の生存権と自由を奪う罪深き国である。にもかかわらず、アメリカの恒久覇権を認めるのか。

その通りである。その最大の理由は、実はアメリカによる世界統一という最終手段を残すためでもある。つまり、地球連合による統一が失敗した場合に備えて、アメリカによる世界再統一という手段を残し、覇権国家による世界統一戦略を発動させるためである。これは一体どういうことか。

世界統一の本質は《軍事統合》である。これを新生アメリカ軍に行わせるのである。というのは、

「紛争統御システム」が互いに作用し合い、「国家主権の根本的変質」が実現すれば、理論上主権国家システムは解体の運命をたどり、超国家権力が出現する素地が出来上がるからである。

もちろん、アメリカ主導の統一となれば諸国家、諸民族、地球市民の反発は凄まじいものとなる。混乱も発生するだろう。そこで、機構運営に失敗し、その〝落とし子〟となった連邦警察軍をアメリカ軍の指揮下に編入する。

もし地球連合が解体されても、連邦警察軍は組織として単体で十分生き残れるというのが私の見立てである。したがって、その生き残りをアメリカ軍に強制編入させ、両者を合体し、融合させるのである。そうすれば、超国家性と普遍性を帯びた新しい強制力としてアメリカ軍自身も生まれ変われるからである。

そして、その〝新生アメリカ軍〟を〝民主国家連合〟に常駐させ、民主主義を守る新たな盾とし、矛とする一方、世界再統一のために温存し、新たな時機を待つ。これがアメリカの恒久覇権を認めなければならない四つ目の理由である。

要するに、プランBとは、アメリカ軍による世界再統一を念頭に置いたものでもあるのだ。そして、この行為を正当化するのが、世界の警察官として返り咲くことなのであり、それはまさに恒久覇権国家として正式に認知されることに他ならない。だからこそ、世界統一に失敗した場合、地球連合加盟国はその責任をとってアメリカの恒久覇権樹立に協力することが地球連合への加盟条件に加わっていたのである。

因みに、プランAの下ではNATOや日米安保条約は解消され、アメリカ軍の軍事システムは解体されることになる。この軍事同盟の解体は一〇〇パーセント実現しなくてはならない絶対要件である。しかし、逆にプランBの下ではアメリカの軍事システムは〝民主国家連合〟の参加に応じて拡張され、現在以上に地球全体に広がることになる。

しかし、ここで大きな問題にお気付きになられたであろう。たとえば日米安全保障条約の破棄と同時に、中国軍が台湾に侵攻しはじたらどう対処するのか。あるいは、北朝鮮軍が韓国に南侵を開始したらどうするのか。これについて述べておくと、創設されたばかりで連邦警察軍が機能しない場合、〝民主国家連合〟として対処する。つまり、世界統一失敗の危機として捉え、その時点での加盟国の軍事基地をアメリカ軍に急遽全面開放し、台湾や韓国などの民主国家を守る。

要するに、台湾有事が発生した場合、現在では中華人民共和国対台湾・アメリカ・日本という対立図式が出来上がる。また、朝鮮半島有事の際は、北朝鮮対韓国・アメリカ・日本という図式になるであろう。これを有事の際には、中華人民共和国対〝民主国家連合〟、北朝鮮対〝民主国家連合〟という構図に持ち込むのである。そして、台湾や韓国を防衛し、民主主義を守る。

こうした安全保障体制を念頭にすれば、日米安保が解消されても、台湾や韓国を守ることができるはずである。何しろ、地球連合加盟国すべてが台湾や韓国側に付くことになるからだ。その中には参戦する国も現われるかも知れない。

しかし、やはりここで大きな矛盾が生じる。台湾や朝鮮半島有事を想定し、彼らを守るならばアメリカ軍を日本から撤退させることはできないのではないかというものである。というのは、軍隊には事前集積体制という武器弾薬を備蓄した兵站が必要であり、第七艦隊やアメリカ空軍にしても補給や修理を行う軍港や空軍基地が必要だからである。でなければ、有事の際に緊急展開できない。

日米安保を解消しても、在日アメリカ軍が存在してしまう。しかも、そのアメリカは人類抑圧国家である。なぜ、人類抑圧国家の軍隊が日本などに駐留し続けるのか。地球連合や連邦警察軍の立場はどうなるのか。明らかなる矛盾であろう。

だが、その矛盾を戦略的に受け入れるべきだというのが本論の特論であり、その戦略的立場である。但し、日米安全保障条約のような前時代的な軍事同盟はあくまでも解消する。いずれにしても、次のように考えれば良いかも知れない。

要するに、世界統一のためには、メインの安全保障システムとサブの安全保障システムの二つを作り出す必要があるということである。メインとは連邦警察軍を軸とした全地球治安システムであり、これに失敗した場合に備えたのがサブのアメリカを軸にした軍事システムである。この二つの安全保障システムは「主権国家システム」の暴走を阻止し、人類滅亡を防ぐためのものである。拠って、共存すべきものであって、この戦略的観点からは決して矛盾するものではない。

但し、このメインとサブのバランスをどう採るのかは現実の政治や外交の役目であり、ここでは深入りしない。いずれにしても、ここで強調しておきたいことは仮にプランAを実行中であっても、その裏では必ず台湾や朝鮮半島、さらに様々な有事を想定し、いつでもプランBに即時移行可能なように常時準備しておかなければならないということである。

だが、このプランBはアメリカが分裂し、大混乱に陥らないようにした特別救済策という側面も大いにある。世界統一の大原則を曲げてまで人類抑圧国家アメリカの特殊な地位を認めるからである。したがって、この戦略に対しては、原則を曲げることを嫌う地球市民の大反発も予想される。となると、彼らを納得させるためには、アメリカが人類の永続を強く望む国家であるというアピールもまた必要であろう。でなければ、筋が通らないし、地球市民が納得しないからである。では、アメリカはどうすべきか。

〝大いなる喜捨〟を行い、人類の存続を望んでいることを強くアピールするしかない。その一番効果的な方法が連邦警察軍に対する最新兵器の無償供与であり、その〝軍備拡張〟に全面協力することである。これならば、地球市民も一応納得するであろうし、連邦警察軍もまた戦力の向上に向けて大いに助かる。もちろん、これこそがプランBの裏の目的でもある。

しかし、プランBはアメリカあっての戦略である。ところが、憂慮すべき問題はプランBが成立しなかった場合も想定しておかなければならないことである。

たとえば、トランプ大統領が自国第一主義に走り、国際社会の失望を買っていたり、世界の警察官となる意思がなかったり、株高の金融市場が大暴落したり、経済力を低下させていたり、アメリカ社会の分断や内戦によって国力を著しく衰亡させていたりと、その理由は様々である。では、プランBが成立しなかった場合どうするのか。

その時は、別の戦略で対処する。たとえば、連邦警察軍の引受先を国際連合とし、連邦警察軍を〝国連常設軍〟として利用することも考えられる。そして、非常任理事国の議長下の指揮下に置き、五大国に左右されることなく、連邦警察軍の派兵やPKO活動ができるようにする（プランC）。

また、日本やオーストラリア、EUなどが〝民主主義連合〟を主導して連邦警察軍をそれぞれの国内に呼び寄せ、連邦警察軍を共同で指揮下に置きながら、世界再統一の機会を覗う手もある（プランD）。さらに、ほとんど可能性はないが、民主中華が誕生していれば中国を本拠地として連邦警察軍を駐留させ、その経済力をバックに世界再統一に乗り出すことも考えられる（プランE）。

いずれにしても、メインとサブ、様々なプランや戦略を駆使し、世界統一への希望が決して失われぬようにしなければならない。そして、何度失敗しても、再チャレンジが効く戦略体制を温存し続ける。それが世界統一戦略の要となろう。

■統一戦略及び指針

五六、「連邦派国家」対「反連邦派国家」の対立軸を作らない。
五七、地球連合による世界統一か、アメリカによる世界統一かの二者択一にもってゆく。
五八、世界統一に失敗した場合、速やかにプランBに移行する。
五九、新生アメリカ軍による世界再統一の可能性を残す。
六〇、台湾や朝鮮半島有事の際には〝民主国家連合〟として対処する。
六一、連邦警察軍を〝国連常設軍〟とするプランCもバックアッププランに組み入れておく。
六二、日本やオーストラリア、EUなどが〝民主主義連合〟を形成し、連邦警察軍を指揮し、世界再統一の機会を覗うプランDを用意する。
六三、可能性はほぼないが、民主中華を盟主として、世界再統一の機会を覗うプランEも戦略に組み入れる。
六四、「主権国家システム」解体に向け、あらゆる戦略を練り上げ、準備しておく。

□重力の謎を解明しなければならない。地球政府はプラネタリー・ディフェンス（惑星防衛）を構築しなければならない。

地球連合は世界統一のさらにその先の危機まで遠望し、対処してゆかなければならない。その一つがプラネタリー・ディフェンス（惑星防衛）である。そして、そのためにまず求められるのが〝重力の解明〟である。

二〇一三年二月、突如、大きな火球が白く長い尾を曳ながら上空から現れ、地上に激突して大きな爆発音を轟かせた。ロシアのチェリャビンスクに隕石が落下したのだ。落下の際、隕石がもたらした衝撃波により、広範囲にわたって被害が発生。割れたガラスなどで一五〇〇人以上が負傷者した。

降下してゆく隕石の迫力ある映像をニュースやネットでご覧になった方も多いであろう。幸いにも死者は出なかったが、これは大気との摩擦熱によって隕石が高温のため蒸発し、細かく砕け散ったからである。ＮＡＳＡは大気圏に突入した時の隕石の大きさを直径一七メートルくらいだったと推定している。

一九〇八年六月にも、ロシアのシベリア地方でツングースカ大爆発と呼ばれる大被害が生じている。直径五〇メートルくらいの隕石が大気中で爆発を起こし、東京都とほぼ同じ面積の樹木がなぎ倒され、半径三〇キロから五〇キロにわたって森林火災が発生したと言われている。また、爆発によって生じたキノコ雲は数百キロ離れた場所からも目撃され、ロンドンでは真夜中に明かりなしで新聞が読めたという。

六六〇〇万年前の白亜紀末期に地球上から恐竜が絶滅した。その原因として最有力視されているのが、隕石の衝突である。一九九一年にメキシコのユカタン半島沖で直径一八〇キロメートルの巨大なクレーターが発見された。この落下跡に残る試料を分析した結果、隕石の落下によって形成されたことがわかった。白亜紀末期に直径一〇キロから一五キロの巨大な隕石が地球に衝突したのではないかと推測されている。

巨大隕石の激突により、大量のチリが大気中に舞い上がったため太陽光が遮られ、長い間植物が光合成を出来なくなった。そのため地球が急速に冷却化。植物が枯れ果てたため植物をエサとしていた草食恐竜が死んでしまい、それを食べていた肉食恐竜が死に絶えるという地球の生態系が乱れたことが恐竜絶滅の原因だと考えられている。

もし巨大隕石が再び地球に激突すればどうなるか。その結末は誰の目にも明らかであろう。したがって、将来的には隕石から地球を防衛する体制を構築する必要がある。それが、「プラネタリー・ディフェンス」(惑星防衛)である。「スペースガード」とも呼ばれている。

因みに、その先陣をきったのが、実は日本の宇宙航空研究開発機構(JAXA)の小惑星探査機「はやぶさ2」である。はやぶさ2には将来の地球防衛を念頭においた非公式ミッションも含まれていた。二〇一九年二月二二日、はやぶさ2は直径約一キロのリュウグウの着陸に成功し、小惑星のグラフィック化や密度、内部構造など詳細な調査を行なった。また、小さな金属弾を地表に向けて発射し、舞い上がった岩石の一部をカプセルに格納し、地球に持ち帰った。

この時の金属弾の衝撃でリュウグウに人工的なクレーターができた。この金属弾の射出が将来の地球防衛を念頭に置いたものでもあったのである。出来上がったクレーターは想定よりも大きいものとなったが、これでどのくらいの衝撃（エネルギー）を小惑星に加えれば軌道を変更できるのか、その情報を少なからず得ることができたからである。

二〇二二年九月下旬、ＮＡＳＡ（アメリカ航空宇宙局）も小惑星に人工物を衝突させてどのように軌道が変わるのかを調べる実験を行っている。これはＮＡＳＡが隕石から地球を防衛する目的で行ったはじめての惑星防衛技術の実証実験であり、小惑星「ディモーフォス」をターゲットとして無人宇宙船「ＤＡＲＴ」を衝突させ、軌道変更を試みるというものであった。

地球と小惑星の距離は一一〇〇万キロメートル。ＤＡＲＴの質量は五〇〇キログラム。これを小惑星に衝突させて周回速度の変化と軌道の偏向を地球上の望遠鏡から観測したのである。衝突の結果、小惑星の軌道変更が確認され、実験に成功した。ＮＡＳＡは地球近傍にある小惑星のうち約二二〇〇個の小惑星の大きさが一四〇メートルを超え、地球衝突時に深刻な被害が起きかねない「潜在的に危険な小惑星（ＰＨＡ）」として警戒している。

しかし、現在の地球にはプラネタリー・ディフェンスは無きに等しい状態であり、隕石に対する迎撃システムはおろか監視体制さえ整っていない。監視体制に関して言えば、ハワイ大学天文学研究所が地球に衝突する数週間から数日前の隕石を発見するためにハワイ諸島に設置した二台の〇・五メートル望遠鏡が運用されているくらいである。「小惑星地球衝突最終警報システム」と呼ばれるこのシステムは二〇一三年に太陽方向からやってきてロシアに落ちた隕石を検出できなかった。

しかし、監視システムだけでは、隕石の衝突から地球を守ることはできない。隕石から地球を防衛するためには早期警戒衛星を静止軌道などに送り込んで運用し、対隕石迎撃システムを月面上に建設しなくてはならない。しかも、核弾頭を装備した迎撃ミサイルを月面に配備する必要がある。第二章で述べた連邦警察軍の核武装とはこの「プラネタリー・ディフェンス」を念頭に置いたものである。しかし、なぜ、月面に配備するのか。

地上から発射したミサイルだと、隕石の破壊に成功したとしても砕けた残骸が地表に流れ落ち、都市などに落下すると大被害をもたらすからである。直径五〇メートルの残骸であっても、東京は甚大な被害を蒙る。仮に対隕石迎撃ミサイルを地球周回軌道に配備し、隕石を破壊できても、やはり砕け散った破片が大気圏内に落ちてくれば同じことが起きる。隕石やその破片の大気圏突入を完全に阻止するためには地球から遠く離れた遠方の宇宙空間で迎撃しなければならない。

そのためにはアポロ宇宙船を打ち上げた一〇〇メートル級の大きさを誇る長射程のロケットを何基も打ち上げ、核爆発を利用して隕石を破壊しなくてはならないであろう。あるいは、はやぶさと同様に大型ロケットを打ち上げ、スイングバイを利用して核弾頭を隕石に向かわせる方法もある。

スイングバイとは、地球は秒速三〇キロメートルという猛スピードで太陽を公転しているが、その地球の運動エネルギーを活用して自らの燃料を消費せず、天体の万有引力を借りて加速し、宇宙船や探査機の速度や方向を変える技術のことをいう。はやぶさ2号機の場合、地球の引力を利用し、毎秒一・六キロメートル、時速に換算すると六〇〇〇キロメートルまで加速し、精密な軌道計算と軌道修正を計りながら小惑星へ向かった。隕石の迎撃も、このスイングバイを利用するのである。

しかし、核ミサイルは大気圏内や地球周回軌道に配備するべきではないであろう。どこの国にそれを配備するのか。その国や地域を巡って争いが生じる可能性があるからである。衛星周回軌道への配備については論外であろう。地球の上空に核ミサイルが常時周回しているなど想像もしたくないからである。

そこで地球から三八万キロ離れた月面上に核ミサイルを配備するのである。月面を利用するといくつかの利点がある。月面の重力は地球六分の一である。ということは、比較的小さなエネルギーで月面から宇宙空間に核ミサイルを射出できる。また、月から射出したミサイルを直接隕石に向かわせるのではなく、いったん地球周回軌道に乗せ、スイングバイを利用して加速し、ターゲットに向かわせることもできる。

けれども、隕石は公転運動する天体とは違う。しかも、質量は小さく重力も弱い。スピードだけが途轍もなく速い。すれ違う一瞬だけが迎撃のチャンスである。となると、万が一に備えて何基ものミサイルを発射しなければならないし、最終的には月面、地球周回軌道、大気圏内発射と何段階もの防衛体制を敷かなければならないかも知れない。

最も、地球から三八万キロも離れた月面に基地を建設するとなると、迎撃ミサイルシステムを大型ロケットでいちいち運ばなければならない。しかし、大型ロケットといっても、その先端部分の荷室は僅か数トンのペイロードしかない。したがって、何百基も打ち上げなければならないであろう。なぜこのような非効率性が生じるのか。

それは〝重力〟が存在するからである。アポロ宇宙船にせよ、全長約63メートルを誇る日本の最新鋭ロケットH3にせよ、その体積の大半を占めるのは燃料である。重力を突き破り、大気圏外へ脱出するためには、そのわずか数分間のために巨大出力エンジンと莫大な推進剤すなわち燃料が必要だからだ。

ところで、そもそも重力とは一体何なのか。実は、重力について人類はまだ何もわかってはいない。

天動説が信じられていた古の昔、古代ギリシャの大哲学者アリストテレスはモノが落下するという力は空気や水、火などと同様に大宇宙の中心である地球がもたらす自然の力であり、自然現象だと考えていた。そして、物体というものはその比重に比例した速度で落ちると信じていた。たとえば大型タンカーと小さなパチンコ玉を一〇キロ上空から落とした場合、大型タンカーのほうが早く落下すると信じられてきた。実際には空気抵抗を受けない真空の状態ならばタンカーもパチンコ玉も同じ速度で落下する。

これが重力であり、その謎である。この天動説は二〇〇〇年間にもわたり信じられてきた。

しかし、この考えを疑ったのが、一六世紀にイタリアで生まれた物理学者のガリレオ・ガリレイである。彼はピサの斜塔から重さの異なる物体を落とすなど様々な実験を通じて、落下速度と物体の重さは無関係であると結論付けた。けれども、なぜ物体が地上に向って落下するのかまでは分からなかった。これを解明したのが、一七世紀にイギリスで生まれたアイザック・ニュートンである。

彼はリンゴが木から落ちるのを見て万有引力の法則を発見した。万有引力の法則とはすべての物体は互いに引き合う力を持ち、その大きさは物体の質量に比例し、二つの物体の距離の2乗に反比例するという法則である。そして、ニュートンは空の上の月を眺めながら、万有引力は地球のみならず太陽や月のような天体間でも働いていると考えた。

因みに、万有引力の法則を使うと一年後の太陽の軌道や土星の軌道のみならず、一年前の火星や木星の位置までわかる。そして、この万有引力の法則によって発見されたのが、海王星である。海王星は天体望遠鏡ではなく、机上の計算からその存在が浮かび上がり、発見されたのだ。この海王星の発見によって、万有引力の法則が宇宙を支配する一つの法則として認知されるようになった。

しかし、二〇世紀に入り、科学技術が進歩し、精密な天体観測が可能になると万有引力の法則が成り立たない現象が生じた。水星の近日点問題である。近日点とは太陽の周りを楕円軌道を描きながら公転している惑星、小惑星、彗星などが最も太陽に接近する点のことを言う。反対に太陽から最も遠ざかる遠日点という。

どの天文学者がやっても水星の近日点の理論値が実測値との間でズレが生じ、いくらやっても計算結果と観測結果が一致しないのである。なぜこのようなことが起こるのか。どうしてもこの謎が解明できず、やがて万有引力の法則に対する信頼が土台から揺らぎはじめる。この謎を解明したのがアインシュタインであり、彼の一般相対性理論である。

アインシュタインは太陽の質量によって、空間が歪んだために理論値との間でズレが生じ、その時空の歪みをもたらしたのが重力であると考えた。さらに時間の進行は重力によって変化し、重力が弱ければ時間は早く進み、強ければ遅くなるなど時間は相対的なものであり、全宇宙に共通した絶対時間など存在しないと結論付けた。そして、宇宙にはブラックホールや重力波があることを予言した。

この考えは物理学に大革命をもたらした。人類は相対性理論によってまったく新しい宇宙観を手に入れたのだ。それは斬新なものであり、奇抜なものでもあった。しかし、そのアインシュタインをもってしても、重力がどこから発生してくるのか。その発生源は一体どこなのか全く解明できなかった。

現代物理学の究極的目標は〝重力の謎〟を解き明かすことである。そして、宇宙に存在する四つの力を統合した〝大統一理論〟を完成させることである。この四つの力とは電磁気力、強い力、弱い力、そして重力である。

ところで、一般的に物質を構成する最も基本的な粒子を素粒子と呼び、人間の身体をはじめ水、自動車、スマートフォン、コンクリート、動植物など地球上のすべての物質は一億分の一センチメートルほどの大きさの原子から成り、原子はさらにその大きさの一万分の一の原子核とその回りを回る電子より成り立っている。また、原子核は幾つかの陽子と中性子が結び付いて成り立っている。

電磁気力とは原子核と電子を結び付けて原子を作る力、あるいは原子同士を結び付けて分子を作る際に働く力のことを言う。われわれの日常生活において、重力以外のすべての力はこの電磁気力によって成り立っている。そして、現代のハイテク文明の基礎を成しているのが、この電磁気力である。

強い力とは電磁気力の一〇〇倍ほどの大きさを持つ力を指し、中性子とともに原子核を作る。逆に弱い力は電磁気力よりはるかに弱く、非常に短い距離の間でしか作用しない。しかし、原子核のベータ崩壊、中性子、パイ中間子などの粒子の崩壊すなわち粒子の種類（つまり、物質の種類）を変える力を持ち、ミクロの世界では極めて重要な役割を果たしている。

自然界に存在するこの四つの力を統合した大統一理論を完成させることが現代物理学の究極的な目標である。そして、もしこの理論が完成すればワープなど時空を超えた旅が可能になると言われているが、私もそう思う。技術的な問題さえクリアーすれば必ず実現するであろう。

私は物理学者ではないが、重力の存在については私なりに子供の頃から悩み抜いており、その昔、量子力学や物理学の本を読み漁った。もちろん、何一つとして理解できなかった。しかし、もしかしたら私はアインシュタインでも仰天するような〝重力〟の〝発生源〟に関する新しい〝見方〟を〝発見〟できたかも知れない。伊豆の海を眺めながら、これしか〝重力の発生源〟は考えられないと、そう確信に至ったのだ。

ところで、子供の頃、私は日本一頭の悪い子だった。まず、幼稚園生のときに算数の基礎中の基礎である、一＋一＝二でつまずいた。どうしても二だけになることが理解できなかったのである。私に言わせればこの解答は一であり、二でもあるというものであった。つまり、二通りの正解が存在するというのが、私の答えであった。

小学生になって、学校から頂いた粘土を使い、それを両手に握りしめて一つに合体させることによって、この考えが決して間違っていないことを何十回も確認したほどである。さらに、五＋五＝一〇ではなく、前提条件によっては一〇通りの解答が存在するというのが正確な答えであるとも考えてきた。

さらに、小学校に入学して、私の記憶によれば一年生の最初の週の月曜日の二時間目の国語の時間だったと思うが、この授業で先生に二度も叱られた。ひらがなの練習でこれを模写して先生に提出する際、ひらがなが印刷されていた藁半紙の右側に各自の漢字の名前がゴム印で押されているから名前だけは漢字で書いて提出するように言われたのだ。

しかし、いざ生まれてはじめて漢字で自分の名前を書く段階になって、訳が分からなくなってしまった。漢字はアルファベットとは違い、象形文字の部類に属するが、なぜこの〝形〟が自分の〝名前〟を表現するのか理解できなかったのだ。仕方なく書き写すのをやめて適当に自分で漢字を創って、提出した。

それを見た先生は〝これは君の名前ではないだろう。書き直しなさい〟と私を叱った。しかし、どうしても納得できず、今度は自分の名前に似せた漢字を書いて提出したのだが、それも見抜かれて叱られ、再度書き直しを命じられた。しかし、小学校一年生の私はそれを拒否。

数日後、クラス全員のはじめての〝あいうえお〟が廊下側の壁に張り出され、それを一瞥してひどく満足したのを覚えている。自分の漢字の画数を一つ増やすことによって、うまく誤魔化し、スルーすることができたからである。

二年生の時には、社会のテストで0点を取った。設問の内容が気に入らず、本来の答えとはさかさまのことを解答したのだ。設問の具体的な内容までは覚えていないが、その時の心理状態は今でも覚えている。ある種の道徳心や常識を問う設問であったと思う。正直に告白するが、そのテストの内容を読んで〝バカじゃなかろうか〟とあきれ果てて、頭の中で何かが〝キレ〟た。

なぜ道徳のような大切なことを紙のテストで問うのか、理解できなかったのだ。そして、小学校二年生の分際でありながら、この社会（日本社会）はレベルが低いと断定し、設問に真面目に答える必要はないと決断。〝赤信号は渡れ、青信号は止まれの合図です〟というようなひねくれた解答をして、見事に0点で返却されてきたのだ。

さすがに0点を見て恥ずかしく、母親に見せるかどうか悩んだ。結局、押し入れに積まれていた新聞広告に忍ばせて事なきを得ようとしたのだが、なぜだかバレてしまい母から大目玉を食らった。一ヵ月、三〇〇円だったか、五〇〇円だったか忘れたが、こずかいを減らすと脅され青ざめ、まだ小学校二年生の自分が日本社会うんぬん言うのは早いと反省した。しかし、今にして思えばあの時、日本という社会から逸脱し、いわばアウトサイダーとなった瞬間だったと思う。

こんなこともあった。中学一年生の時、試験勉強をしていたら、父から〝学校の勉強などしなくてよい！〟と理科の教科書の、しかもその背表紙で頭を殴られた。当時の父は権威であり、とても怖かったので言われた通りに勉強をやめた。その結果、成績は上位のほうからビリから二番目あたりにまで転落。職員室から担任がすっ飛んできて、一体何があったのか。どういうことなのか真顔で詰問されたのを覚えている。先生にとって、これほど急降下で成績が落ちた生徒を見たのは教師生活ではじめてであったらしい。

しかし、まさか父から学校の勉強はするなと言われていますとは口が裂けても言えなかったので、適当な理由を述べたら、単なるさぼりだと判断されたらしく、次の試験で元に戻さなければ〝丸坊主だ〟と怒られた。さて、父親と担任の板挟みにあって困り果てたのは中学一年生の私である。勉強すれば怒られ、勉強しなければ丸坊主だ。

仕方なく、真ん中あたりの成績狙いでいった。結果は、成績を半分戻し、ちょうど中間あたりだったと思う。しかし、先生は元に戻さなかったと言い、今なら全国ニュースになるかも知れないが、みんなが見つめる教室の中でバリカンを使って丸坊主にされた。写真部のクラスメイトがカメラでバチバチとシャッターを切り、みんなを笑わせる中で私は丸刈りの刑に服したのだ。

学校を非難するために書いているのではない。むしろ感謝するために書いている。なぜならば、人生で一番素晴らしい思い出の一つだからだ。私の〝成績下降の刑〟の執行が終わると、フィルムが入っていないにも関わらずシャッターを押し続けていた級友が〝彼だけでは可哀そうです。自分も丸坊主にしてください〟と直訴し、私に続いてくれた。

結局、クラス男女三六名の中、男子一八名のうち私を含めて一〇名が丸坊主になった。みんな誰に言われることもなく、自主的に付き合ってくれた。先生は先生でバリカンを買った甲斐があったと、とてもご満悦だった。あの頃は本当に和気あいあいとし、無邪気で明るい時代だった。

この丸坊主事件の原因は誰か。私の父である。

八八歳で天寿を全うした父は人生でたったの一度たりとも学校の勉強しなさいとは言わなかった。文部省の教育では幼稚な日本人にしか育たないと確信していたからである。しかし、その代わりに子供の頃から聖書（わが家はキリスト教の信者ではないが教養の一つとして）、インド哲学、儒教など中国の古典、孫子の兵法、世界の歴史、日本文学、物理学のみならず様々な分野の本を読ませ、真の知力を身に付けさせようとした。

私は勉強机を買ってもらえなかった。新品の勉強机と椅子がセットになったものをはじめて手にしたのは三〇歳の時である。父は日本の教育制度はレベルが低く過ぎると、そこから私を完全に引き離そうとしていた。しかし、私といえば、毎日、学校が終わると外で遊びまわっていた。いつも遊び疲れてクタクタになって玄関に倒れ込むように帰ってきたのを覚えている。山猿のように嬉々として遊び、子どもの胸いっぱいに自由の空気を吸い込んだ。

毎日が本当に楽しく、素晴らしい日々の連続だった。青空がどこまでも続くと信じられるような一〇代を過ごさせてもらった。この先、自分の人生に何一つ障害などないように思えた。（実際は挫折ばかりだった）。

とはいえ、私は一＋一＝二も分からず、自分の名前すら漢字で書けず、社会のテストで0点を取るような子どもだった。しかも、成績を下げて、級友を丸坊主に巻き込んだ。したがって、日本一頭の悪い子どもだったと断言しても差し支えないであろう。そして、これから述べることは、その頭の悪い子どもの〝重力源〟に対する奇想天外な〝発見〟である。

平成八年（一九九六年）に広島県の宮島にある厳島神社がユネスコの世界文化遺産に登録された。大自然と一体化し、海上に浮かぶ壮麗で美しい雄姿が訪れる人々の心を魅了してやまないこの神社は推古元年（西暦五九三年）に平清盛によって創建された。そして、この厳島神社ほど月の引力を受け、潮位の差を実感できる場所はないであろう。

宮島観光協会のホームページによると、厳島神社は潮位二五〇センチ以上で神社が海に浮かんでいるように見えると記してある。また、年間の潮汐表もあり、任意の日の一時間ごとの潮汐を調べることができる。これを書いている二〇二二年六月一五日の満潮は三八四センチで干潮はマイナス一一センチと出ている。これほどの海面の昇降現象が起きているのである。

実際には、この昇降現象は太平洋という大海原が主に月の引力によって引き寄せられることによって発生している。では、その巨大かつ膨大なエネルギー源は月のどこから生ずるのか。現代物理学ではこの答を出していない。

しかし、私の見立てでは、この引力は次元の異なる二つの宇宙空間から発生している。おそらく、われわれの宇宙はコインの表と裏のように〝表宇宙〟と〝裏宇宙〟の二重構造になっている。前者は私たちの目に見えて観測できる宇宙のことであり、後者は原子レベルの目に見えない超ミクロの宇宙を出入口とする。そして、この表と裏の宇宙は背中合わせの空間であって決して融合することはない。

重力はこの異なる二つの宇宙を発生源としている。具体的に言うと、われわれの宇宙のある〝もの〟が、もう一つの宇宙空間を自由に往来し、それによって生じる回転運動が遠心力を生み、それが重力となり、物質が互いに引き合う力を生み出している。その〝もの〟とは、おそらく原子核のまわりを回っている〝電子〟であろう。もしくはまだ発見されていない〝重力子〟かも知れないが、私は〝電子〟だと思う。

なぜ、電子なのか。電子とは〝波（長）〟なのか。それとも〝粒（子）〟なのか。未だに分かっていないだけでなく、その昔〝消える魔球〟と表現していた本を読んだ記憶が残っているからである。異次元空間に電子が飛んでいったと考えれば消える理由も、波（長）なのか〝粒（子）〟なのか不明な理由も説明がつくのではないだろうか。

つまり、何が言いたいのかというと、前述したようにすべての物質は一億分の一センチメートルほどの原子から成り、原子はその一万分の一の原子核とその回りを回る電子よって成り立っている。そして、原子と原子核の間には、ある種の超極小空間が存在している。その空間こそが電子にとって異空間への出入口となり、原子核を軸にして〝表宇宙〟と〝裏宇宙〟という二つの宇宙をモーターのように超高速回転し、その運動エネルギーが遠心力となって重力を作り出しているのではないかと言いたいのである。

ニュートンは重力の大きさは質量に比例すると述べた。したがって、質量が大きければ物質を構成する原子の数も多くなり、それはまた原子核を回る電子の数が多いことも意味する。そして、二つの異空間を高速回転する電子の数が多ければ遠心力も強くなり、遠心力が大きくなればなるほど重力や引力も強くなる。ということは、これで質量の違いによって重力の大きさが違うことも、地球のおよそ四分の一の大きさの月の引力が太平洋を持ち上げることも説明がつく。

さらに、分子生物学の観点からもこれは当てはまる。われわれの身体を動かし、生活するために使う運動エネルギーは細胞内のミトコンドリアの中にあるＡＴＰ（アデノシン三リン酸）という分子が製造している。そして、人間のみならず、地球上のあらゆる生物の運動エネルギーの供給元となるＡＴＰを作り出しているのが、ＡＴＰ合成酵素と呼ばれるものである。

近年の研究によって、このＡＴＰ合成酵素の意外な側面が明らかになった。一分間あたり二万回転以上もの回転運動をしていることが判明したのである。

因みに、人間の細胞は約六〇兆個ある。そして、個々の細胞内には数百から数千のミトコンドリアがあり、その中にわれわれの運動エネルギーのもととなるATP合成酵素がある。ということは、文字通り無限数のATP合成酵素が高速回転し、われわれの体を動かしていることになる。

果たして昼飯にラーメンを一杯食べてからと言って、これだけの回転数を起こせるのか。野良猫などの野生動物はそれこそ何日も食事にありつけないことも日常的なのである。それなのに彼らのATP合成酵素も人間同様に高速回転している。なぜ、高速回転するのか。現時点ではまったくの謎である。しかし、電子が原子核をまわりながら二つの異空間を高速回転し、その運動エネルギーがATP合成酵素にまで伝達し、回転していると考えればその理由に説明がつくのではないだろうか。

だが、仮にそうだとすると、ラーメンはどんぶりから出て口の中に入り、胃の中で消化されるまで二つの宇宙空間を通過していることになる。それだけではない。人間の身体もまた、異なる次元の二つの空間の中で同時に生きていることになる。つまるところ、あらゆる生物や物体が異空間を跨ぎながら存在していることになるわけだ。

最も、異空間といっても、一つだと思っていた宇宙空間がコインの表と裏のようにペアで存在するということだけで、考えようによっては有と無、陰と陽、光と影、男と女、善と悪、天国と地獄というように宇宙も表宇宙（見える宇宙）と裏宇宙（見えない宇宙）の〝対《つい》〟になっているということに過ぎない。いわば、二つで一つなのである。

因みに、裏宇宙とは一体どんな空間なのか。推測だが、おそらく銀河中から入ってきた電子がすべて集まっているはずであり、その意味ですべての宇宙と繋がり、もしかしたら他の銀河へのバックドアになっているかも知れない。また、仮にそこで何らかの非常事態が生じ、機能不全に陥れば全銀河がその活動をストップさせ、あらゆる宇宙空間、そして生命や物質は一瞬にして崩壊し、消滅してしまうであろう。

あまりにも発想が奇抜でありすぎると批判を受けそうである。確かにそうかも知れない。しかし、そもそも物理学の本質は奇想天外さなのである。なぜ光はたった一秒間に三〇万キロも進むのか。なぜ時間が早くなったり、遅くなったりするのか。そして地球の約三三万倍もの質量を持つ太陽に地球はなぜ吸い込まれないのか。太平洋や大西洋を持ち上げる巨大な力はどこから発生するのか。

私の結論はわれわれの宇宙が〝表宇宙〟と〝裏宇宙〟のいわば〝対宇宙《つい》〟によって成り立ち、その〝対宇宙〟を〝電子〟が高速回転し、一定量の運動エネルギーを互いに放出しているからである。そして、逆説的ながらその〝対宇宙〟の〝証拠〟こそが〝重力〟の存在なのである。

さらに、ガリレオ・ガリレイは物体の重さと落下速度は無関係であるとしたが、その理由もまた判明する。というのは、その原因は二つの異空間を巡る電子の速度が同速度で一定だからであり、物質の質量の影響をまったく受けないからである。だからこそ、摩擦のない真空ではパチンコ玉もタンカーも同速度で落下するのだ。

重力は〝対宇宙〟を本源として作られ、伝わる。これが私の結論である。最も、日本一頭の悪かった子どもの結論ではあるが。

なぜ、こうも重力の解明にこだわるのかというと、もちろん地球防衛のためである。宇宙空間に出るための最大の障害は重力である。ならば、この重力に打ち勝つにはどうすればよいのか。逆説的ながら、重力を応用することである。つまり、重力をコントロールし、利用できる新しい推進システムを開発することだ。もし直接重力に作用・反作用する推進システムを開発できればおそらく地上一〇メートルで静止したり、一〇〇〇メートル上空に上昇したり、大気圏外へ移動したりも容易にできるはずである。

しかも、燃料は銀河のどこの宇宙空間にでも存在している重力や重力波を使えばよいため巨大な燃料タンクも必要ない。さらに、重力に対する反発力を最大限まで高めれば光の速度を超えられるかも知れない。そうなれば月や火星、冥王星への移動も容易になるであろう。したがって、隕石に近接して迎撃もすることも可能になる。だからこそ、重力の早急なる解明が必要なのである。

もう一つの理由は、地球という閉鎖空間から人類を解放するためである。統一後、地球人としての自覚が芽生えれば芽生えるほど、逆説的ながらわれわれは地球という一つの閉鎖空間で生きていることを強く意識しはじめるであろう。そして、鳥籠の中で生きる息苦しさはやがて人々の意気を消沈させ、行き場のない不安感を駆り立てる。しかし、重力の問題さえ解決できれば、その先には銀河の彼方が待ち受けている。不安は希望に代わり、新たな冒険のはじまりとなろう。

三つ目の理由は重力を自在に操れるようになれば、本格的な宇宙進出が可能になるからである。言いかえれば、宇宙を産業化する時代がやって来るからである。この宇宙産業は既存の産業や技術のさらなる発展・進化の上に成り立ち、これまでの産業の裾野をさらに広げる。つまり、新しい仕事を生み、地球規模での大量雇用をもたらすということである。

四つ目は、地球資源の枯渇に備えるためである。この先、人類が閉鎖系空間に閉じ込められ続ければ地球資源を食い尽くす。そして、地球はスラム化し、不毛の惑星となる。これを避けるためには新たな資源の供給地を探さなければならないし、その供給地とは惑星進出に他ならない。

以上のことから、重力の根本的解明とその応用は世界統一に次ぐ最優先課題なのだ。おそらく、重力からの解放と自由利用なくして、人類は衰退し、滅亡の命運を辿るであろう。

私は物理学者や科学者たちに言いたい。高価な研究施設や機器、コンピュータからは何も生んでくれない。自己満足的な学究など、所詮は子どものお遊びに過ぎない。頭の中で大胆で奇抜な仮説を立て、闇の中をコツコツとトンネルを掘り続け、血を吐く思いで研究に打ち込む以外に〝世紀の発見〟に出会うことはないであろう。結局のところ、最後に頼らなければならないのは人間の頭脳であり、知力であり、努力をはるかに超えた執念の力なのだ。

ところで、荒唐無稽な宇宙観を述べたついでというわけではないが、世界四大宗教についても少々言わせてもらいたいことがある。私に言わせればユダヤ教、キリスト教、イスラム教、仏教、ヒンドゥー教は共通して根本的に思い違いを犯しているのではないかと以前から思っていたからである。

私は四大宗教に質問したい。要するに、〝現世〟とは何なのか。その定義はいかなるものなのか、と。

〝現世〟の対義語は〝来世〟である。そして、来世には二つの世界がある。天国と地獄である。そして、善い行いをした（あるいは神を信じた）人間は天国に召され、悪い行いをした（あるいは信仰を持たない）人間は地獄に落ちる。単純化して言えば、この点で四大宗教は共通性があるといえよう。キリスト教などではキリスト教を信仰せずとも、良き人間は〝黄泉の国〟にいけるといった発想もあるにはあるが、ここでは割愛させていただく。

私は現世、天国、地獄という三つの区分の仕方は間違っていると思う。なぜか。その理由はたとえば聖書には神は天地を創造したとは書いてあるが、〝現世〟を創造したとは書いていないからである。天（神）が創造した世界は二つしかない。天と地すなわち天国と地獄である。ということは、われわれの〝現世〟は〝天国〟か〝地獄〟のどちらかなのではないだろうか。だとすると、われわれの〝現世〟は〝地獄〟に分類されるのではないか。

この世が〝地獄〟だと聞いて思い当たる節がいろいろとあろう。戦争、紛争、無差別テロ、殺人、飢餓、貧困、パンデミック、差別、不平等、不条理、事故、病気、無職、金欠。そして人間の妬みや嫉み、業の深さや欲深さ、嘘偽り、裏切り、彼我との闘争、虚しさ、生きづらさ、失恋、別れ、苦悩、挫折、絶望、自殺。

すべての人間が他人からは見えない苦悩を背負って生きている。他人を傷つけながら生きている。何よりも、毎日のように動植物の生命を奪い、食しながら生きるという日常がある。実は、われわれのささやかな日常は動物的な殺生与奪によって成り立っているのだ。これが〝地獄〟でなくて一体何なのか。

このように言うと、次のような反論を受けそうである。この世の中には豊かな自然や景観、華やかな花々や移ろいゆく四季折々の風景、美しい旋律や魂を揺さぶる音楽、映画やテレビ、ドラマやゲームなど楽しみを与えてくれる無数のエンターテイメントや数々の趣味、そして多彩な芸術。幸福感を満たしてくれるおいしいスイーツや食事、かわいい動物やペットたち。飛行機や列車、車、テレビ、パソコン、スマホなどの文明の利器の数々。さらに人間の愛や友情、奉仕や犠牲、他人を思いやる気持ちややさしさ、労り、親切、気遣い。この現世のどこが一体〝地獄〟なのか。

確かにそうではある。だが、こうも考えられないであろうか。天（神）は〝地獄〟を創造しながらも、そこに愛や希望、幸福や笑いも加えてくださったと。それが天（神）の御心であり、思し召しなのだと。それが慈悲深き天（神）という存在であり、その性格なのだと。

〝神は死んだ〟とドイツの大哲学者ニーチェは狂死した。しかし、私に言わせればニーチェは間違っている。神が死んだのではなく、〝人間〟が死んでいるからこそ、人生や社会に不幸が襲うのである。神の慈愛を忘れ、自分勝手に生き、調子に乗って自己の欲望を増殖し、他人を顧みない利己主義に走るからこそ結果的に戦争などの悲劇が起こるのだ。

ニーチェのように不幸や悲劇、苦悩、無情を〝神〟に結びつけるのは間違っている。その原因は神ではなく、常に人間自身にあるからだ。

子供の頃から、いつも不思議だった。芥川龍之介の『羅生門』を引き合いに出さずとも、その昔はどこの大陸の道端でも飢え死にした人間の遺体が転がっていた。その遺体を傍で見ながら人々は無常観を悟った。この世の虚しさを感じた。にもかかわらず、モーゼも、パウロやヨハネなど高名なキリストの使徒たちも、仏陀も、法然も、親鸞もなど古今東西の仏僧たちも、マホメットもイスラム法学者たちも、なぜかこの〝現世〟を〝地獄〟だと規定してこなかった。

なぜ〝地獄〟だと定義しなかったのか。それは〝地獄〟に〝光〟があったからである。そこに〝人間の温かさ〟があったからである。

しかし、私はこの〝現世〟を〝地獄〟だと正式に認定すべきだと主張したい。なぜならば、先述したように、聖書には神は天地を創造したとは書いてあるが、〝現世〟を創造したとは書いていないからである。宗教があいまいな信仰や思想の上に成り立ってはならない。だが、もし〝地獄〟だとすると既存の宗教はこれまでの教義を根本的に変えなければならなくなるであろうし、極論すればこれまで〝嘘や偽り〟を教え、多額のお布施を得てきたことにも成り兼ねないかも知れない。

一体何が言いたいのか。ユダヤ教にしてもキリスト教にしてもイスラム教にしても仏教にしても〝完全無欠な宗教〟ではないということだ。その理由は、この世が〝地獄〟だからである。つまり、真実から遠ざけられた〝大地〟だからである。永遠に真実が伝わる土地ではないのだ。それ故に、すべての宗教は永遠に〝不完全〟なのである。

しかし、真実に近づく方法はあると思う。それぞれの宗教が謙虚になり、信者に対して不完全であることを認めることである。そして、他の宗教との共存の道を受け入れ、対立することをやめることだ。さらに、それぞれが教義や思想を持ち寄り、互いに欠けた部分を補うことである。私自身は、それぞれの宗教の教義はより大きな真実に近くためワンピースだと思っている。そのワンピースが組み合わされ、新しい輪郭を生んだ時、より大きな真実に近づけると信じている。

ところで、この〝現世〟を〝地獄〟だと認定すると、良いニュースと悪いニュースがある。まずは悪いニュースから伝えよう。

おそらく、この世が地獄だと聞いて、いつまでもここに住んでいても好いと思った方も数多くいるであろう。必ずしも住みにくい世界ではないからだ。だが、その考えは甘いと思う。なぜならば、輪廻転生し、もし何度も何度も生まれ変わるとしたらどうか。

理論的には、この世のすべての人間が生まれ変わりの〝対象〟ともなる。つまり、ある時は栄養失調でやせ細った子どもであったり、無差別攻撃で両親を殺され、涙を浮かべる女性であったり、子どもたちを爆撃して殺す兵士であったり、あるいは刃物で通行人を襲う犯罪者であったり、さらにユダヤ人として死んだが、生まれ変わってみたらパレスチナ人であったり、イスラムのテロリストとして爆死したが、生まれかわってみたらキリスト教徒であったりと。来世での生まれ変わりのパターンはそれこそ無限である。

しかし、一つ言えることは、かなり高い確率で貧しい家庭に生まれるということである。地球人口の七〇パーセントくらいが貧しい生活を余儀なくされているからである。食べ物さえ満足に口にできない生活を一生送らなければならないなど、本当に生き地獄である。だが、金持ちに生まれればラッキーというわけでもない。私に言わせればトランプやジョージ・ソロスのような金持ちは〝永遠の貧乏人〟だからである。つまり、金持ちに再び生まれ変わることなどないからである。調子に乗れるのも、せいぜいこの〝現世〟だけであろう。

なぜ、地獄が存在するのか。どうして地獄に生まれ変わらなければならないのか。それは分からない。ただ、アダムとイブがエデンの園で禁断の果実を口にしたという話に何らかの真実が含まれているような気がする。

現世には金持ちと貧乏人、強者と弱者、美貌や運の良し悪しなど様々な格差がある。社会は格差だらけである。しかし、慈悲深き天（神）のことである。おそらく、より大きな流れの中で平等性が保たれるようになっているのであろう。いずれにしても、すべての人間が輪廻の〝対象〟になり、しかも貧しい家庭に生まれ続ける確率が高いとなると、やはりこの世は地獄だと言えるのではないだろうか。

最も、良いニュースもある。この世を〝地獄〟だと規定するならば、理論的に考えて〝天国〟も存在するからである。逆説的ではあるが、〝地獄〟があるならば〝天国〟も存在すると考えるのが合理的であり、妥当ではないだろうか。

最後に、私にも信仰する〝神〟が存在する。しかし、残念ながらその〝神〟は常に〝不完全な結果〟をもたらす〝神〟である。けれども、〝地獄〟に〝秩序〟をもたらす〝神〟でもある。その〝神〟とは何か。

民主主義である。

■統一戦略及び指針

六五、重力の解明を急ぐ。

六六、大統一理論を完成させる。

六七、プラネタリー・ディフェンス（惑星防衛）を構築する。

六八、重力の解明なしに人類は行き詰まるという危機感を持つ。

六九、月面進出を本格化させる。

七〇、すべての宗教は〝不完全〟であるとの認識を共有する。

□〝連邦企業〟を起業し、新しい資本主義を構築する。

未来において地球はスラム化し、一部の人間だけが大いに富む一方、大多数の人類は貧困化してゆく可能性がある。超国家体制が階層化し、数多くの人間が貧しい一生を送らなければならないなどと想像もしたくないが、残念ながらその可能性はある。世界統一だけでは実は人類を救えないのだ。

新しい資本主義とは何か。そのコンセプトをひと言で表せば〝公富公益〟である。単純化して言えば、その本質は〝シェアリング〟であるとも言えるかも知れない。そして、この〝公富公益〟を理念とする新しい資本主義を試みるのが、特別地域電脳議会（以下、特別議会）であり、この特別議会を母体とする〝連邦企業〟である。

特別議会とは何か。まずは電脳議会のお浚《さら》いからはじめると、電脳議会には中央議会すなわち地球議会上下両院と、それ以外の地方・地域議会に分類できた。そして、地域議会は大陸別議会と国別議会、州議会、都道府県議会、さらに市町村別議会などに分類できた。このうち中央議会と大陸別議会は公式議会となるが、それ以外は任意で作られる非公式な議会であった。

なぜかというと、公式なものとすると内政干渉になるからであり、またこれらの議会はその所属国家の憲法によって設置の有無が定められるべきだからである。憲法の規定によって設置された議会でなければ、当然非公式なものとならざるを得ないであろう。ならば、この特別議会とは何なのか。

これは地球連合ではなく、地球政府から貧困地域に指定された国や地方で生まれた市町村レベルの電脳議会（実際は青空議会というべきかも知れないが）のことである。では、なぜ特別議会と呼ぶのかというと、地球政府から〝投資〟を受けられるからである。したがって、特別議会の〝特別〟という文字が入っているのは〝投資支援〟を受けられる公的な〝議会〟（共同体）を意味している。

逆に言えば、投資を受けられない議会のことは○○市電脳議会、○○町電脳議会、○○村電脳議会と普通に呼ぶ。そして、特別議会と普通議会の根本的な違いは何かというと、前者が発展途上国に属し、後者が先進国や中進国に属する議会であるということであろう。言いかえれば、先進国や中進国の電脳議会は〝投資対象〟にはならないわけだ。

この特別議会にとって、この財政支援は借金にもならなければ負債にもならない。というのは、これは地球政府による〝投資〟だからである。つまり、返済義務をまったく負わないのである。ここが大きなポイントである。では、地球政府は何に投資するのか。

その投資先はそれぞれの特別議会が設立した〝シェアリング会社〟である。議会がシェアリング会社を設立すると言うと奇妙な話に聞こえるかも知れない。しかし、この議会の本質は市町村などの〝地域共同体〟である。拠って、地域社会に根ざした公的な〝シェアリング会社〟を設立し、地域で経営すると言えば少しは納得し易いかも知れない。ならば、この会社は何をするのか。

日本ユニセフのホームページによると、世界では六人に一人（三億五六〇〇万人）の子供たちが極度に貧しい暮らしを余儀なくされ、水道設備のない暮らしをしている人は二二億人、トイレがなく道端や草むらなど野外で用を足す人は六億七三〇〇万人いるという。また、世界で電力を使えない人は七億八九〇〇万人おり、サハラ以南のアフリカ地域、西アジア地域、南アジア地域では五人に一人が小学校に通えないという。

シェアリング会社がすべきことは市町村単位の地域経済プロジェクトを立案し、貧困脱却のために行動することである。その具体的行動とは農業、酪農、畜産、林業、漁業などの第一次産業の創生である。当面の目標（第一段階）は飲料水（井戸掘り）や農業用水の確保、農地整理、灌漑用水の整備などを行い、共同農場を作ることである。あるいは綿畑、小麦畑、果汁園の他に鶏舎、牛舎、豚舎などの畜産施設を作り、共同で食糧の増産を計ることである。

もちろん、この他にも太陽光発電、学校、診療所など様々な共同施設を設け、その施設にはトラクターなどの農機具、農薬、菜種、家畜の飼料の他にも十数台の車やバン、トラック、重機、さらに洗濯機、トイレ、パソコンなどの家電製品や生活必需品などを常備し、互いにシェアできるようにする。要するに、少しでも自給自足を可能とする〝共同体〟を作ることが第一段階の目標になる。そして、その際の〝資本〟は地球政府が提供する。

さらに、この共同体が生んだ利益は〝公富公益〟として共有し、互いに分かち合う。そして、共同体内で必要な物品などを購入し、シェアしたり、新たなプロジェクトにまわしたりして、これを繰り返しながら貧困からの脱却を試みる。

因みに、日本には一七一八の市町村がある。この地球上には一体どれだけの市町村があるのか分からないが、仮に一〇万もの市町村があり、その内の五万の市町村が発展途上国に属するとしたらどうするのか。その場合、地球政府はそれだけの数の会社をそれぞれの特別議会と共同で設立する。つまり、原則として、一つの市町村に対して一つのシェアリング会社を立ち上げるわけだ。

ところで、この地域共同体（特別議会）は現地語の呼び名の他にも次のように分類し、公称してはどうかと考えている。たとえばアジア（Asia）のバングラディシュ（Bangladesh）にある小さな貧しい村の議会を呼ぶ場合たとえば〝AB0123VS〟と称し、〝AI0456CS〟と公称する場合はインド（India）のどこかの市を対象にした議会ということにする。冒頭のAはアジア地域を示し、二番目のアルファベットは国名を略し、四桁の数字は地域の議会ナンバーを表す。末尾のVは村（village）、Cは街（City）の略で、Sはスペシャル（特別）の意味でこのSが最後に付くと地球政府の投資対象になる。そして、この英数字でだいたいの地域や人口を特定できるようにする。英数字を取り入れているのは馴染みのない地名（発音）を覚えるのに一苦労するからである。

地域共同体が自給自足できるようになったら、次は農産物など生産品の販路の拡大であろう。となると、地域インフラの開発も重要になってくる。近隣の村や町、都市や大都市とのロジスティクスが不可欠だからである。したがって、第二段階の目標は道路建設や土木建設、物流倉庫、ガソリンスタンド、あるいはスーパーやコンビニなどの地域事業を起こすことである。

しかし、この新たな段階まで来ると、シェアリングを目的とした会社というより、むしろ本格的な企業活動となる。ということは、きちんとした会社組織を作らなければならない。

本論では、特別議会を母体とし、地域共同体に根ざしたシェアリング会社のことを〝連邦企業〟

と呼ぶことにする。本来ならば〝連邦公社〟と呼ぶべきかも知れないが〝公社〟というと官僚主義的で税金を無駄遣いし、赤字を垂れ流すイメージしかないので、ここでは〝連邦企業〟と銘銘し、その定義を次のようにする。

〝連邦企業〟とは〝公富公益〟を目指す〝市民〟を〝株主〟とした市民（共有・共同体）企業である。また、〝公富公益〟とは利益を公益として市民生活に還元し、市民がシェア（共有）するという意味である。したがって、〝連邦企業〟の〝株主〟は誰かというと〝市民〟ということになる。つまり、国有企業ではなく、国家の所有物でもなく、資本家や経営者でもなく、地域市民が株主となって直接経営する企業のことを〝連邦企業〟というわけだ。

最も、この連邦企業は最終的には外国企業などとの〝合弁会社〟になる可能性もある。地域のインフラ整備などを行うためにはそれを専門とする事業会社の助けが必要だからである。特に株式会社と言えるものが存在しない貧困地域ならば尚更のことであろう。したがって、連邦企業はたとえば建設会社などを外国から呼び込み、合弁会社の設立からはじめることにもなるかも知れない。

そして、この合弁会社の株式の比率は連邦企業が五一パーセントを保有し、この比率さえ守られれば相手は日本やアジア、欧米の建設会社などどこの国の企業であろうと構わないことにする。但し、長期にわたる関与と、人材の育成からはじめることが必須条件となる。もちろん、様々な事業活動を通じて生まれた利益は提携企業とで分かち合う。そして、連邦企業の利益となった分は〝公富公益〟として市民の共有財産とし、さらに投資を通じて市民資産を拡充してゆく。

因みに、合弁会社に関しては、一社が複数の地域共同体（市町村）をまたがる広範囲な地域を担当するようになってゆく可能性もある。というのは、その方が広範囲なインフラ整備が可能になり、効率的で利益率も上がるからである。また、市場が広大であれば外国企業も積極的に参入しやすいであろう。

地球政府は貧困地域を放置し、見捨てることなど決して許されない。したがって、すべての貧しい地域をサポートしなければならないし、発展途上国のスラム化を断固として阻止しなければならない。けれども、サポート、サポートといっても無暗に投資を受けられるわけではない。直接投資を受けるためには、少なくとも三つの条件を満たさなければならない。

①民主化
②治安の安定
③電脳議会をバックグランドとする企業の設立

世界統一後、地球政府はこの三つの条件が整った地域から優先的に投資を行う。逆に言えば、三つの条件の達成度を巡り、地域同士を競わせるべきだということであり、それもまた戦略の一つとすべきだということでもある。

ところで、そもそもなぜ、貧しい地域が地球上に存在するのか。その理由はいろいろあるが、一番大きな理由は国が貧しく、市町村レベルまで予算が行き渡らないからである。予算がないからこそ地域の行政システムは機能せず、それ故にインフラ設備はなく、学校も造れず、仕事もなく、不衛生な環境に居住し、さらに民主主義は不安定で治安が悪いのだ。

因みに、超国家体制の下では、民主主義がすべての地域に行き渡っていることが大前提条件となっている。言いかえれば、市町村単位でも民主主義が行き渡り、市役所などの役所なども存在しているわけだ。ならばなぜ、その市役所や役場などに対して直接予算を援助しないのか。こうした疑問も湧いてくるであろう。

その理由は、役所が行政機関だからである。行政機関はそもそもビジネスを行う組織ではない。そのため雇用を生まない。ボランティア組織もまた雇用を生まない。そして、この雇用を生まないことがまさに問題なのである。

雇用を生むのは企業である。したがって、企業こそが真の自立を支援できる存在なのだ。援助漬けでは貧困は無くならないし、雇用も生まない。その意味で、行政機関には貧困を無くせない。しかも、行政機関は不効率で無駄も多く、責任の所在もあいまいで貸借対照表もない。

自主自立こそが貧困撲滅の出発点である。だからこそ、地球政府は会社組織の設立を試みなければならないわけだ。そして、その設立目的は貧困撲滅であり、地球政府にとって、この貧困対策は地球規模のケインズ政策でもある。つまり、連邦企業に対する投資は貧困対策を兼ねた地球規模の公共事業だということである。

しかも、この公共投資の享受を受けるのは先進国の市民でもあるのだ。なぜか。

いずれ一〇〇億人を超えるであろう、地球人口の胃袋を支えるためには現在の食糧生産量だけでは到底まかなえない。したがって、日本や欧米先進国に生きる人々もある日突然飢えに襲われ、最悪の場合餓死するという時代が必ずやってくる。これを避けるためにはどうすべきか。

すべての発展途上国を農業国化し、食糧の増産を計ることである。これ以外に一〇〇億人もの人類の胃袋を満たし、飢えをしのぐ手段はないであろう。したがって、連邦企業への投資は地球の食糧不足や食糧危機に備えるためにも必要なことであり、理に適ったものなのである。

電脳議会＝（イコール）特別議会であり、特別議会＝地域共同体であり、地域共同体＝シェアリング会社であり、シェアリング会社＝連邦企業である。しかも、その連邦企業とは原則的に市町村を基本単位としたものであり、〝市民〟が〝株主〟である。さらに、この連邦企業の意味は〝連邦〟の意味は国々を超えて市民を結び付けるという意味でもあり、新しい資本主義のあり方を意識したものでもある。

おそらく、この複雑な図式や意図はなかなか理解されにくいであろう。実は、私自身も〝株主〟が〝市民〟であるという以外はまだまだその中身は見えていない。いろいろ理論的に考えていると、こういう図式になってしまうのである。

連邦企業とは一体どのような組織となるのか。日本の農協や漁協のようになるのか。あるいは商社のような何でも屋のような会社組織となるのか。さらにはイスラエルのキブツのような共同体になるのか。今のところまったく不明瞭である。しかし、おそらくキブツが一番近いモデルになるであろう。

因みに、キブツとはヘブライ語で〝集団〟〝集合〟を意味し、一九一〇年頃からイスラエルで発達したいわゆる集団農場であるとか、共同農村ということで知られ、土地、生産手段、生産物品、建物などの基本財産が集団による共有になっている共同体社会のことを言う。どのキブツも果汁園や小麦畑、綿花など広大な農場に囲まれ、その一角に生活区域が作られ、メンバーが共同で暮らしている。また、牛舎、鶏舎などの畜産施設の他にも、木工所、鉄工所、農機具などの整備工場がある。

キブツでは衣類、家具、書物などの個人的所有物を除いてメンバーの私有は認められておらず、炊事や洗濯、食事などの家事もすべて集団の手によってなされる。また、メンバー全員が大きな食堂で食事を済ませ、子どもの教育も、キブツ内で行われ、メンバーが教師の役割を果たしている。最も、個人の私有財産は時代の変化や幾多の危機を経て修正され、現在では給与を払うキブツも現われているという。

また、かつては農産物の加工生産品（缶詰）の輸出などをしていたが、現在ではハイテク企業や軍用トラック及び兵員輸送車の製造を行う企業も現われている。おそらく、このキブツが連邦企業の原形にもなるかも知れない。昨年の一〇月に突如ハマスの攻撃を受けたのも、実はこのキブツである。

ところで、地球政府の投資は世界統一後である。したがって、地球連合は統一直後から投資を即座に行えるように人材育成のための大学の設置や新しい資本主義の研究などを行いながら、体系的かつ効率的な政策を事前準備し、地球規模のケインズ政策の発動に備えなければならない。また、発展途上国の連邦議員たちも電脳議会などを通じて貧困撲滅のためのプランを練り上げ、実行可能な状態にしておかなければならないであろう。

地球政府の最終目的は何か。持続可能な地球社会の建設であり、真のＳＤＧｓの実現である。つまるところ、新しい資本主義の確立である。そして、そのために各地域に根ざしながら、新しい資本主義の実現を試みるのが〝連邦企業〟だ。

もし発展途上国に多数の企業が生まれ、そのシェアリング機能を地球規模で拡大させてゆけばどうか。発展途上国を中心に新しい資本主義が地球全体に広がってゆくことも期待できるのではないだろうか。そして、この新しい資本主義の拡大が最終段階の目標となる。

■統一戦略及び指針

七一、地域特別電脳議会を創る。
七二、地球政府は特別議会に〝投資〟し、シェアリング会社を設立してもらう。
七三、第一段階として、シェアリング会社は第一次産業の創生からはじめる。
七四、第二段階ではシェアリング会社を企業化し、〝公富公益〟をビジョンとする〝連邦企業〟を設立する。
七五、第三段階は連邦企業が中心となり、新しい資本主義を全世界に広める。
七六、連邦企業は〝市民の、市民による、市民のための〟企業とする。
七七、連邦企業は他国の企業と合弁会社を設立し、事業の拡大を計る。
七八、地球政府は地球規模のケインズ政策を実施し、地球の近未来化を推し進める。
七九、新しい資本主義を支える人材育成に取り組む。
八〇、食糧増産体制を整え、地球規模の食料危機に備える。
八一、イスラエルのキブツを主なモデルにする。

□地球連合を創設し、ポケットサイズの地球政府の樹立を目指す。

本論で述べてきた世界連合のような機構体は現在の国際社会には存在していない。また、その機構体は国際連合とは異なる特質を有したものであった。さらに、国連がそのような機構に改編・変革する望みはまったくない。となると、新しい機構体をゼロから創設しなければならない。それが地球連合であった。

この地球連合は国家の連合体と地球市民の連帯からなり、世界統一は地球市民、主権国家、地球連合が三位一体となって推進される。そして、地球連合アプリをダウンロードし、「市民主権」を手にすることによって生まれるのが〝地球市民〟であった。なぜ、地球市民を生み出すのかというと、民主議会を創るためであった。

超国家法は議会での議決なしに立法化できない。そして、論理的に考えて、超国家法を制定できるのは〝地球市民〟しかいない。だからこそ〝地球市民〟を創らなければならなかったわけだ。

その一方で、地球連合に加盟するために諸国家は七つの加盟条件を受け入れることになっていた。その条件とは七つあった。

一、民主主義国家でなければならない。
二、「民族永続の権利」を尊重し、民族間の主従関係を解消しなければならない。
三、核武装を放棄しなければならない。
四、特定の国家との軍事同盟を解消し、侵略戦争を放棄しなければならない。連邦警察軍に軍事基地を提供し、全地球治安システムに組み込まれなければならない。最終段階で「相互軍事制圧」を受け入れなければならない。

五、すべての国家・民族は諸問題解決にあたって〝国家的・民族的犠牲〟を受け入れなければならない。〝人類の一員〟としての〝証〟を立てるために〝大いなる喜捨〟を行わなければならない。

六、「地球市民主権」を保障し、地球市民の一員としての新しい権利を認めなければならない。サイバー警察を常駐させ、捜査権（逮捕権）を与えなければならない。

七、世界統一に失敗した場合、アメリカの恒久覇権を認めなければならない。

これらの加盟条件の内容についてはすでに述べてきた通りなので再論はしない。ただ強調しておきたいことはこれらの加盟条件の受け入れは〝絶対〟であるということだ。その理由を繰り返す必要はないであろう。

しかしながら、この条件を満たすことのできる国は国際社会にほぼ存在していない。そこで苦渋の選択であるが、取り敢えずこれらの条件の受け入れの〝表明〟と一、二年以内の〝実現〟だけで加盟ができることにした。〝妥協〟も一つの〝戦略〟だからである。現実的に考えて、この妥協は致し方ないであろう。新しい機構体の創設が永遠に不可能になってしまうからである。

地球連合は閣僚理事会を最高意思決定機関とし、最高戦略会議を最高意思決定推進機関とした。また、これら二つの組織の下に地球（連合）議会上下両院が存在し、個人の意思でどちらの〝連邦議員〟にもなれた。さらに、この機構運営のための意思決定システムは三段階を経ながら、変化させてゆくことも述べた。

では、その地球連合にはどのような組織が付属するのか。ここで、行政組織をまとめておく。
◎主権IT省　地球市民に対して、「地球連合アプリ」すなわち「地球市民主権」を発行する。アプリとは言っても、このアプリには政治・経済・金融・軍事・行政・電縁（SNS）、さらに様々な企業のアプリやサービスをも包括する。そのため、これらの膨大な情報管理や整理そして更新を随時行うのが主な仕事となる。さらに、地球市民としての主権や権利を擁護し、これを遵守させることを使命とする。
◎電脳議会省　公式・非公式を問わず、地球連合のサイバー空間に生まれたすべての議会を整理し、管理・運営する。また、世界中の電脳議会で行われる電子決議システムを監視し、地球市民の意思の表明をサポートする機関でもある。詳細は省くがすべての電子投票の記録をアナログでも残すことなども仕事となる。
◎連邦通貨省　超国家通貨を発行する。この超国家通貨はネット上にのみ流通する世界通貨である。連邦通貨省はこの超国家通貨を流通させるための地球市場を整備し、そこで日々行われる無数の取引の媒体となり、すべての個人・企業が安心して取引できる環境を提供する。もちろん、ハッキングや不正が行われていないか市場全体に目を光らせながら決済の際に僅かながら手数料収入を得られるようにして、これを機構運営に回す。連邦通貨省は世界中央銀行の役割も担い、連邦債権などの債権も発行する。
◎連邦警察省　地球上のサイバー犯罪に特化した超国家サイバー警察を管轄する。その使命は地球全域のサイバー空間を守り、地球市民の個人情報や電子投票システムを不正アクセスから防衛することである。さらに超国家通貨や経済市場での取引を地球規模で監視し、犯罪を発見次第迅速に対応する。〝登録〟すれば一般市民もサイバー警察の〝市民部隊〟（シヴィル・ガーデアン）の一員となれる。

◎連邦企業省　発展途上国の連邦企業に対して専門スタッフ（ビジネスパーソン）を派遣し、そのシェアリング・ネットワークを通じて新しい資本主義を広めることを使命とする。また、将来、超国家版のケインズ政策を発動し、地球の近未来化を推進する一方で発展途上国を中心にインフラを整備する。さらに、連邦企業を担う人材育成を育成するため大学機関や研究機関を設ける。当面の間は、この人材育成に集中する。

◎連邦司法省　地球政府が超国家法体系の上に成り立ち、地球社会を法の支配に成り立たせるために様々な超国家法を立案する。そして、超国家法を議会に提出し、立法化してもらう。喫緊の課題としては、地球連合の活動の基盤となる法整備、地球市民の権力体系、議会の運営ルールなどを定めた法律、さらに連邦警察軍の治安活動を合法化するための法律の立案を行うことである。将来的には、これら超国家法を〝人類法典〟として纏《まと》める。

◎地球防衛省　連邦警察軍を創設し、指揮・監督する。連邦警察軍はこの省の指揮下に入り、全地球治安システムを三六五日稼働させる。この地球防衛省は主権国家の場合の国防省や防衛省に相当する。喫緊の課題としては退役・現役を問わず、優秀な軍人を世界各地から集め、連邦警察軍の具体的な編制や戦力を立案させ、あるいは士官学校や兵学校の教官として新兵の教育に携わせることである。

この他にも、世界の民主化を支援する〝民主化支援庁〟や地球連合加盟のための〝加盟支援庁〟、重力の解明を目指す〝重力委員会〟なども付属させるべきであろう。さらに、随時必要とされる機関を新設してゆくが、その際、予算の都合上、国連機関との重複は避ける。

以上が、行政機関であり、基本的に地球連合はこのような組織から成り立つ。しかし、注意してほしいのはこれらの組織は超国家組織ではないし、そうはなれないが第三章で述べた超国家的な行政機関の〝前身〟とはなる。いずれにしても、地球連合はあくまでも世界統一に〝特化〟した機構体となる。

但し、この機構体の本質が〝SNS〟であり、すべての地球市民が〝電縁〟で結び付いているということを忘れてはならないであろう。そして、地球市民としての自覚と躍動こそが地球を一つの国家に結び付ける原動力となり、その媒介手段となる〝道具〟が〝スマートフォン（パソコン）〟である。つまるところ、スマホ一つで市民が地球を舞台に活動し、地球の命運を決められる時代がすでに訪れているわけだ。

その意味で、世界統一に際して、最も大きな変革を求められるのは、実は国家ではなく、われわれ市民なのである。これまで国家や民族というローカルな枠組みの中で生きてきた市民がいよいよ本格的なグローバル化が求められるからだ。〝地球大変革〟の主役は〝地球市民〟である。そして、それをサポートするのが、地球連合なのである。

ところで、理想の地球政府とはどのようなものであろうか。それは誰もがカバンやバック、スーツやスカート、ジーンズのポケットに携帯できるようにすることではないだろうか。つまり、自らの頭上に燦然と君臨するような地球政府ではなく、自らのジーンズに押し込むことのできる〝ポケットサイズ（スマホサイズ）の地球政府〟を創るのである。そして、この〝ポケットサイズの地球政府〟が最終的な地球政府の姿になると私は確信している。

いずれにしても、本論で描いてきたような地球連合を創設することが世界統一のための大前提条件になることにもはや異論はないであろう。われわれは早急に「地球連合」という新たな「戦略主体」を国際社会に生み出さなければならないのだ。

■統一戦略及び指針

八二、七つの加盟条件を必ず加盟条件とする。
八三、加盟条件を一、二年以内に実現することで加盟国できるようにする。
八四、地球連合に主権ＩＴ省（市民主権省）を設ける。
八五、電脳議会省を設ける。
八六、連邦通貨省を設ける。
八七、連邦警察省を設ける。
八八、連邦企業省を設ける。
八九、連邦司法省を設ける。
九〇、地球防衛省を設ける。
九一、民主化支援庁、加盟支援庁、重力委員会なども必要に応じて設ける。
九二、国連の行政組織との重複は避ける。

九三、地球連合（地球政府）を〝スマホ化〟する
九四、〝ポケットサイズの地球政府〟の実現を目指す。
九五、ポケット（スマホ）サイズの地球政府に80億人を取り込む。

□連邦議員は政治政党の立ち上げに協力することが望まれる。

テクノロジーの進化と交通の発達により人、物、サービスのグローバル化がかつてないほど進み、地球は一体化している。ネット上では誰もが結び付き、事実上の地球統一空間が出来上がっている。しかしながら、一向に変化せず、沈殿しているものがある。それが政治である。政治だけがグローバル化から取り残されている。

今、世界で一番遅れているのは政治の分野である。未来を不透明なものにし、人類滅亡の危機に追い込んでいるのも政治である。私はいまこそ政治が根本から変わり、グローバル化するときだと思っている。政治が国境を超えない限り、地球はいつまでもバラバラに分割され続け、本質的に未発達であり続けるからである。では、どのように国境を乗り越えるのか。

政党の結党である。世界統一のためには、実は次元の異なる二つのタイプの新党の結党が求められる。一つは地球連合への加盟を目指す国家レベルの政党であり、もう一つは将来の超国家政治の実現を念頭に置いた超国家レベルの政党である。

ところで、そもそも主権国家の加盟なしに地球連合は成り立たない。そして、加盟の是非を決めるのは国民の信託を受け、国政議会の多数派となった政党である。ところが、世界中を見渡しても、

世界統一を標榜する政党はどこにも存在していないどころか、むしろ地球規模のカオスを作り出し、人類抑圧体制を放置してしまった無責任な政党しか存在していない。

現在のカオスは全世界の既成政党の責任である。したがって、この際、既成政党の解体を視野に入れるべきである。言いかえれば、既成政党の一掃のためにも、世界統一のためにも新しい政治新党を世界各国で立ち上げることが望まれるということである。でなければ、そもそも地球連合を創設することができないからである。

では、誰が立ち上げるのか。その役目を背負うのはどう考えてみても〝連邦議員〟しかいないであろう。

あくまでも任意であり、強制ではないが〝連邦議員〟は選挙権を有する国において地球変革のための新党を立ち上げ、国政選挙を勝ち抜き、地球連合への加盟を果たす義務を負う。というのは、そもそも〝連邦議員〟自身が地球連合が存在してはじめて成り立ち、その地球連合は加盟国があってはじめて成り立つからである。

したがって、〝連邦議員〟になるためにはサイバー空間よりはむしろ現実世界での政治活動の方がより重要であり、新党結党も欠かせない使命となる。電脳議会というネット空間に作られる議会活動を強調し過ぎたかも知れないが、現実的にはそうではない。当面はグローバルな行動よりも地に足をつけたローカルな行動が求められ、所属国家の足元で新党結党をサポートすることにエネルギーを傾けるべきだからだ。

しかし、新党結党にも困難を伴うし、国政議会への進出もまた容易ではない。しかも、仮に国政議会に進出できても、第一党にのぼりつめるのはさらに容易ではない。外交政策だけで国家運営を計れるわけではなく経済政策、雇用政策、社会福祉政策、教育政策、エネルギー政策、公共事業など市民生活に直結した政策も掲げなければならないからである。さらに、現実問題として、既得権益の温存を望む既成政党の解体も容易なことではないであろう。

したがって、その意味では既成政党と連立し、連立内閣への参画を通じて加盟を目指すべきかも知れない。いずれにしても、世界中の〝連邦議員〟が一つの目標を抱いて互いに連携し合い、共通の外交政策を掲げた政治新党を各国で立ち上げればどうか。世界の歴史の流れは一気に〝地球大変革〟に向けて大きく変わってゆくに違いない。

因みに、本構想では〝連邦議員〟を〝上院議員〟と〝下院議員〟という二つのコンセプトに分けた。多くの読者諸賢はわざわざ〝上院議員〟と〝下院議員〟とを区別する必要はないのではないかと疑問に感じたであろう。何しろ、どちらにクリックするかの違いがあるだけだからである。

繰り返しになるが、両者の本質的な違いは地球政治に参画する意思があるかどうかである。国際問題に関心があり、その解決に貢献したい人は〝上院議員〟とし、そうでない人は〝下院議員〟としたからである。呼び方にはいくぶん問題があるかも知れないが、しかしその立場と活動には山と海ほどの大きな違いがある。というのは、〝上院議員〟とは国籍や民族、宗教、人種の枠組みを超えて事実上の〝超国家議員〟となる道を選択することになるからである。では、その〝超国家議員〟の具体的役割は何かというと、とどのつまり〝超国家政党〟の結党と超国家議会の運営ということになる。

超国家体制は超国家議会を基盤とする。では、超国家政治を誰が行うのかというと、政治政党しかない。逆に言えば、超国家政党が存在していなければ、超国家体制は成り立たないのだ。したがって、誰かが超国家政党を立ち上げなければならない。その使命を負うのが、主に〝上院議員〟を選択した〝連邦議員〟たちである。このことはもう御理解頂けるであろう。

果たして、彼らはどのような超国家政党を生み出すのか。それらの政党は何を考え、何を目指すのか。どのようにして山積する地球上の問題に立ち向かい、様々な意見の対立や思想の違いを乗り越えてゆくのか、まったく未知数であり、分からない。分かるのは、これを行わなければならないのが〝上院議員〟だということだけである。

しかも、多くの〝上院議員〟たちは普段は仕事をしているはずである。そのうえ無給で様々な国際問題に関心を払わなければならない。となると、そのストレスと苦労は途轍もなく大きい。登録の差に違いはあれども明らかに〝上院議員〟の役目は〝下院議員〟とは違う。だからこそ、わざわざ〝上院議員〟という存在を設けたのである。逆に言えば〝上院議員〟というカテゴリーはやはり現実的に必要だということだ。

ところで、独裁政権や非民主国家の下では政党は弾圧、民主活動家は逮捕の対象であり、生命の安全すら保障されていない。たとえば、二〇二二年七月下旬、ミャンマーの軍事政権は民主活動家四名を死刑にしているが、世界にはミャンマーのような政党の自由が保障されていない非民主主義国家が存在している。また、独裁国家中国では民主主義自体が否定されている。

だとすれば、そこに住む〝連邦議員〟に登録した〝地球市民〟たちはどうなるのか。果たして、彼らの生命は安全であろうか。この点を憂うであろう読者諸賢も多いことであろう。

考えてみれば現在のカオスを作りだしているのは、独裁国家であり、共産主義国家であり、非民主国家らである。彼らは市民の権利を認めず弾圧し、戦争を厭わず、国際緊張を高めている。諸悪の根源たる「主権国家システム」をさらに複雑化している。彼らが存在する限り、地球は一つにはなれない。

如何に彼らを民主化するのか、その戦略についてはすでに述べた。しかし、離間の計を用いるのは世界統合の最終段階である。また、最終的には市民を弾圧するような独裁者に対しては、議会が「普遍的警察権」を発動し、逮捕・排除することも可能になるであろう。しかし、連邦警察軍の全地球治安システムが出来るまでにはどんなに急いでも二〇年以上はかかる。

その間は一体どうするのか。この点が大きな問題となってクローズアップされるに違いない。もちろん、ネット空間に民主議会を設けて民主化活動を広げるという手段が考えられる。地味ではあるが、現実問題としてこれ以外の対策はない。

だが、〝連邦議員〟たちが逮捕されてしまったらどうするのか。あるいは処刑されてしまったらどうするのか。香港やミャンマー、中国では十分あり得る話である。仲間が弾圧された時、一体どうするべきか。どういった行動を採るのか。世界中の〝連邦議員〟がこれについて考えておかなければならない。しかし、一つ言えることは、こうした問題に対しても地球規模で〝連邦議員〟が連帯し、団結し、行動していかなければならないということであろう。

何度も言うように、民主主義こそが世界統一の成否を決める。それはすなわち〝連邦議員〟が人類存続の成功の鍵を握るということだ。言いかえれば、諸国家が人類の命運を決める時代は終わり、それに代わって〝連邦議員〟が地球の命運を握り、すべては〝地球市民〟の行動次第だということである。

■統一戦略及び指針

九六、上院議員と下院議員を区別する。

九七、連邦議員に地球連合加盟を目指す政党の結党を託す。

九八、上院議員は超国家政党結党の使命を負う。

九九、非民主国家の民主化にはサイバー空間を利用する。

一〇〇、団結して非民主国家の〝連邦議員〟の生命と安全を守る。

□「市民主権」を導入し、新しい社会体制の構築を目指す。

第二次世界大戦以前の日本国民は赤紙(召集令状)一枚で軍隊に徴兵され、最前線へと送られた。そこには個人の自由な意思や希望などはなく、国家は目的遂行のために国民の生命すら好き勝手にできた。その意味で、国民は奴隷であった。

戦後、新たな日本国憲法が発布され、「国民主権」というものが認められた。日本人は教育勅語や軍国主義から自由になり、ヒステリックな軍人支配から解放された。職業選択の自由も与えられた。しかし、実態はどうかというと、軍国主義が経済至上主義にとって代わり、国民は経済の歯車として扱われただけでもあった。その代表例が〝派遣切り〟であろう。軍部の都合ではなく、企業の都合で労働者の殺生与奪ができる社会が生まれたからだ。

二〇二二年七月、アメリカ国務省は世界の人身売買に関する年次報告書を公表した。その中で日本企業が実施する「外国人研修・技能実習制度」が賃金の不払い、長時間労働、パスポートの取り上げなどを行い、外国人労働者の一部に対して強制労働を課していると非難していた。そして、彼らを救済する日本政府の政治的意思が欠如していることを問題視していた。

一体、いつから日本人は外国人まで奴隷扱いするようになったのか。しかし、考えてみれば戦前も同じようなことをしていた。宮城遥拝である。宮城遥拝とは天皇陛下に忠誠を誓い、宮城（皇居）の方向に向かって遥拝・拝礼する行為のことで、当時の日本はこれを大東亜共栄圏内の朝鮮人や、占領したインドネシアに住んでいたイスラム教徒にも強要していた。

果たして、戦後の日本人は変わったのか。今の日本人に地球変革などできるのか。もちろん、誰もが否定的であろう。しかし、それでは何もはじまらない。未来に向けて、世界情勢も日本の状況もさらに悪化するだけだからである。

となると、地球を救うためにも、日本の未来のためにも、今こそ日本と日本人を根本から変革しなければならない。では、どのように変革するのか。その中心となる思想が、「市民主権」思想である。「市民主権」思想とは何か。

「市民主権」とは「地球市民主権」を母胎とするもので、これを日本社会に取り入れたものである。この「市民主権」の本質はひとりひとりの市民を思いやり、労わる思想のことであり、その根本にあるのが市民の幸福や安全の追求であり、さらなる主権・権利の拡大である。たとえば、日本では日本国憲法で「国民主権」が保障されているが、「国民主権」のようなあいまいな権利ではなく、市民ひとりひとりに「市民大権」といったより大きな権利をもたらし、国家の軛から市民を解放し、国家の利益や都合ではなく、市民の幸福を根底にした市民社会を築くことである。

では、「市民大権」を基底にした市民社会とはどんなものなのであろうか。国によって事情は様々であり、一概にこうだとは言えない。けれども、何らかの具体例を示す必要はあると思う。そこで日本社会をピックアップし、示してみることにした。さらに、ついでながら新しい日本の外交戦略や軍事戦略なども立案してみた。

因みに、市民中心社会の具体的内容については現在も思案中であり、対象が多岐にわたり、内容も広範囲にわたるため、さらに本論は日本変革論の類ではないため、ここでは「日本市民主権省」(以下、「市民主権省」)というコンセプトを打ち立て、このコンセプトを軸に新しい日本社会のあり方を思うままに語ってゆくだけにする。では、「市民主権省」とはどのような組織なのか。

「市民主権省」とは市民の主権と権利、幸福を守ることを使命とし、それに付随した日本独自の主権・権利を日本市民にもたらす、日本国の行政機関や立法機関から完全独立し、市民を中心に運営される市民の、市民による、市民のための機構のことである。その具体的役割は「市民主権」の絶対的擁護であり、その中には日本国政府や官僚組織、検察や警察、一般企業や団体、企業経営者、マスコミなどの抑圧から市民を守り、これらの組織に優越した権力を有する機関となることである。

この「市民主権省」は、新日本国憲法の理念によって導かれる新しい独立市民機関となることを想定している。そして、この新日本国憲法はいわゆるマッカーサー憲法と呼ばれる現憲法を改正して生み出す。新日本国憲法を制定しなければならない根本的理由は「国民主権」を廃し、「市民大権」を認めた「市民主権」に基づく社会を生み出すためである。したがって、もちろん、憲法第九条の改正のためではない。

因みに、新憲法下で第九条はどうなるのか。この点も少し触れておくべきだろう。私自身は第九条を廃止し、陸海空軍の戦力を保持すると明記すべきだと考えている。なぜか。それは本論独自の理由による。というのは、憲法上自分の国には軍隊が存在していないのであるから、「相互軍事制圧」を受け入れられないなどと、屁理屈を言う国が現れるのを防止するためだからである。

中国やロシアなどの一部の国が将来的にこんな理屈を言い始めたらどうなるか。「相互軍事制圧」が成り立たなくなる。あくまでこの屁理屈を封じ込めるための九条廃止であって、日本の軍備拡張のためでもなければ日本の軍事的独立のためでもない。自衛隊は軍隊なのであるから、これを軍隊だと認めるだけである。この点だけははっきりしておきたい。

尚、私は新日本国憲法ではマッカーサー憲法と呼ばれる現憲法の〝前文〟はそのまま踏襲すべきだと考えている。この〝前文〟とは〝日本国民は、正当に選挙された国会における代表者を通じて行動し、われらとわれらの子孫のために、諸国民との共和による成果と、わが国全土にわたって自由のもたらす恵沢を確保し、政府の行為によって再び戦争の惨禍が起こることのないやうにすることを決意し・・・・・〟と続く、戦後の日本国の理念を記したものである。

この前文は新日本国憲法でもそのまま残す。但し、これを〝前文3〟として記す。では〝前文1〟には何を記すのかというと、聖徳太子が定めた〝一七条の憲法〟である。この一七条の憲法をそのまま〝前文1〟として記載する。また、〝前文2〟は明治天皇が発布した〝五箇条の御誓文〟を載せてはどうかと思っている。

だが、一七条の憲法には仏教を敬えとか、役人は朝早く出勤し、遅くに退勤しなさいなどと書かれ、五箇条の御誓文には〝智識ヲ世界ニ求メ大ニ皇基ヲ振起スベシ〟などと、あまりにも時代錯誤的なことが書かれている。この点を大問題にする憲法学者も多いであろう。しかし、あくまでも〝前文〟であり、法的拘束力はないので問題ないのではないかとも思うが、実際には憲法の前文にも法的拘束力はあると考える憲法学者も多いので、新憲法の本文内で〝前文〟は実行性のある拘束力をもたないと明記しておく。

もちろん、新憲法にも新しい〝前文〟を〝前文4〟として書き加える。この〝前文4〟には世界統一を念頭に置き、「市民主権」を理念とする内容が書き加えられるであろうが、ここでは具体的なその文言まで踏み込まない。ならば、新憲法はどのような特徴を持つのであろうか。

誰もが電脳議会上において国会議員や県会議員、市議会議員となれることを定めた「市民大権」の明文化である。要するに、国政議会においては参議院を廃止し、任意で誰でもがネット上で〝参議院議員〟すなわち〝市民議員〟となれる権利を持てるようにし、都道府県議会も二院制にして〝市民議員〟が任意で参加できるようにする。もちろん、市町村でも同様である。

最も、現在の市町村制度を全廃し、すべて「市民公国」に一元化してはどうかとも私は思っている。この「市民公国」のコンセプトはこれまでの選挙制の市議会と、任意の市民議会（電脳議会）の二院制にし、これを実現した市町村を「市民公国」とする。また、「市民公国」では公国長や公国議会の権限を強化し、日本政府や他の市民公国に対する独自性も保障する。さらに、公国内のNPO法人などを原則的に公国直属のものとして財政支援なども行う。このようにすれば、多種多様性のある「市民公国」が生まれてくるであろう。

国政議会に話を戻すと〝市民議員〟は衆議院から送られてくる様々な議決案に対する議決権を持てるようにする。また、岸田前首相のような無能な人間の解任や内閣総辞職を求める場合、市民議員の三分の一以上の辞職署名（電子署名）が集まれば強制的に辞職しなければならないなどのルールも設ける。さらに、汚職などに手を染めた政治家や身勝手な知事、省益しか頭にない官僚たちなどの罷免権も持つ。その際、彼らに拒否権は持たせない。

これは何も政治や行政の分野に限ったことではなく、問題のある大企業から中小の企業の経営者及び経営陣、マスコミに対しても直接行使できるようにする。つまり、司法機関以外のすべての行政機関、一般企業、各種団体などあらゆる組織よりも憲法上日本市民が上位構造に位置し、「市民大権」を行使してその出処進退、処罰などを決められることができるわけである。但し、市民議員はあくまでも無給である。

これが「市民主権」の基本理念である。しかし、こうした「市民大権」を認め、これをルール化するとなると、憲法も法律もシステム自体も非常に複雑化する。したがって、取り敢えずは性急なことはせず、数十年かけて様々シミュレーションや議論を行い、一歩ずつ確実に新しい憲法草案を創りあげてゆく。言いかえれば、必ずしも新憲法の制定は急ぐべきではないということでもある。

もし、新しい憲法を早急に制定したければ憲法改正に国民投票を必要とする現在の〝硬性憲法〟

ではなく、国政議会の多数決のみで条文内容を変更もしくは作成できる〝軟性憲法〟とすべきである。そうすれば、憲法の条文変更（すなわち社会システムの変更）にも柔軟かつ迅速に対応できるからである。したがって、国民投票を伴わない〝軟性憲法〟ならば衆議院の議決だけで参議院を廃止したりもできるようになるであろう。

さらに、経済界においては、公共性のある企業は市民を株主とする〝市民の、市民による、市民のための企業〟すなわち〝連邦企業〟とする。たとえばＮＴＴ、ＫＤＤＩ、ソフトバンクなどの携帯電話会社、テレビ局、道路公団などの公団、競輪競馬競艇などを対象とする。テレビ局やラジオ局は総務省から離れ、「市民主権省」の管轄とし、市民のための真の公共媒体とする。これに伴い国民から受信料を徴収するＮＨＫは解体。上場企業は上場廃止とする。

また、連邦企業は国営ではないので得た収益はすべて国庫ではなく、「市民主権省」の〝公庫〟に直接入れる。この市民企業こそが二一世紀における新しい資本主義の命運を握ることはすでに述べた通りである。そして、株主の利益を際限なく追求したアメリカ型資本主義と決別し、旧《ふる》い資本主義体制からの脱却を試みる。

この他にも、「市民主権」のもとで官僚機構の民主化、情報の共有化にも努める。これは防衛省、警察庁、財務省、国土交通省、厚生労働省などすべての官公庁が有する機密を市民に対して随時開示するということである。但し、高度な機密情報に関しては「市民主権省」の厳正な審査によって選ばれ、アクセスを許可された少数のスペシャリストだけに限定する。たとえば、防衛省がスパイ衛星から得た情報などを一般市民でもあるが軍事専門家でもあるスペシャリストに対して随時開示を義務付ける。

なぜこのようなことをするのかというと、公務員だけに情報を独占させるのは危険だからである。彼らは都合の良いように情報を操作したり、隠匿したり、あるいはその無能さゆえに放置したりするからである。それにまた「市民主権」という以上、たとえ国防に関わる機密情報であっても、最終的に市民が共有しなければ「市民主権」の意義が根本から問われてしまう。民主主義とは情報共有社会でもあるからだ。

けれども、「市民主権」の本質は主権や権利の類ではなく、市民の幸福の追求でなければならない。では、市民の幸福とは何か。幸せの感じ方は人それぞれであり、一概にこうだとは言えない。しかし、万人に共通するのが生活の安定であろう。では、その生活の安定の底にあるのは何か。〝金銭〟である。ならば、この〝金銭〟の源泉は何か。〝労働〟である。

つまり、幸福の原点は仕事であり、その安定性が幸福を左右するといえよう。市民にとって、仕事は自らの〝生存権〟そのものである。そして、「市民主権」のもとでは、この〝生存権〟を社会全体で最大限サポートする。これを突き詰めると、日本の経済奴隷制度は完全かつ直ちに廃止しなければならないということだ。経済奴隷制度の廃止とは何か。

現行形態の派遣労働の廃止ということである。この派遣労働がどれだけ日本人を不幸にし、社会に閉塞感をもたらし、未来を不安定にしているか。どれだけ日本社会にゆがみやひずみをもたらしているか、ここでは論じない。意外に思うかも知れないが、私はまだ江戸時代の日本人の方が安定し、幸せであったと考えているほどだ。この経済奴隷制度が続く限り、そしてこれを〝是〟とする限り、日本人にも日本社会にも明るい未来はない。

けれども、これは派遣労働を廃止しろという意味ではなく、要するに中間搾取（いわゆるピンハネ）を廃止すべきだということである。労働者が自らの労働で得た賃金はすべて労働者に手渡さなければならないからである。当然のことである。

現在の派遣労働は派遣労働者と、労働者を斡旋する派遣会社とそれを必要とする企業の三者から成り立っている。そして、中間搾取は派遣斡旋企業によってなされている。この三者の構造を変えることは日本経済の構造そのものを根本から変えることであり、現実問題としてそうなれば日本経済が立ち行かなくなる。しかし、中間搾取を容認し、労働者を奴隷のように扱う社会制度が存在していたのでは「市民主権」などあったものではない。

繰り返すが、この「市民主権」というコンセプトは世界統一の根幹を成す思想であり、哲学である。したがって、市民の奴隷化を容認するような制度は完全に打ち砕き、根本的に無くさなくてはならない。ならば、どのように実現するのか。とりあえず、三つのアプローチを考えてみた。

一つ目は超強硬策である。この超強硬策は市民の労働奴隷化を明確な〝犯罪〟と規定することである。したがって、労働者を奴隷扱いし、その〝生存権〟を脅かすような企業経営陣は〝犯罪者〟として扱う。奴隷扱いした労働者の人数次第では社長以下役員すべてを刑務所に送り込む。これを立法化し、断固とした態度で奴隷制度の永久廃止に臨む。つまり、労働者の奴隷化を法律で永遠に禁止することが第一のアプローチとなる。

但し、経営者を〝犯罪者〟として扱うのは、あくまでも労働者が労働で得た賃金のピンハネに協力した場合に限る。要は正当な賃金を派遣労働者に対して直接支払えばよく、その限りにおいて逮捕などあり得ないし、絶対にあってはならない。だが、これでは業務委託を受けた派遣斡旋企業の利益はどうなるのか。

彼らとて企業であるからには利益は必要なのだ。しかも、彼らの日本経済への貢献度は高く、社会貢献も非常に大きい。そこで、派遣斡旋企業に対しては派遣労働者一人当りの管理・運営費を「市民主権省」がその〝公庫〟から直接支払う。足りなければ、消費税をまわす。そして、ソフトタイプの新しい公共新事業として、派遣斡旋企業を支援する。そうすれば彼らの経営は困らないであろう。

一方、満額を手にした派遣労働者の年収は格段にアップする。要は、これまで公共事業の中心は建設業界を支援する〝ハコもの〟作りへの投資であったわけだが、これを止めて〝市民への投資〟や〝幸福への投資〟に切り替えるわけだ。そして、その媒介手段として派遣斡旋企業を利用する。これが二つ目のアプローチである。

三つ目は、ビジネス・コーディネーター制度の確立である。このコンセプトはケアマネージャーからヒントを得たものである。ケアマネージャーとは介護を必要とする人が自立した生活ができるようサポートする〝介護支援専門員〟のことを言う。彼らは介護を必要とする家族がどんなサービスが必要なのか。介護保険制度を利用してどんな介護サービスを受けられるのかを伝え、時間や金額などを決めながらケアプランを作成することを仕事としている。

私自身、たいへんお世話になった。もしケアマネさんがいなければ父の介護を通じて身体を壊していたであろう。この体験に基づいて思い付いたのがビジネス・コーディネーターである。では、その仕事の内容はどのようなものか。

まず、「市民主権省」はすべての市町村（市民公国）にこのビジネス・コーディネーターを配置し、基本的にそこに住民票を有する非正規労働者に派遣登録してもらう。登録のメリットは様々なサービスを受けられることであるが、その一つが職探しを代行してもらえることである。つまり、登録者は職探しを頼めばコーディネートしてもらえるわけである。

また、ひとりひとりのコーディネーターが一定数の非正規労働者の労務管理を担い、職探しの他にも生活相談、健康相談、結婚相談、賃上げ交渉（団体交渉権の行使）、住居の世話、派遣先企業のランク化などを行う。その一方で、町工場やホテル・旅館業、運輸業界など人手不足に悩む企業側に立って、人材の派遣を斡旋し、雇用のミスマッチの解消を計る。

因みに、企業のランク化とは派遣先の労働環境や派遣労働者に対する待遇の是非、会社や社員の質などの情報を派遣労働者から直接収集し、その情報に基づいて企業をランク化することである。そして、ランクの高い企業から優先的に派遣労働者をまわす。逆に言えば、ランクの低い企業は後回しにされるわけであるから待遇を改めなければならなくなるであろう。

さらに、非正規労働者に対する住居の世話も行う。なぜ、住居の世話までするのかというと、〝住居〟こそが〝生存権〟そのものだからである。では、具体的にどういうことなのか。これは〝空き家〟の〝再利用〟を通じて非正規労働者の住宅購入を世話するという意味に捉えて頂きたい。

二〇一八年に総務省が実施した「住宅・土地統計調査」によると、日本の空き家の数は八四八万八六〇〇戸あり、その内訳は賃貸用住宅が約五一パーセント、別荘など一時的に使用する二次的住宅が約五パーセント、売却用の住宅物件が約四パーセント、その他の住宅が約四〇パーセントとなっている。この〝その他の住宅〟が人の住んでいない〝空き家〟を指している。また、その空き家の三〇パーセントが基礎の部分や外壁、壁、雨どいなどが破損・腐朽状態にあり、残りの七〇パーセントが居住可能もしくはリフォームによって住めそうな状態にあるようである。

「市民主権省」は、この空き家を所有者から直接買い取る。買い取るといっても、まったく価値のない物件もあれば価値の見込める物件もあるのでたとえば評価価値を一〇段階にランク付けし、一番価値の低いランク10の場合は一〇万円、いちばん高いランク1はどれほど立派な家屋であろうと五〇〇万円と決めておき、購入金額分を所得税減税もしくは相続税との相殺によって支払う。

「市民主権省」の管理下に置かれた空き家はビジネス・コーディネーターが非正規労働者を中心に売却する。たとえば一〇〇万円で買い取った空き家は三倍の三〇〇万円で売却する。三倍となるのは実費と手数料、さらに将来的には家屋を解体し、更地にする費用を含めるからである。しかし、空き家はすべて借地権付き物件とし、土地の所有者は「市民主権省」とする。但し、家のリホームは完全自由化する。

三〇〇万円は高額に思えるかも知れないが、月々六万円前後の家賃を支払いながら賃貸アパートで生活している非正規労働者も多いであろう。そうした人々が賃貸アパートを出て空き家物件を購入し、ローンを月々六万円払い続ければ五〇ヵ月後にはローンが完済する。したがって、それ以後は家賃やローンで浮いた分は貯蓄やレジャー、交遊費、趣味、生活費などに回せるのでこれほどありがたいことはないはずである。しかも、住居スペースが広がればモノの置場が増えることから商品の購買力も強くなり、日本経済にプラスに働くであろうし、さらに家を所有できれば婚姻が増え、出生率も上昇するかも知れない。

日本はまだまだ新築志向が強く、さらに相続対策として貸家、アパートなどの新規着工が増え続け、不動産登記も任意であることから、今後ますます空き家が増えることが予想されている。空き家は地域から活力を奪い、犯罪の温床ともなる。したがって、その再利用・再活用は待ったなしの事案であり、こうした空き家対策のもとで解決を計るのはどうだろうか。

バブル崩壊以後、日銀は金融緩和策を取り続けながら低迷する日本経済からの脱却を計ろうとしてきた。しかし、金融政策だけで日本経済の底上げを図ることはそもそも不可能な話だ。経済界に媚びる日銀、身勝手な政治家や官僚、マスコミは固く口を閉して誤魔化すが日本経済が低迷しているのは明らかに低収入の非正規労働者たちの存在である。

労働者は国の宝であり、国家の根本である。労働者の収入や待遇、大幅な地位の改善、セーフティーネットの大拡充、安心して暮らせる社会の実現なしに明るい未来はない。したがって、「市民主権」思想に基づく新しい社会体制を、いま述べた三つのアプローチ組み合わせながら構築してゆくも一計であろう。

因みに、「市民主権省」であるが、一応次のような組織から形成されるものと考えている。

◎労働者支援庁　非正規雇用者、人手不足に悩む企業を担当

◎介護支援庁　日本の介護職を統括

◎連邦企業庁　連邦企業を担当・統括。
◎金融庁　現行の金融庁を配下に置く
◎会計検査庁　現行の会計検査院を配下に置く
◎災害復興庁　被災した市民と地域の救済を担当
◎民事庁　警察に代わり、民事案件を担当

これだけでは「市民主権省」の役割などについては分かりづらいであろうが、本論は日本変革論ではないので、具体的ことは別の機会に譲る。曖昧であるものの、今述べたことが「市民主権」に基づく新しい日本社会の一つのコンセプトになると思う。

現在、世界中のどの国も、新しい社会体制のあり方を模索しているように見える。しかし、いずれの国もビジョンすら確立されておらず、改革は停滞し、頓挫している。そこで、一層のこと「市民主権」というコンセプトを新しい社会体制の根本に導入してみたらどうであろうか。

次に、日本の外交戦略について移る。世界統一に当たり、どの国々も外交戦略の一八〇度転換を迫られるからだ。日本の場合、世界統一を外交戦略にするにあたってまず〝脱米脱欧〟が求められ、明治時代からの〝脱亜入欧〟からの根本的脱却が求められるであろう。そして、その脱却の象徴となるのが、日米安全保障条約の破棄である。

しかし、この条約の破棄が実に難儀であり、日本人の意思だけでは出来ない恐れがあるのである。アメリカに拒否されてしまえばそれで終わりだからである。なぜか。

その理由は、日本には外交の自由がないからである。なぜ自由がないのかというと、一九四五年に無条件降伏に調印したからである。この無条件降伏の本質は何か。それはアメリカ軍が日本を半永久的に軍事占領できることである。つまり、日本は半永久的にアメリカの属国であり、アメリカの国益に逆らってはならないということだ。

これが隠然として続く占領政策の本質であり、太平洋戦争に負けた代償なのである。したがって、アメリカの安全保障に直結する日米安保条約をそう易々と日本側から破棄などできると考えるのは甘い。世界統一のためだ云々ぬかしても、アメリカは陰日向にいろいろと口を挟み、無理難題を吹っ掛けてくるであろう。それが勝者の特権であり、この特権をそうやすやすと放棄するなどあり得ないという想定に立つべきである。

だからといって、アメリカの属国となり、言いなりになり続けるわけにはゆかない。アメリカを日本外交の足枷とするわけにはゆかないからだ。では、どうするのか。

そのヒントが、武田信玄の『甲陽軍鑑』の中にある。つまり、武田軍学流の中の〝後途《ごと》の勝を肝要とする〟である。〝後途〟とは〝後日〟の意味。拠って、後日の勝利に重きを置くという意味である。そして、後日の勝利に重きを置くという、この武田軍学に基づけば日本は太平洋戦争に勝利したことになるのだ。

言いかえれば、アメリカの属国であり続ける理由など根底から吹き飛ぶわけである。私の頭がおかしくなったのでなければ、これは一体どういうことなのか。

ところで、私は第四章の冒頭付近で〝日本は世界統一に一度失敗している〟と書いた。これを読んでおそらくすべての読者諸賢の頭の中に途轍もなく大きな〝疑問符〟が付いたと思う。何を根拠に言っているのか。まず、その説明からはじめたい。

一九四一年一二月にはじまった太平洋戦争の遠因はその一〇年前に起きた満州事変にあると、私は考えている。満州事変とは何か。

まず、満州とは中華人民共和国の東北地方にある遼寧省・吉林省・黒竜江省の三省の旧称であり、北と東はロシアに接し、南は朝鮮民主主義人民共和国と接している。この地に日本が進出したのは一九〇四年にはじまった日露戦争に勝利を収め、ポーツマス条約によって当時ロシア帝国の支配下にあった長春―旅順間の鉄道（南満州鉄道）を戦利品として譲り受け、遼東半島先端の関東州の租借権を手に入れた時からである。この時、この割譲地の守備を目的に日本から派遣されたのが関東軍という帝国陸軍の一部隊である。

一九二九年、アメリカで株価が大暴落し、世界恐慌に突入した。その影響は日本全国にも及び、昭和恐慌となって倒産する企業や失業者が溢れだした。一方、当時の中国では国民革命軍が北京政府を倒し、中国国民党による中国統一を目指した内戦の最中にあった。そして、満州は奉天軍閥というべきいわばロシアのプリゴジンが率いていたワグネルのような私兵軍事集団の支配下にあり、匪賊や土賊が横行し、治安も極度に悪かった。

このような情勢下において、一九三一年九月、奉天郊外で起こした関東軍の自作自演による鉄道爆破事件を中国側の仕業としてでっち上げ、この柳条湖事件を発端に満州事変が勃発。重大な軍規違反を犯した関東軍の暴走に対して、日本政府は不拡大方針をとったものの関東軍はこれを完全に無視。翌年一月までにほぼ遼寧・吉林・黒竜江の三省を武力制圧し、三月一日には関東軍主導の下に独立を宣言。清朝最後の皇帝となった愛新覚羅溥儀を元首とする満州国を勝手に建国してしまう。

この関東軍が起こした満州事変に対して国際連盟はリットン調査団を派遣し、日本の撤兵を求めた。しかし、日本政府は軍部の反発を恐れて要求を拒絶し、一九三三年には国際連盟から脱退。以後、日本ではファシズム化が深刻化する。

海軍青年将校らが犬養毅首相を暗殺した五・一五事件。陸軍将校たち約一五〇〇名らが首相官邸や政府要人宅を襲撃し、多数の死傷者を出した二・二六事件。盧溝橋事件後に陸軍の暴走により泥沼化した日中戦争。さらに帝国海軍による真珠湾攻撃によって戦端が開かれた太平洋戦争へと突入していった。

断言はできないが、満州事変さえなければ太平洋戦争は起きなかった可能性がある。一九四五年八月の終戦に至るまでの歴史の流れは満州事変を起点にはじまっているからだ。そして、この満州事変の立案者こそが石原莞爾である。彼の存在なしに満州事変は起きなかったと断言できるし、すべては彼の思想から始まったと言える。そして、彼の思想の根底にあったのが世界統一であり、彼は将来の世界統一を見据えて満州事変を起こしたのだ。

太平洋戦争以前に出版された『世界最終戦論』の副題を思い出してほしい。「人類前史将に終わらんとす」である。この意味を逆に捉えると、間もなく世界統一が実現し、「人類後史」がはじまるという意味である。石原は原爆の出現を的中させ、兵器の極限化が逆に戦争を不可能にするとも述べた。今回のウクライナ戦争ではアメリカは全面核戦争になることを恐れ、ロシアと直接対決できなかった。まさに石原の予言通りに戦争兵器の極限化が大戦争を不可能にしたのである。（まだまだ断言はできないが)。

世界統一の前段階として、石原は世界最終戦争が不可避だと考えた。そして、その最終戦争は東洋の国日本と西洋の国アメリカによって戦われると信じ、この戦いに勝利しなければならないとした。では、どうするのか。

満州を領有する。日露戦争後、南満州鉄道(満鉄)を拠点として経済進出を計っており、「満蒙は日本の生命線である」であると言われるまでになっていた。満州には石炭などの鉱物資源がある。ここに重化学工業などの産業を起こし、近代化すればユーラシア大陸に〝第二の日本国〟を創れる。そして、壮大な満州地方をバックグランドとして日本本土の国力を養い、来るべき世界最終戦争に備える。これが石原の構想であり、戦略であった。

しかし、当時、満州の主権は一応中国側にあった。そこで満州領有作戦を立案し、関東軍がこれを実行したのである。そして、満州国が建国されると治安は大きく改善し、海を越えて多くの日本人が満蒙開拓団としてやってきた。また、内戦に嫌気した中国人や朝鮮半島からの移住者も相次ぎ、満州国の人口は急激に増加した。

石原は〝王道楽土〟を掲げ、〝五族共和〟を理想とした。〝王道〟とは、儒教が理想とした徳治社会のことであり、〝楽土〟とは平和な生活が送れる大地のことを言う。また、〝五族共和〟とは満州人、蒙古人、中国人、朝鮮人、日本人が共に協力して生きる理想の共和国を目指したものであった。石原は人種差別を嫌った。おそらくは五族共和の団結力を持って世界最終戦を戦い、西洋の覇道主義を打ち破って東洋の王道思想による世界統一を実現するためである。

だからこそ石原は軍部の専横を嫌悪し、これを抑えようと努力した。青年将校らが二・二六事件を起こすと、大佐の身分であったにもかかわらず反乱を陰で扇動した荒木貞夫陸軍大将を〝お前がバカだから、こんなことが起きるのだ〟と面罵して、率先して反乱軍鎮圧の陣頭指揮を執った。日中戦争がはじまるとこれを止めようと停戦講和に奔走した。石原にとって中国人は仲間であり、同志であって彼らの領土を蹂躙するなど言語道断だった。しかし、優柔不断な近衛内閣は大陸への大規模な派兵を決定してしまう。

日米開戦に至った直接的原因はハル・ノートである。この中でアメリカは日本軍の中国からの全面撤退などを求めていた。これを到底受け入れ難い要求とした日本はアメリカとの全面対決もやむを得ずとしたのである。ところが、軍部の中枢とことごとく対立して左遷されて憲兵の監視までつけられていた石原も同様に中国からの撤退を主張していた。

石原はファシストではない。むしろ理想主義者であり、現実主義者であった。戦後、昭和天皇は独白録の中で「石原という人間はどんな人間なのかよく分からない。満州事変の張本人でありながら、この時の態度（二・二六事件の鎮圧）は正当なものであった」と述べている。帝国陸海軍も、日本政府も、朝日新聞などのマスコミも、日本国民も戦争と領土拡大に狂喜し、誰も石原の思想や理想、そして遠大な戦略をまったく理解していなかった。その結果が何か。

無残な敗戦である。そして、約三〇〇万人といわれる日本人の犠牲者である。石原の構想はここに潰える。それ故に、日本は一度世界統一に失敗したとも言えるのだ。少なくとも、私はそう考えている。戦後、石原は憲法第九条を尊重し、平和的に世界統一を目指すべきだと語り、昭和二四年八月一五日に享年六〇歳で死去。その遺骸は山形県遊佐町に葬られた。

しかし、ある意味で、これはこれでよかったのかも知れない。石原の遠大な戦略は別にして、当時の日本は「大東亜共栄圏」の樹立を理想とし、欧米の植民地解体も目的としていたからだ。そして、この戦争の結果として欧米の植民地が世界中で解体されはじめた。考えてみれば、そもそも欧米植民地の解体という前提条件なしに世界統一などできるわけなどないのだ。

彼らは強欲であった。アジア・アフリカを植民地化し、現地人を奴隷として扱った。朝鮮半島や台湾における日本とは違い、学校を作ることもなければ近代化することもなかった。何百年もの間、現地人はただただ資源の搾取する道具であった。植民地に複数の民族がいれば少数派を厚遇して多数派を支配させ、対立を煽り分断して統治した。アメリカのように労働力が足りなければ、わざわざアフリカ大陸から奴隷船で連れてきた。オーストラリアでは先住民族であるアボリジニを狩りのターゲットとして殺しまくった。彼らは白人以外の人間を人間とも思っていなかった。

アヘン戦争も惨かった。アヘン戦争とは当時の中国の清朝とイギリスの間で戦われた戦争である。この原因は何か。〝お茶〟である。一八世紀初頭、イギリス国内で空前の紅茶ブームが起き、その茶葉の輸入先が中国であった。イギリスは大量の茶葉を買い付け、その代金を銀で支払った。そのため大量の銀が中国に流失してしまう。イギリスにしてみれば未開の国に大量の銀を持っていかれるのは面白くない。何とか対策を講じて銀の流失を防がなければならない。そこで考えたのが、アヘンの輸出である。

アヘンを植民地インドで栽培して中国へと輸出し、貿易赤字を相殺して銀の流失を防ごうと考えたのである。アヘンは強い中毒性のある麻薬である。この麻薬が中国国内に大量に流れ込んだためアヘン中毒者が続出し、社会の風紀は大いに乱れた。その現状を憂い立ち上がったのが、清王朝の高官であった林則徐《りんそくじょ》である。

彼は清廉潔白で強い意思を持った男だった。取り締まりで見つけたアヘンは徹底的に焼却処分にし、密売していたイギリス人に対しては断固として処罰し、国外追放にもした。この厳格な取り締まりに頭に血がのぼったのがイギリスであり、イギリス議会は中国への軍事報復を決定。アヘン戦争が勃発する。

一八四〇年から二年間続いたこの戦争の詳細は省略するが、イギリス軍が勝利し、南京条約を締結して終わった。被害者である中国は何も悪くないにも関わらず広州、厦門、上海などの開港の他にも莫大な賠償金の支払い、香港の譲渡、治外法権や関税自主権の撤廃などの不平等条約を強制的に押し付けられた。さらに、フランスやアメリカも火事場泥棒的に清と不平等条約を締結した。

これが当時の地球の姿である。〝眠れる獅子〟と恐れられてきた大清帝国が敗れたことは、いずれ日本も植民地化されるのではないかと恐怖を日本人に与えた。この恐怖感や危機感こそが明治維新の原動力となり、富国強兵への大きな動機となった。そして、やがて鬼畜米英となり、軍国主義の道へと突き進んでいったと、私は考えている。

二一世紀の今、幸いにも世界中を見渡しても、かつてのような欧米の植民地は存在していない。なぜなのか。どうしてなのか。日本単独でアジアからの欧米列強の一掃に挑み、戦ったからである。もしあの時、日本人が立ち上がらなければ二一世紀はどうなっていたのか。それを考えると空恐ろしくなる。

今もなお地球全体が欧米列強によって分断分割され、アジア人やアフリカ人の奴隷化・農奴化が進んでいたであろう。おそらく狩りのターゲットとなったアボリジニなどの民族は絶滅していたに違いない。さらに非白人には人権などの概念は適用されず、誰もが抑圧され、貧しい一生を余儀なくされたであろう。また、曖昧な植民地の境界線を巡って対立し、植民地の民族が兵士として最前線へと駆り出されていたはずである。さらに植民地防衛のために核兵器を配備し、植民地間で核戦争が勃発していたかも知れない。

私の想像は間違っているであろうか。間違っているとは思わない。なぜならば、欧米列強が自らの国益や強欲さを捨て、支配者の地位を捨て、領土を捨て、奴隷を捨て、さらに豊かな生活を捨ててまで植民地を放棄することなど到底考えられないからだ。ということは、誰かが植民地解放のために血を流さなければならなかった。それが日本人である。

二〇二二年九月、在位七〇年以上を越えたエリザベス女王が死去した。おそらくエリザベス女王ほど人類全体から尊敬と敬愛を受けた人物は史上はじめてであり、その人柄は〝人類の宝〟そのものだった。しかし、この長期にわたる在位中、日本に訪問したのは一度だけ。日本人を嫌っていたとも言われている。

思うに恨んでいたのではないだろうか。というのは、日本軍が植民地シンガポールを攻略し、英国東洋艦隊の旗艦であった最新鋭戦艦を撃沈、七つの海を支配した大英帝国凋落の大きなきっかけを作ったからである。当時のイギリス人にしてみれば蛮族にしてやられたこの現実は屈辱以外何者でもなかったであろう。

早計かも知れないが、世界統一という観点から述べると、太平洋戦争にもまったく別の視点や意義が生まれて来る。私の見方では植民地の解体によって、世界統一の土壌が生まれていたことになるからだ。もちろん、その意味で、戦後生じた宗主国に対する植民地解放闘争や独立戦争もまた世界統一への土壌を作っていたことにもなる。

さらに、人間を奴隷扱いし、人類を滅ぼしかけた〝西の王室〟に対して、貧しい国ながらも多くの犠牲を払い、植民地から人類を解放した〝東の皇室〟という新しい構図も浮かび上がってくる。エリザベス女王の死は悲しいことだが、やはり言うべきことは言っておかなければならない。異論百出であろうが、大日本帝国の戦争目的は世界支配の野望を抱いたナチス・ドイツと明確に異なる。拠って、ナチスと同列に扱われるのははなはだ見当違いであり、迷惑千万である。

しかし、なぜここで太平洋戦争肯定論じみたことを急に語りだしたのか。その真意はどこにあるのか。

それはお分かり頂けるであろう。植民地の解体が世界統一の前提条件を生み出していたとなれば、無条件降伏や東京裁判の意味が根底から覆り、アメリカの軍事支配を受ける理由が根本から失われるからである。日米安全保障条約を破棄しても問題はないし、永遠に彼らの属国となり、これ以上言いなりになる必要もない。

それだけではない。原爆使用の過ちを広く世界に改めて訴えることができる。もし植民地解放が世界統一の土台を形成したとするならば広島と長崎の、しかも軍事施設ではなく民間人であり、数多くの子どもや女性、老人の生きる都市の頭上に落とした、一発ではなく二発の大量破壊兵器は一体何だったのかということになる。一瞬にして十数万もの人間の生命を奪ったのだ。

アメリカは原爆投下をやむを得なかったとしているが、それは許せぬ詭弁である。明らかに意図的な無防備の民間人に対する大量虐殺であり、犯罪行為であり、人類史上最大の不正義である。なぜ、最前線の日本軍兵士に対して原爆を使わなかったのか。卑怯だと言わざるを得ない。

現在、核拡散が続いている理由の一つは、核兵器の使用が不正義であり、犯罪行為であるとの認識がまったくないからである。だが、これが決して犯してはならない大犯罪であり、不正義であるとの認識が広まればどうか。どの国もアメリカのような卑怯な国家にはなりたくはないと考えはじめるであろう。

核兵器の使用は人間の意思が決定する。この意思決定に〝卑怯なアメリカ人の二の轍は踏まない〟〝愚かな国家はアメリカだけで十分だ〟という心理的プレッシャーが加わればどうか。核戦争勃発の可能性もかなり低下するのではないか。したがって、日本はアメリカの不正義を改めてアピールし、これを核戦争阻止のための心理戦・情報戦の一部として外交戦略の中に組み入れるべきであろう。

私は中島敦の短編集が好きである。『山月記』『名人伝』『弟子』『李陵《りりょう》』を何度も読み返した。読むと心が安らぐのである。特に『弟子』では、孔子の弟子であった子路《しろ》の最期のくだりが大好きである。たとえ絶望的な状況に陥ろうと、男は誇りを抱いて前に向って進んで行かなければならないのだという、子路の覇気が伝わってくるからだ。

『李陵』は、中国史上最も栄光に満ちた時代の一つを築き上げた漢の武帝の時代の話であるが、そこに司馬遷《しばせん》の話が出て来る。司馬遷と言えば〝西のヘロドトス（古代ギリシャの歴史家）〟に対して、〝東の司馬遷〟と言われる歴史の大家である。司馬遷は武帝の佞臣たちが匈奴《きょうど》討伐に失敗し、捕虜となった将軍李陵に対して罵詈雑言を浴びせる中、ただ独り李陵の平素からの徳を褒め上げ、少数の兵力で匈奴に戦いを挑んだ勇気を讃えた。

そのため武帝の逆鱗に触れ、宮刑に処されてしまう。宮刑とは生殖器を切除し、去勢する刑罰のことを言う。男として最も屈辱的な処罰を受けながらも、しかし司馬遷は全一三〇巻からなる『史記』を完成させる。完成したのは紀元前の日本の弥生時代の中期頃。『史記』はそれより二〇〇〇年も遡ること伝説上の五帝の記述からはじまり、夏・殷・周・秦・漢という中国歴代王朝のことや歴史上の人物のことを生き生きとした筆致で描いている。

『史記』が優れているところは、いわゆる勝者の歴史ではないことである。創作でもなく、長期にわたって蒐集《しゅうしゅう》された資料や民間伝承などに基づいて、司馬遷の客観的で冷静な目で書かれていることである。そのため歴史書としての価値があり、さらに司馬遷が大皇帝であった武帝に対してすら信義を曲げず自分の意見を言える硬骨漢であったこともこの歴史書の信用を高めている。

『史記』がなければ『三国志』も、『日本書紀』なども生まれなかったかも知れないほどだ。そして、この歴史書が示唆しているのが〝歴史は一〇〇年後に作られる〟ということだと思う。つまり、ある程度の年月を経た後に歴史は編纂されなければないということである。なぜならば、一〇〇年以上を経てようやく過去の出来事を冷静に見る歴史的客観性と材料、さらに余裕が生まれてくるからである。

果たして、未来の歴史家たちは二〇世紀に一体どんな意味を見出し、どのように記すのであろうか。その中で、日本はどのように描かれるのであろうか。

将来、もし植民地の解体が世界統一の土壌を生み出したとの歴史的評価が行われれば、三〇〇万もの日本人の犠牲がまったく無駄死にではなかったことになる。そして、その死が報われ、日本の不名誉を雪《そそ》ぐことができる。しかし、それを主張するためには世界統一を実現しなければ筋が通らない。

だからこそ、日本は世界統一を外交戦略としなければならないのだ。それにまた、植民地の解体により、主権国家の数が増大した結果、現在人類滅亡の危機を迎えているのならばそれを解消し、解決するのもまた日本の役割とならざるを得ないであろう。

ところで、私がいま述べたことは太平洋戦争肯定論し、美化するものではないと断言しておく。なぜか。その理由は、私の歴史的評価は「太平洋戦争は欧米の植民地を解体に導いた人類史上最も意義のある戦いであったが、人類史上最も〝馬鹿げた思想〟で戦われた戦いでもあった」というものだからである。この〝馬鹿げた思想〟とは何か。

〝天皇〟を〝現人神〟と称して〝天皇陛下万歳〟と叫べば何でも許されるような〝現人神思想〟のことである。私は、この〝現人神思想〟を〝馬鹿げた思想〟だと断言しているのだ。ではなぜ、馬鹿げているのか。

日本人の独りよがりで、人類にとって何の道理もなく、普遍性もなければ知性の欠片もなく、論理性も体系性もない自己本位の思想だからである。この思想のどこに知性があり、説得力があるのであろうか。そして、呆れ果てて悲しみすら感じるのが、有史以来の最大の危機に直面した日本民族から出てきたものがこの程度の幼稚な思想であったということである。

私に言わせれば、マッカーサーは間違っている。戦後、彼は日本人の精神年齢を一二歳にたとえたそうである。甘い。おそらく、それ以下であろう。

私の隣近所に山梨県出身で中国の上海に駐屯していた日本軍部隊に従軍していたおじいさんがいた。子供の頃、お世話になったそのおじいさんから直接聞いた話だが、日本軍は駐屯地周辺で怪しい中国人を見つけてきてスパイだと言いがかりをつけた挙句に、将校が〝誰か、度胸のあるものはコイツを刺し殺して見ろ〟と言い放つと、その度胸試しに応じた一兵士が〝天皇陛下万歳〟と突進し、銃剣で刺殺するのを直に目撃したと述べていた。そして、日本人は本当に酷いことをしていたとしみじみ私に語っていた。

現人神思想でもって殺された人々のことを思うと、私は怒りが湧いてくる。恥ずかしさを感じる。そんな日本軍の行為を正当化できるわけなどないのだ。そして、現代の日本人に対しても、私は同様の失望感を持っている。

なぜ〝天皇陛下は現人神である〟という何の根拠もない愚かな思想をマスコミもアカデミズムも誰も批判してこなかったのか。戦後、安保闘争などの反戦運動が日本中に広がったが、なぜ誰も現人神思想が如何なる害悪を日本や世界にもたらしたのかを問題視しなかったのか。軍国主義よりもむしろこの現人神思想こそ問題にし、検証し、反省すべきだったのだ。

なぜならば、〝天皇は現人神である〟というフィクションの上に成り立った大日本帝国こそが軍国主義を育み、途轍もない負け戦の原因となったからである。つまり、太平洋戦争大敗の最大の原因は〝現人神思想〟だということだ。そして、その反省や知的な追求がなかったためどうなったか。〝天皇陛下万歳〟に代わって、今度は〝アメリカ様万歳〟がはじまったのである。そして、その結果どうなったか。

「人類絶滅装置」の一端を担ぐに至った。植民地を解放した日本が西洋文明の「人類絶滅装置」に組み込まれるなど一体どういうことか。あまりにも情けない。戦後の日本の平和教育もすべてフィクションに過ぎない。日本人が大切にしてきた〝平和〟や〝平和国家〟〝平和外交〟もすべて〝幻想〟でしかない。ロシアの核恫喝によって「人類絶滅装置」が作動し、地球は滅亡しかけているのだ。いい加減に目を覚ますべきであろう。

要するに、日本人は変わっていないのである。戦前・戦中の日本人よりも平和的で賢く悧巧であるなどと考えるのは愚かである。戦前・戦中の日本人を非難する資格などまったくない。この点を突き詰めると、日本人は何らかの精神的な障害を抱えていると言わざるを得ない。一体、何が原因でこうなったのか。

思い当たる節はいくつかあるが、本論は日本人論ではないので割愛する。その理由は、私がどうこう指摘する前に自分自身で考えてみるべきだからだ。まず自分の頭で考えることこそ、この病理を克服する第一歩になる。そして、この第一歩を踏み出さない限り、太平洋戦争の時のように最初は快進撃を続けるかも知れないが、最終的に軍事も経済力も円も科学技術も半導体もロボット技術も教育も生活水準もやがて他国に追い越され、先の戦争のように完膚なきまでに敗北するであろう。もちろん、世界統一も失敗に導く。

しかし、これでは元も子もないのでヒントだけは提示しておく。〝現人神思想〟が生まれた根本的な原因は、歴史的に〝無〟から〝有〟へと紡《つむ》ぐ新しい知的枠組み（思想）を創造した経験則がまったくないからである。偉大なる中華文明や西洋文明から〝知〟の〝核〟となる部分は輸入し、自らは暗記し、模倣し、応用することしかしなかった。しかも、それだけで自己満足し得意になってきた。

だが、新しい〝思想〟をゼロから創造し、体系化することがどれだけ苦難と苦痛を伴うものかを知らなければ〝知性〟の根本を知ることはできない。そして、〝知性〟の根本を知らなければ真の〝知力〟を身に付けることもできない。暗記や模倣だけではじめから限界があるのだ。

なぜ〝現人神〟が誕生したのか。なぜ、反省できていないのか。

太古の昔から〝知性〟の大本となる独自の〝思想〟を自らの頭を使って独力で築いてこなかったからである。なぜ太平洋戦争に軍事的に大敗したのか。真の知力がなかったからである。そもそも戦争とは知力の戦いでもあるのだ。『日本人とユダヤ人』の著者である山本七平氏の『一下級将校の見た帝国陸軍』などを読むと、危機に際しての日本人の知的レベルの低さを恐ろしいほど痛感する。吐き気すら覚える。

〝知〟を未だに知らず。これが一皮むいた日本人の姿である。そして、この点こそが日本民族の最大の弱点なのだ。しかも、悪いことに未だに日本の教育が哲学も思想もない暗記を中心とした未熟なものであり続けている。だからこそ、いつまで経っても政治も外交も経済もマスコミも官僚も三流、四流なのであり、つねに肝心な何かを欠いているのである。だから、信用されることもなければあてにもされることもない。いざとなれば〝天皇陛下万歳〟あるいは〝アメリカ様万歳〟程度の頭しかないからである。

だが、希望はある。孫子曰く、「己を知り、彼を知れば百戦危うからず」というではないか。孫子の言うように弱点が分かれば弱点を徹底的に炙り出し、克服すればよいのだ。

では、いかに克服するのか。市民を思いやり、労わる「市民主権」思想をゼロから構想し、実践してみることである。そして、独力で体系化したその知的枠組をベースにして政治、経済、企業、法律、社会システムを変革し、紆余曲折を経ながら新しい社会体制を築いてみるのだ。

その際、必ず実行すべきことが「人類絶滅装置」の一端を担いだ政権政党として自民党、公明党にその罪を償わせ、責任を取らせることである。つまり、両党を解散させるべきだということである。このような恥知らずな政党が存在したままでの世界統一などもっての外であり、人類の未来に暗雲が立ち込めるだけである。彼らによって、人類の未来が穢《けが》されることなど断じてあってはならない。もちろん、この点は他の既成政党も同様なのであるが、野党までもいなくなってしまったら民主主義自体が崩壊してしまう。

ところで、安保条約を破棄してしまってはアメリカの軍事的庇護を受けられなくなるが、そうなると中国や北朝鮮にはどう対処してゆくのか。しかも、全地球治安システムの構築は先の話であろうし、有事の際〝民主国家連合〟もすんなりと結成できるかどうかも分からない。となると、自衛隊だけで日本を守れるのか。そう不安を抱く日本人が大多数であろう。

現実問題として、これについては新しい軍事戦略を立案し、自衛隊を改編して対処する以外にない。では、その軍事戦略とはどのようなものなのか。ついでながら記しておく。

〝単独開戦〟である。これが日本の新しい軍事戦略の根本となるべきである。

その前にまず、尖閣問題であるが、私はこの尖閣諸島は将来的に中国の「行政主権」下に置くべきであると考えている。また、この他にも韓国に不法占拠されている竹島は〝独島〟と名称を変更し、三六〇〇年間は韓国の「行政主権」下に置き、その後、日本に返還してもらうべきであると考えている。なぜか。

『徳川家康三方ヶ原戦役画像』という徳川家康の肖像画がある。伝承では一五七二年に三方ヶ原（現静岡県浜松市）の戦いで武田信玄に敗北した直後に描かれたという。肖像画というには多少変わっている。悔しさを滲みだし、武人としての風格がなく、むしろ敗軍の将らしき風体だからである。家康はこの自画像を自らの慢心を抑え、自戒のために描かせたという。実に家康らしいと思う。私は、この敗戦から学ぶ家康の真摯な態度と謙虚さが天下大将軍への道を切り拓いたと思っている。彼は大敗を大いに反省し、江戸開府へと導いたのだ。

〝自戒〟のためである。つまり、「行政主権」を譲渡するのは馬鹿げた思想で中国を侵略し、朝鮮半島を統治した日本民族の不名誉な自画像とし、これを反省し、記憶し、さらに超越するためである。三六〇〇年となっているのは日韓併合による日帝支配が三六年間続き、対して〝独島〟は面積が小さいことから年数を一〇〇倍にしたのであり、名称変更はこちらの方が文学的な響きがあり、銘としては優れているからである。

尖閣諸島については、これを永久に中国の「行政主権」下に置く。中華文明への多大なる恩義と感謝を忘れ、日本人は中国大陸を侵略し、結果的に破壊と殺戮しかもたらさなかった。それを永遠に記憶し、反省するためである。だが、勘違いしないでほしいのは、「行政主権」の移譲先はあくまでも〝中華民主自由連邦〟であって共産中国ではなく、これは領土割譲ではないということだ。

しかし、近い将来、共産中国が尖閣諸島に進攻してきたらどうするのか。その時点で尖閣領有を認めるのか。それとも戦うのか。現実に直面する問題はこちらの方であろう。

はっきり言うが、私は尖閣諸島がどこの国に帰属しようがそんなことはどうでもよいし、興味もない。なぜ、小さな無人島にこれほど大騒ぎするのか理解できない。しかし、もし共産中国が侵略し、占領したらこれを武力奪還すべきである。なぜ尖閣諸島の「行政主権」を中国に移譲すべきであると述べている当の本人が奪還を主張するのか。矛盾ではないか。

私にとって、尖閣諸島を守ることが奪還の理由などではない。地球の未来を共産主義国家から守るためである。そしてまた、地球の未来を守るということは民主主義を守ることであり、民主主義を守るということは日本を守ることだからである。独裁国家や共産主義に民主主義が敗北することなど絶対にあってはならないのだ。その敗北は着実に地球を暗黒化へと導く。

これが奪還の理由である。したがって、まったく矛盾はしていない。しかし、奪還の際には次の点を留意する必要がある。

一、単独開戦とする。つまり、アメリカ軍の参戦は拒絶する。

一、第三次世界大戦や核戦争を起こさない。
一、極力、中国の原子力潜水艦は撃沈しない。
一、守るべきは日本人と在日外国人の生命である。

まず、なぜ単独開戦なのか。その理由は尖閣有事が第三次世界大戦の発火点となってならないからである。小さな島嶼を巡る紛争であっても、米中両大国が絡めば世界大戦や核戦争を誘発する可能性がある。しかも、どさくさに紛れて〝アメリカ憎し〟のロシアが陰日向に中国側に立って参戦する恐れも想定できる。こうした戦争の拡大は何としても避けなければならない。では、どうするのか。

米中戦争を回避する。つまり、尖閣奪還は自衛隊単独で行なう。

アメリカが参戦すれば国家総力戦となって、広大な面積を有する中国に対して核兵器を使用する可能性がある。なぜならば、核兵器の使用なしにアメリカは中国に勝利できないからである。しかし、その報復として中国はまず在日米軍の殲滅を目的に日本に核攻撃を仕掛けてくるであろう。そうなれば東洋国家の同士討ちとなり、核兵器によって東洋文明が滅んでしまう。こうしたことも避けるためにはアメリカの参戦を断固拒絶し、自衛隊単独で戦う決意をするしかない。

しかし、アメリカ軍なしでは自衛隊は劣勢に立たされる。その分、自衛隊員や日本人の犠牲も大きくなる。それでよいのであろうか。それはそれでやむを得ないであろう。そもそもなぜ尖閣諸島の領有権争いで国際社会を世界大戦や核戦争に巻き込むのであろうか。人類の尊い命を日本人は尖閣の巻き添えにするつもりなのか。一体、この点をどう考えているのか。

もちろん、何も考えていない。このような最重要課題についても常に無思考状態なのだ。なぜ考える力がないのかはもう繰り返す必要はないであろう。知力が圧倒的に欠如しているからである。

さらに、自衛隊は中国の原子力潜水艦を極力撃沈してはならない。潜水艦に積まれている超小型原子炉が破壊された場合、海中にどれだけの放射能汚染をもたらし、放射能の半減期がどれくらい長期にわたるのか未解析だからである。それにまた、子孫たちが魚介類を食べられなくなっても困る。この点について日本政府も自衛隊もマスコミもどう考えているのであろうか。もちろん、無思考状態であり、何も考えていない。

しかし、真逆なことを言うようだが、次のように中国に警告しておくべきかも知れない。もし中国が日本を侵略し、甚大な被害を与えればその報復として、中国海軍の原潜を中国沿岸で撃沈し、漁業に大打撃を与える。そして、風評被害によって人民の生活を困らせ、その不満を共産党打倒に向かわせるように画策する、と。アメリカの核の傘がなくなり、日本が核武装しないのであればこれくらいのことは公言しておいた方がよいかも知れない。

さらに、守るべきものは尖閣諸島などではないことを肝に命ずるべきである。どういうことかというと、尖閣を巡る紛争が一海域の争いごとで済めばよい。しかし、ウクライナ戦争を例に引き合いを出さずとも、多くの戦争はほぼ確実に国家総力戦に発展する。

日中総力戦の場合、中国本土から何千発ものミサイルが日本本土に向けて飛来してくる可能性が高い。そうなれば都市という都市が攻撃され、日本人に多数の死傷者が出て大騒ぎになるであろう。これを避けるためには、まずは日本国民及び在日外国人の生命を守ることを第一とし、尖閣奪還は二の次とすべきだということである。

私は自衛隊の軍事戦略を知らない。だが、現在の作戦では大敗は確実である。アメリカ軍に頼っている点ですでにアウトであるし、危機に際し、知力を欠落し続けているのも致命的である。しかも、自衛隊単独作戦となれば、これまでの戦略を根本的に見直さなければならない。しかし、今の日本人に単独開戦を立案できるほどの知性があるとも思わない。

そこで私なりの兵法を記す。新しい軍事戦略の概要は次の通りである。

一、ミサイル防衛を最重要戦略とする。

一、作戦海域（区域）の設定。

一、個艦運用を艦隊型より遊撃型に変更。

一、潜水艦三〇隻・潜水艦救難艦四隻体制の確立。

一、多目的強襲揚陸艦三隻の建造。

一、奪還作戦は適切な季節と天候を選ぶ。

なぜ、河野太郎元防衛長官はイージス・アショアの導入を中止したのか。イージス・アショアとはイージス艦用に開発された対弾道ミサイル海上防衛システムを大型化し、陸上配備型に転用したものである。防衛省はこのイージス・アショアを山口県と秋田県の二ヵ所に設置することで日本全土をロシア、中国、北朝鮮から飛来するミサイルに対する盾となるはずであった。ところが、防衛省の不手際から地元の反対に合い、配備できなくなってしまった。

さらに悪いことに、本来なら突貫工事をしてでも急ぐべきものを河野太郎はあっさりと地上配備を諦めてしまった。なぜ自衛隊幹部はこれに異議を唱えなかったのか。なぜ別の都道府県の土地を探さなかったのか。日本全土を七〇パーセントほどしかカバーできずとも、その穴埋めにはそれこそイージス艦を配備して補えばよいのである。

ミサイル全盛時代にあっては、ミサイル攻撃から市民を守ることこそが最重要課題となる。したがって、新しい軍事戦略の要諦は市民の安全を最大限確保することであり、そのためには本土ミサイル防衛こそ最重要戦略とするのは当然のことである。その基本中の基本が分からない人間が防衛長官などをやっていたのだから恐れ入る。これは防衛省の将官や官僚、さらにいわゆる安全保障専門家といわれる人間たちも同罪である。

作戦海域（区域）の設定とは、海上自衛隊を本土防空艦隊、日本海艦隊、太平洋艦隊の三つに分けるべきだということである。そして、新八八艦隊などという帝国海軍から引き継いだ艦隊運用思想はいい加減に捨てなさいということだ。新八八艦隊とは護衛艦八隻と、護衛艦に搭載される対潜ヘリコプター八機で一個護衛艦隊を構成する艦隊構想のことを言う。

八隻の内訳はヘリコプター搭載護衛艦一隻、誘導ミサイル搭載護衛艦二隻、多目的護衛艦五隻、対潜水艦攻撃ヘリ八機から構成され、この艦隊を四艦隊整備することを目標にしてきた。八八艦隊の名称は旧帝国海軍が戦艦八隻巡洋艦八隻を保有する建艦計画を有していたことに由来している。また、新八八艦隊構想はすでに実現しており、一部のヘリコプター搭載護衛艦の空母化が進行し、大幅な増強が為されている。

だが、この新八八艦隊構想は単なる数字の語呂合わせのお遊びでしかない。まずはこの運用思想を葬り去り、イージス艦を艦隊防空任務から外し、国家総力戦に備えて本土防空に特化させるべきである。さらに、海上自衛隊の負担軽減のためにもイージス・アショアを陸上に配備し、陸上自衛隊に運用させる。

では、艦隊防空はどうなるのか。他のミサイル艦に任せる。というよりは、空母化したかがやいずもは主戦力から除外する。そして、〝捨て駒〟あるいは救難艦（病院船）もしくは多目的支援艦（艦上ドローン母艦）として運用する。

さらに、空母に配備予定の垂直離着陸機F35などは宮古島、石垣島、与那国島のどこかの自衛隊基地内に小学校の運動場程度の離着陸場と十数機分の掩蔽壕用の土地を間借りし、戦術航空団として南シナ海に対する睨みを効かせる。そうすれば二隻の空母にイージス艦や護衛艦を張り付ける必要がなくなり、他の作戦に投入する余裕ができる。

ならば〝捨て駒〟とはどういうことか。私は太平洋戦争開戦初期にでも戦艦大和は〝捨て駒〟として撃沈されるべきであったと思う。帝国海軍は大和を箱入り娘のように大切に温存したため戦略的に意味のない沖縄特攻に出撃させる羽目になった。そして、何の戦果を挙げずに沈んだ。

帝国海軍は国民の生命よりも戦艦大和の方を大切にしていた。そして、結果的にそれがすべて裏目に出た。

一九四二年六月にはじまったミッドウェー島攻略の際、戦艦大和を中心に囮部隊を編制し、アメリカ海軍を引き付けてその位置を正確に把握し、別働隊である空母機動部隊の艦載機がこれを叩くという戦略を立案すべきであったと私は思っている。囮部隊が敵の位置を早期に把握し、空母艦載機がこれを徹底的に叩ければアメリカ海軍に大打撃を与えることができた可能性があるからである。また、大和が撃沈されたとしても帝国海軍がより現実に目覚めてより実際的な戦略を立てることができれば、その後より効果的に戦ったと思う。

ところが、実際には空母機動部隊を前衛に送り、大和は後衛に控えるという布陣を採用した。その結果、赤城、加賀、蒼龍、飛龍の四隻の空母が次々と撃沈され、大和は逃げ帰ってきて戦況は大いに悪化した。この過ちを繰り返すべきではない。したがって、海上自衛隊の虎の子の最新鋭空母を囮として利用し、早々に沈められる覚悟を持つべきである。

囮とは空母をエサに中国海軍を呼び寄せ、群がった敵艦を撃沈するという作戦のためである。そして、まずは制海権を確立する。空母をエサになどと言うと日本人は発狂するかも知れない。しかし、制海権を握れれば尖閣奪還も有利に展開できる。

もちろん、空母を失えば艦隊運用は根本から崩壊する。だが、それはそれでよいのだ。そもそも対中軍事作戦において空母打撃群など不必要である。軍事戦略上及び戦術上の理由もさることながら、日本人特有の性格ゆえでもある。

物忘れをするからである。何を忘れるのかというと、虎の子の空母を大切に守ることに専念し過ぎて肝心の国民の生命を守ることを忘れるからである。彼らは〝空母〟や〝艦隊〟を守ることが〝日本〟そのものを守ることだと勘違いし、故に小事に捕らわれ必ず大局を見失う。重箱の隅を突っつき、大局や本質を見落とすのが日本人の特性である。したがって、この性格が災いを呼び起こす以上、これを早々に取り除く必要がある。だからこそ、開戦早々に囮にでも出した方がよいと述べているのだ。

日本人は〝形〟や〝道〟を定めて、これを追求しようとする。しかし、その本質は〝形〟や〝道〟を作ってあたかも〝知性〟や〝道理〟があるように見せかけるためである。極論すれば、日本人の〝形〟や〝道〟はまやかしのためのものである。誤魔化しを無意識にやっているのだ。ならば、最上の〝形〟とは何か。最高の〝道〟とは何か。

最上の〝形〟とは〝無形〟であり、最高の道とは〝無道〟である。しかし、これがなかなか難しい。なぜならば、〝無形〟や〝無道〟であるためには高度な〝知力〟や〝知性〟が要求されるからである。しかし、残念ながら日本人にはそんな形而上学的な思考をする頭脳など持っていない。だからこそ、取り敢えず、〝形〟を作り〝道〟を示したがるのである。

何が言いたいのかというと、定められた〝形〟や〝道〟を捨てなさいということである。〝無道〟や〝無形〟こそ〝知の結晶〟だからだ。

自衛隊に当てはめると、新八八艦隊を廃止して本土防空艦隊、日本海艦隊、太平洋艦隊の三つに分け、本土防空艦隊以外の艦隊には原則として専属艦艇を設けない。どういうことかというと、アメリカ海軍は第七艦隊作戦海域に入った艦艇をすべて第七艦隊の指揮下に入れているように、それぞれの作戦海域に入った艦艇はすべてその艦隊の指揮下に入るようにする。

たとえば護衛艦いせやひゅうがが日本海に遊弋《ゆうよく》していれば日本海艦隊の指揮下に入り、太平洋艦隊の管轄に入ればその時点で太平洋艦隊所属となる。しかし、そうなるとそれぞれの艦隊の運用隻数は刻々と大きく変動する。たとえば、太平洋艦隊の指揮下には二〇隻しかなかったのに翌日には日本海から一〇隻が入ったために一気に三〇隻もの艦艇を指揮する必要性が生じるなど刻々と状況が変わるからである。

そうなれば日本人の大好きな〝形〟が造れない。〝形〟が造れないと、日本人は〝道〟を見失う。〝道〟を見失えばどうなるか。途方に暮れ、過ちを犯す。

現在の自衛隊の基本戦略は〝丸投げ戦略〟である。つまり、大局はすべてアメリカ軍に〝丸投げ〟し、防衛省は自衛隊司令部に作戦を〝丸投げ〟し、海上自衛隊司令部は護衛艦隊に指揮を〝丸投げ〟している。そして、護衛艦隊は個々の護衛艦に任務を〝丸投げ〟し、その結果、戦略も戦術も指揮系統も曖昧になり、責任の所在をごまかしている。これが自衛隊の真の姿である。だが、もし〝丸投げ〟の対象を失えばどうか。

自らの頭脳を使って考えるしかない。そこではじめて〝思考〟がはじまり〝知力〟の片鱗が芽生える。そして、〝知力〟が成長すればやがて〝思想〟となり、新しい〝軍事思想〟が生まれてくるかも知れない。そして、新しい軍事思想が生まれれば新しい軍事戦略や戦術が生まれ、ここに真の軍隊が蘇る。

私にとって、新戦略というのは艦隊型をやめて遊撃型に移行し、遊撃型の主戦力を個々の潜水艦に求めて、これを三〇隻体制まで増強し、さらに特殊な装備をした潜水艦救難艦も建艦し、四隻体制できれば五隻体制（現有二隻）とすることでもある。なぜ四隻以上の潜水艦救難艦を必要とするのかというと、最前線で撃沈された乗組員の救出に備えるためである。したがって、潜水艦救難艦もまた最前線に布陣することから、これを護衛する護衛艦も各二隻計八隻は必要になろう。

さらに、季節や天候も重視しなければならない。隠密行動を行う潜水艦にとって、実は地上の天候とも無関係ではない。天候が荒れ、海が荒れれば荒れるほど海中もまた荒れ、音波が乱れて探知されにくくなるからである。それ故に、接敵や攻撃の際に有利となり、自らの生存性もまた高められる。したがって、季節や天候もまた合理的に活用すべきである。間違ってもこれは〝神風〟などの天佑神助を求めよという意味ではない。

おそらく、自衛隊単独作戦だと潜水艦を主力にした逓減《ていげん》作戦を主体とする地味な作戦になり、作戦活動は長期間にわたる。では、この間、他の艦艇はどうするのかというと、日本近海の監視やシーレンの防衛、潜水艦隊の援護や陽動作戦などに従事する。また、尖閣奪還用に多目的強襲揚陸艦を少なくとも三隻は新造し、陸自の水陸両用部隊を載せた強襲揚陸艦としての用途の他にも、艦上ドローンを擁したＡＩ機動部隊などとしても活用する。

また、航空自衛隊は中国空軍の動きに対応し、防空や制空権の確保、中国軍のトマホークの迎撃、さらに対艦攻撃に従事する。陸上自衛隊は日本を攪乱するためにやってくる特殊部隊への応戦、原発やダム、空港や港湾、鉄道や高速道路などのインフラの守備、さらに尖閣奪還の際の上陸作戦の主力を務める。もちろん、ロシア軍の北海道侵攻や新潟侵入（関越を使えば一日で東京まで到達できる）など二正面作戦にも備えなければならない。

これはあくまでも図上演習の一例である。つまり、頭の体操である。実際にはいろいろなパターンの作戦が立案できるであろう。

尚、尖閣奪還だけに限定した軍事作戦ならばすでに私の頭の中に出来上がっている。たとえ数千隻の漁船が尖閣諸島を囲む中で中国軍が上陸してきても慌てる必要はない。もし上陸作戦がライブ中継されれば、私はクラッシック音楽でも聞きながら、コーヒーでも淹れて優雅に高みの見物をさせて頂くつもりである。但し、無人島以外の領土や台湾にも攻撃が及んだ場合はこの限りではないが。

いずれにしても、いかなる作戦を実行に移すにせよ単独開戦が大原則であり、さらに可能な限り中国本土に対しては攻撃を仕掛けてはならない。中国人の殺害は過去の戦争だけで十分である。しかし、このような制約付きの軍事作戦となると、日本人は開戦以前から自信を喪失し困惑するであろう。

だが、人類全体を日中戦争に巻き込むべきではない以上、如何なる犠牲を払おうと単独で戦い抜くべきである。ウクライナ国民と同じ気持ちを抱かなくて、世界統一などあったものではないからだ。また、軍事作戦も理性と知性を持って行い、勝敗は軍事力の格差によってではなく、知力の差によって決まると心得るべきである。

尚、アメリカとの軍事同盟の解消によって、日本の安全保障が劇的に低下し、弱体化するのは事実である。そこで地球連合の首府を日本に誘致する。地球連合の首府とは前述した行政機関を置く場所のことであり、いわば地球連合の政治的な首都のことである。

たとえば、これを茨城県の筑波辺り。あるいは会津若松市や石巻市など福島県の何処か。さらには石原莞爾の生まれ故郷である山形県の庄内地方。またはニューヨークタイムズで〝二〇二三年に行くべき五二ヵ所〟の中でロンドンに次いで二番目に選ばれた岩手県の盛岡市、北海道の中で比較的積雪量の少ない函館市などに地球連合の行政機関を分散して誘致してはどうかと思っている。そうすれば日本に対する攻撃は地球連合に対する攻撃とみなすことができ、日本の安全保障環境の弱体化を避けられるからである。また、将来の地球政府の首府は三〇年毎に別の国へと〝遷都〟してはどうかとも考えている。

しかしながら、戦争よりも、重視すべきはまず外交であろう。もし戦争を避けたければ外交に頼るほかないし、外交こそが戦争回避の唯一の手段である。では、外交によって日中戦争を防ぐためにはどうするべきなのか。彼らに何を警告し、何を彼らの頭の中に植え付けておくべきなのか。

まず、尖閣占領が日本人に永遠の利益にもたらすことを中国人の頭の中に刻み込む必要がある。なぜか。それはロシアを見ればわかるであろう。ロシアはウクライナ侵攻によって自らの手で民族の信用や尊厳や誇りを貶《おとし》めた。このままではロシア人は永遠に人類の恥さらしであり、侮蔑の対象である。

ところが、ロシアにはNATOという軍事的脅威が存在していた。ウクライナがNATOに加盟し、国境を接するロシアとの間で武力衝突が生じれば世界大戦が勃発していたのもほぼ確かである。ロシアにはロシアしか分からない現実の脅威が存在していた。しかし、中国にとって日本は現実的な脅威とは言い難い。であるにも関わらず、米粒ほどの孤島に侵攻すればどうか。

〝小日本《シャオリーベン》〟（日本への蔑称）ならぬ、〝小中国《シャオチョングオ》〟となって全世界の笑いものになる。そして、恥知らずな行動によって中国人の信用と徳を自ら永遠に貶め、さらには輝かしい未来を失う。輝かしい未来とは、新しい地球文明の精神的支柱となるであろう〝礼節〟や〝礼儀〟という〝人間としての道〟を生み出した中華民族への尊敬の念、孫子の兵法を編み出した叡知、そして超大国を築いた勤勉な民族としての信用を失うということである。

中国人に対する軽蔑と信頼の失墜。これほど日本の利益になることはない。これは日本にとって、永遠なる利益である。というのは、日本こそが東洋文明の中心と見なされはじめるからである。そして、この点だけに絞るならば、実は日本は中国による尖閣侵攻を裏で画策・支援し、中国を焚きつけるべきなのだ。

いずれにしても、中国にとって尖閣領有は永遠なる不利益と信用の失墜をもたらす。共産党は小さな島のために中国人の信用と尊厳を失う羽目になったなどと後世の中国人から痛烈に批判され、馬鹿にされるであろう。尖閣を領有しても、中国は一つもよいことはない。台湾も同様である。だからこそ尖閣や台湾に侵攻すべきではないのだ。まずはこのように外交上説得する。

因みに、世界統一のためには、中国の民主化は必然である。しかし、中国にとって民主化は欧米化であり、その欧米化は植民支配を再び受けることだと誤解しているフシがある。そこで思うのだが、中国は欧米諸国の民主主義を超えた独自の民主主義を追求し、実現してみてはどうか。中国独自の民主主義とは何か。

先述したツイン・デモクラシーの中国統治への導入である。つまり、推薦制と立候補制の二つのシステムから成る中華民主システムを築くのだ。中国には共産党支配下にもかかわらず多くの心やさしき日本人を集めても超えられないほど懐の深い〝人徳〟を持った〝有徳の士〟が大勢いる。そうした〝有徳の士〟を頂点とする中華民主体制を構築するのである。

それにまた、ツイン・デモクラシーというコンセプトはそもそも孔子の徳治政治の思想をヒントにしたものである。ならば、本家本元がこの徳治政治を導入してもおかしくはないし、これならば欧米の民主主義を真似たことにはならない。しかも、この新しい民主体制を成功させれば、中国はかつて栄華を誇った大漢帝国や大唐帝国のような輝きを世界に向けて放ちはじめるであろう。

私は、ツイン・デモクラシーの導入こそ中国人が進むべき道だと確信している。そして、中国の尊厳のためにも、人類のためにも進んで核兵器を廃絶し、ロシアや北朝鮮との関係は早々に切り捨てて日本や台湾と手を取り合い地球連合の盟主となる道を選ぶべきなのである。尖閣侵攻や台湾武力統一を画策し、チベット民族やウイグル民族の弾圧などを行っている場合ではないのだ。

是非とも、中華民族には地球連合加盟国となり、これを自ら主導し、新しい地球文明の礎を築いてほしいものである。〝暴に報いるには徳を持って成す〟。日本もまた過去の反省から真の中華文明の復興を支援し、これを対中国外交の基本とする。

しかし、それでも中国が共産主義に固執するならば、日本は中国のために〝植民地支配の清算〟を掲げ、今後一〇〇年の間に亘って数億人もの中国移民の受け入れをオーストラリアなどに要請してはどうかと思う。そして、これを民主化及び尖閣・台湾侵攻阻止のカードに利用するのだ。もちろん、オーストラリアの立場からすればとんでもない話であり、拒絶するであろう。

しかし、真の東西文明の融合のためには、欧米諸国も植民地での過去の蛮行を何らかの形で落とし前を付け、世界統一以前にこの問題を清算しておく必要がある。その場合、〝地球市民〟の移民大陸への受け入れという清算手段が最も効果的なのではないかと思う。そして、これを交換条件にして、中国などアジア・アフリカ諸国は過去の植民地問題を完全に清算されたものとし、その後一切蒸し返さないことを確約させる。〝植民地再分割〟というわけではないが、欧米諸国も東西文明の融合と真の植民地清算のためにはこれくらいの譲歩をすべきではないだろうか。

いずれにしても、中国が民主化に乗り出すかどうかは分からないし、残念ながら視野の狭い共産党政権下ならば尖閣有事や台湾侵攻もあり得る。ということは、常に最悪の事態にも備えなければならない。したがって、日本は常に〝和戦両様の構え〟で臨むことを忘れてはならないし、万が一の時は単独開戦を決行する。

〝和戦両様〟と言えば、北朝鮮に対しても同様に対処する。核実験や相次ぐミサイルの発射だけを見て、北朝鮮の本質を見誤ってはならない。彼らは極貧国家であり、貧民集団に過ぎない。主権国家の論理においては核開発を進め、拉致被害者を返さない国に対して制裁を加えることは戦略上間違っているとは必ずしも言えない。また、彼らの核開発も主権国家の論理からすれば当然の成り行きでもある。

しかし、日本が世界統一を目指すならば、北朝鮮に対して別の外交戦略も加えるべきである。その戦略とは何か。

〝敵に塩を送る〟。これは戦国時代に上杉謙信が敵将であった武田信玄の領民が塩不足に苦しんでいることを知り、塩を送ったという故事から敵の弱みにつけこまずに手を差し伸べるという意味で使われている。国家と人民は同一ではない。もはやそれは時代遅れの思想であり、観念である。「市民主権」とは国家と市民を切り離して考えるということであり、この思想に基づく限り、隣国市民の飢死を助長するような外交政策は野蛮極まりないものだ。

では、北朝鮮に何を送るのかというと、まずは万景峰号（マンギョンボン号）の入港を全面再開し、非軍事物資の積み込みを容認することであり、農業や食糧支援を行うということである。もちろん、北朝鮮政府はこれに感謝することもなければミサイル発射を中止することもないし、それを期待するほど愚かなこともない。そこで、次のことを表明しておく。

〝北朝鮮を援助はするが、戦時には韓国側に立つ〟そして〝平時においては慈悲を示すが、戦時においては無慈悲になる〟というものである。平和ボケした日本人にとって、戦時に徹底的に無慈悲になれることほど有難いことはないはずである。しかし、無慈悲になるためには前もって大いなる慈悲を示しておかなければならない。この慈悲を誠心誠意示すわけだが、これは対北開戦に備えた日本人自身のための外交・軍事戦略の一部となる。

さらに、北朝鮮は金正恩氏の鶴の一声で地球連合に加盟できるのであるから、これを念頭にした外交も行うべきである。その際、北朝鮮の核兵器一発当たりアメリカの核兵器五〇発の同時廃棄を申し出るように働きかけ、金正恩氏の名声を高められるようにサポートする。理想形態は東洋国家が大同団結し、「西洋の核」に象徴される欧米諸国の過ちを糺すことである。

いずれにしても、弱きものをいじめ叩くことは武士道に反する。即刻、やめるべきだ。

最後に、日本人に送りたいメッセージが二つある。

一つは敢えて非難を懼れずに言うが、人類史上日本民族だけがモンゴル帝国、大清帝国、ロシア帝国、大英帝国、さらにアメリカ合衆国という数々の大帝国に単独開戦し、勝利した経験のある唯一の民族だということである。アメリカに勝利したというのは、前述したように欧米諸国と戦い、植民地解放の大いなるきっかけを作るという人類史的偉業を達したのだから、それはそれで大勝利であり、敗北ではないであろう。（本来ならば、太平洋戦争以前において日米が軍事同盟を締結し、ヨーロッパに対する植民地解放戦争に挑むべきであった）。

もう一つのメッセージは、日本はストーリー（物語）性のある世界戦略を行使できる唯一の国だということである。日露戦争によって国体を護持し、太平洋戦争によって植民地解体のきっかけを作り、その後の国家分立の世界に終止符を打つのだという、歴史的連続性のある世界戦略を発動できる唯一無二の国だからである。言いかえれば、日露戦争によって国家を護持したことを第一戦略だとすれば、第二戦略は植民地解放戦争であり、世界統一はこれに連動した第三戦略となるわけだ。そして、この第三戦略を発動し、国家分立の世界に終止符を打たない限り、江戸末期からはじまった日本人の戦いに終わりが来ることもない。

戦いはまだ終わってはいない。明治維新も、日露戦争も、太平洋戦争も単なる〝通過点〟に過ぎない。「耐え難きを耐え、忍び難きを忍ぶ」時代は終わった。このような精神は地球の暗黒化を眼前にして意味を成さない。むしろ、真の戦いはこれからだと自覚し、今こそ独立不羈《ふき》の精神と新たな矜持《きょうじ》を持つべきである。そして、次なる戦いに求められる〝武器〟は〝軍事力〟でもなければ〝経済力〟でもなく、〝無〟から〝有〟を生み出すような〝知性〟であることを肝に銘ずるべきである。

以上、日本を例に挙げながら、「市民主権」に応対した新しい社会体制のあり方を考察してきた。

「市民大権」を理念とする新日本国憲法の制定、市民の幸福を第一とする社会システムの構築、自公政権の解体、〝脱米脱欧〟や日米安全保障条約の解消、さらには単独開戦を軍事戦略とする自衛隊の再編など、日本のあり方が内と外に対して大きく変わることが垣間見えたと思う。

この国家変革は何も日本に限ったことではなく、アメリカも、中国も、ロシアもすべての国家や民族に共通していることである。日本を例に挙げたような政治・外交・軍事など様々な分野で根本的な変革がそれぞれの国の実情に合わせて求められるからである。そして、その根本は「市民主権」を思想とし、諸国家諸民族が〝敵〟から〝永遠なる友〟へと変化することであろう。

■統一戦略及び指針

一〇一、「市民主権」思想を根本にした社会体制の変革を行う。

一〇二、諸国家諸民族を〝永遠なる友〟とする。

第三節　岐路に立つ地球

地球は宇宙が生んだ奇跡の惑星である。その地球が今、滅亡の危機にさらされている。

冷戦終結から、三〇年以上の歳月が流れた。この間、何百何千という国際会議が開催され、様々な国際問題を解決しようと試みてきた。しかし、〝会議は踊る。されど進まず〟。一八一四年、ナポレオン戦争の戦後処理のために開催されたウィーン会議を皮肉ったこの故事のごとく何一つ解決された問題はない。そのおかげで国際情勢は悪化の一途をたどり、われわれ人類は〝生きるか死ぬか〟の瀬戸際に立たされ続けている。

しかし、本論ではシミュレーション上とは言え、様々な手段や手順を通じて国際問題を解決し、地球政府を生み出すことができた。このことは一体何を意味しているのか。

超国家時代の幕開けである。そして、その幕開けは世界統一時代のはじまりであり、地球市民の世紀のはじまりでもある。国家や民族を超え、超国家時代を切り拓けるのは地球市民だけだからである。では、その地球市民の世紀とは何かというと、地球政府の治世である。

しかし、なぜ地球政府なのか。読者の中にはこうした疑念をお持ちになられている方もまだまだ多いであろう。そこで地球政府を必要とする理由をまとめておく。

一、国際問題を根本的に解決し、戦争や紛争を終結させることができる地球政府だけだからである。

一、国家の存在を合法化し、「普遍国家システム」を構築できるのは地球政府以外に存在しないからである。

一、人類の滅亡を阻止し、「人類後史」を切り拓けるのは地球政府のみだからである。

拠って、地球政府の否定は人類存続の否定であり、人類存続の否定は地球の暗黒化の容認だと断言できる。そして、地球暗黒化の容認は人間の〝悪〟の受容であり、人類の野生化である。もし地球政府を否定するならば、破壊と殺戮に満ちた地球の暗黒化を望むのか。その先に一体何があるのか、各自が問わねばならない。

超国家時代は主権国家の時代の終わりでもある。逆説的ながら、本論では主権国家レベルの社会では何の問題も解決できないことが証明された。アメリカ、ロシア、中国などの大国もG7、G20、国連なども役には立たず、その役割は限定的だということが明らかになったからである。

主権国家の終焉。これこそが地球政府を必要とし、地球政府の創出を正当化できる最大の理由なのだ。言いかえれば、地球の暗黒化を阻止し、人類を存続へと導く行為は〝正義〟であり、〝正道〟だということである。だからといって、やはりその〝正義〟は〝幻想〟に過ぎないのではないかと思う読者諸賢がいるのも確かであろう。なぜ〝幻想〟なのかというと、その行為者が人間自身だからである。

二〇世紀は「戦争と革命の世紀」であった。二度もの世界大戦が勃発し、ロシア革命を皮切りに社会主義革命なども数多く発生し、植民地解放戦争なども多発した。第二次世界大戦後に生じた戦争や紛争、内戦や革命の数は一〇〇を越えるという。この時代、共産主義と自由民主主義の二つの理想が掲げられた。

この二つの理想の背景にはそれぞれ大きな確信があった。前者は万国のプロレタリアートが団結すれば無階級平等社会を実現できるという確信である。そして、この野心的なイデオロギーは理想社会の実現のためには「人間はつくり変えられるであろうし、つくり変えられなければならない」という強烈な信念によって支えられていた。これに対して、後者はどうか。

古代ギリシャ神話の登場人物のように極めて人間的な要素を見抜いたものであった。人間とは欲深く、嫉妬心や権力欲にあふれ、傲慢で尊大な生き物であるという確信である。それ故に、経済システムは人間の欲望を認めた資本主義を原理とし、社会体制は自由と民主主義によって成り立つべきだとの信念があった。この人間に対する両者の認識の違いこそが、二〇世紀のイデオロギー対立を生み出したのである。そして、戦後世界とはその優劣を米ソが競い合うものであった。

しかし、この対立は一体何をもたらし、何を実証したか。それを考えると、あまりにも無残である。無階級平等社会の到来でもなければ自由で公平な社会でもなく、「西洋の核」が象徴するように地球規模の人類抑圧体制であったからである。そして、この人類抑圧体制こそが二つのイデオロギーが作り上げた〝真の姿〟である。

結局のところ、二〇世紀のこの大失敗から学ぶことは何か。それは人間というものは高邁の理想を追求したり、実現したりするのには限界があるということだ。人間というものは欠陥のないシステム、完璧な社会、永遠なる真実、問題を起こさない人間たち、善意に溢れた世間、そして安定した生活と幸福な人生を望む。しかし、それらは所詮〝幻想〟に過ぎない。

地球政府も同様である。人間が不完全である限り、地球政府もまた不完全だからだ。人間が変わらない限り、地球政府もまた永遠に不完全であり続ける。そして、人間の本性が変わることは永遠にありえない。

そもそも歴史とは何か。人間同士の対立の歴史である。人間と対立は不可分なものであり、その対立がある日を境に無くなるなどということはない。もし対立が無くなるとしたら、この世から人間が一人もいなくなったときであろう。それほどまでに人間とは対立や闘争なしに生きられないように運命付けられているのである。

地球市民などといっても、所詮は不完全な人間の集まりでしかない。なのに、どうしてその人間たちに世界を平和に導くことなどできようか。なぜ欠陥だらけの人間たちに世界を統一できるのか。すべて〝幻想〟である。〝理想〟を〝論理〟に置き換え、人間の本性や情念を無視して、あたかもそれが可能であるように説明したからこそ統一が成り立ったに過ぎず、その本質は詭弁《きべん》と欺瞞に支えられたレトリックに過ぎない。そして、そのレトリックこそがこの世界統一論の根本である。決して騙されてはならない。

それにまた、人間はその能力や本性を超えたものに対しては本能的な拒絶反応を起こすものである。故に、人間に対する不信、異教徒・異民族に対する警戒心、主権国家の弱体化や軍事力の低下に対する恐怖心、超国家への不安、地球市民に対する反感、古典的国家への憧憬、地球政府に対する反発などが数多く噴出するであろう。特に、国益や主権、領土の一部を損なうことになれば超国家に対する激烈な拒絶反応は避けられない。

つまるところ、人間が人間である限り、新たな理想は新たな失望と破局を招来するだけである。人類の未来にもはや理想など必要ないし、それを追うことなどあってはならない。それが二〇世紀の人類抑圧体制から学ぶべき最大の教訓である。そして、この大いなる失敗から学ぶことこそ唯一、人類進歩の証なのだ。

地球政府は〝幻〟に終わる。人間は国家の中で生きるべきであって、超国家の世界に生きることはできない。理想主義が破滅をもたらす以上、世界統一は危険思想そのものである。この危険思想を断固として拒絶し、排除しなければならない。

おそらく、世界統一に反対する国家主義者（反連邦主義者）の結論を言えばこのような感情的なものになるであろう。反論の余地はないし、反論するつもりもない。しかし、聞きたいことは多々ある。〝では今後、何もせずにただただ危機を傍観し続けるのか〟〝一〇〇年後の地球はどうなっているのか〟〝果たして人類は存在しているのか〟〝諸悪の根元を永久に奉じてゆくのか〟。

本論において、国際問題を解決に導くために様々な手段を採ることができた。ここで改めてその解決手段を列挙しておく。

◎「紛争統御システム」による解決
◎全地球治安システムによる解決
◎元老院による解決
◎連邦裁判所による解決
◎地球法廷による解決
◎地球政府の直轄地とする解決策
◎既存の国際法の廃止による解決
◎人類意識の育成による解決
◎〝喜捨〟による解決

さらに、国家間戦争を地上から無くすために次の手順も採ることもできた。

◎軍事基地の一体化による《軍事統合》

◎諸国家の「軍事的独立性」の消滅
◎全地球治安システムの構築と「相互軍事制圧」の実施
◎〝地球守護〟と軍隊存続の意義の消滅
◎兵器の老朽化と新規調達の抑制による軍事力の自然解体
◎武器・弾薬類の輸出入の禁止

個々の内容についてはすべて筋を通したつもりなので、ここでは再論しない。世界統一が危険思想だとすると、これらの解決手段は一体どうなるのか。これらを危険視し、放棄するというのか。だとすれば国家を中心とした社会構造を望み、超国家を否定する国家主義こそ危険ではないか。

この国家主義には何の創造性もなければ進歩もない。あるのは混乱と破壊であり、その行く末は人類の野生化と滅亡だけである。これが危険思想でなくて一体何なのか。

反連邦・国家主義は明らかに時代遅れである。しかし、国家や民族の中に安住し、それを理解できずにいる人間もまた多いであろう。それ故に、連邦主義か。国家主義か。おそらく、二一世紀はこの二つの思想の中で揺れ動き、対立軸になることは間違いない。

国家主義も無視すべきではないが、連邦主義も無視すべきではない。われわれは一体どちらの道を選択すべきなのか。

明白である。未来に向けて一歩一歩前進しながら、新世界の可能性を切り拓いてゆく道である。つまり、世界統一の実現性を一歩一歩高めてゆくのだ。この一歩一歩とは、たとえばウクライナ戦争やパレスチナ問題の解決である。はっきりとは述べていなかったが、ここでこの二つの国際問題に対する本論独自の解決案を提示したい。

まずウクライナ戦争の解決案であるが、その骨子はＮＡＴＯの全面解体を交換条件として、ロシアはウクライナから撤退せよというものである。但し、東部ウクライナとクリミアに関してはロシア軍の撤退後、一時的に国連平和維持軍を駐留させ、ウクライナ軍は進駐させない。そして、連邦警察軍が機能しはじめた段階でその第二本拠地をウクライナに設ける。

これならばウクライナとロシア双方の要求とメンツを満たし、停戦も受け入れやすくなるであろう。ロシアがウクライナ戦争に踏み切った根本理由はＮＡＴＯの東方拡大の阻止である。そのＮＡＴＯが全面的に解体され、アメリカ軍がヨーロッパから撤退すればウクライナ侵攻の大義名分が失われるのみならず、ロシアは戦争目的を完遂することができる。したがって、ウクライナ戦争を続ける理由がなくなり、戦争終結の大義名分が成り立つ。

ウクライナ側の条件は、ロシア軍の全面撤退とウクライナの安全の確保である。その点、前述した理由により、ロシアはウクライナからの撤兵に向けた大義名分が成り立つので我儘を言わなければ戦争終結の道は切り拓かれるであろう。また、ＮＡＴＯが解体されても連邦警察軍の大部隊がウクライナに配備されれば安全は十分に確保され、むしろ世界一安全な国になる可能性がある。

もちろん、国民を殺害され、国土を蹂躙され、破壊されたゼレンスキー政権にとってはこれだけでは怒りの拳を下ろすことはできないであろう。しかし、これ以上、ウクライナ国民の犠牲を出さぬためにはやむ負えないことである。それにまた、ウクライナ軍はロシア軍をウクライナから完全に追い出すことはできないし、ロシア軍には対する勝利はあり得ない。

なぜならば、ロシア軍が塹壕戦をはじめたからである。もし太平洋戦争中にアメリカ軍を大いに悩ませた硫黄島における帝国陸軍の栗林忠道中将や、沖縄戦における八原博通大佐の塹壕戦をロシア軍が参考にしているとすれば非常に厄介である。ウクライナ側はさらなる犠牲と年月の浪費を覚悟しなければならない。勝利が明確ではない以上、ゼレンスキー政権はどこかで妥協するべきである。その妥協案が、この停戦案である。

しかし、もう一つ大きな問題がある。それは西側諸国がＮＡＴＯの全面解体を躊躇い、アメリカ軍の欧州撤退を受け入れるかどうか不透明なことである。これに関しては発想を大転換し、ヨーロッパが米ロ両国の最前線になるよりはその緩衝地帯となる道を選択し、最終的には米ロ両国を全地球治安システムに組み入れる道を採用すべきであろう。

厄介なのは、むしろアメリカかも知れない。ヨーロッパからの全面撤退を迫られるとなるとアメリカの安全保障が弱体化し、アメリカの欧州支配が崩れ落ちるからである。したがって、アメリカがＮＡＴＯ解体への反発を強め拒否する可能性もある。しかし、ＮＡＴＯの存在こそが核戦争の根本要因であり、アメリカには核戦争を抑止する力がない以上、世界平和のために撤退すべきである。

最も、このＮＡＴＯ解体はあくまでもプランＡである。そして、その代替プランがプランＢである。このプランＢをひと言でいえば、新生アメリカ軍を軸とした世界統一であった。拠って、ＮＡＴＯが解体されたからといって、アメリカ軍のプレゼンスが無に帰するわけではない。アメリカは歴史の裏方に回るだけである。プランＡの失敗に備えて、常にプランＢの発動に備えなければならないからである。

もちろん、ロシアにとって、プランBは悪夢そのものである。アメリカ軍のロシア連邦内への駐留を許すことにもなるからである。だとすれば、その悪夢を避けるための選択肢はただ一つ。中国や北朝鮮などは早々に切り捨てて、旧ソビエト時代からのコネクションを含め国力のすべてを動員し、世界統一を成功に導くことである。そうすればウクライナ戦争の汚名は雪がれ、ロシア人は尊厳と名誉を回復できるであろう。

次はパレスチナ紛争である。このパレスチナ紛争の歴史的経緯や詳細は本論では割愛する。読者諸賢自身が新聞やテレビ、インターネットなどを通じてある程度は知っていると思われるからである。本論で取り上げるのはこのパレスチナ問題の解決策である。この問題の根本は何か。

実は、私はこのパレスチナ問題の遠因が一九四八年にヨーロッパなどからユダヤ人がやってきてパレスチナ人の住んでいた土地にイスラエルを建国したことにあるとは考えてはいない。紀元前にユダヤ人がこの地に古代ユダヤ王国を創っていたという明らかな証拠がある以上、ユダヤ人がこの土地に国家を建国する権利はあると思う。しかし、同時にパレスチナ人もまたこの土地に国家を建国し、住み着く権利を持つ。当たり前のことである。

しかし、ユダヤ人たちは国連によって定められた領域以外の土地にまで武装してやってきてパレスチナ人の家々を襲い、平和に暮らしていた家族を追い出し、家ごと盗んでそこに住み着いてしまった。しかも、そうしたユダヤ人泥棒をイスラエル政府は逮捕するどころか、是認していた。アメリカもまた泥棒行為を黙認しただけでなく、ユダヤ人入植地の住宅建設などを資金援助していた。こうしたユダヤ人の強奪行為によって生まれたのが現イスラエルである。

昨年一〇月にテロ組織ハマスのイスラエル侵入によって一四〇〇名以上のユダヤ人が殺害されたのは誠に遺憾である。しかし、それ以上に悪辣で非道なことをユダヤ人は長い間パレスチナ人にやってきた。その結果生まれたのが、五〇〇万人以上ものパレスチナ難民なのだ。そして、テロ組織ハマスはこのパレスチナ難民の中から生まれ、育ったものである。テロ組織ハマスを生んだ元凶はユダヤ人にある。

今回のパレスチナ紛争によって、両者の関係は後戻りできないほど悪化し、この地に和平をもたらすのは永遠に不可能であるように思える。しかし、それは間違いである。なぜならば、地球連合（政府）ならばパレスチナ問題解決の枠組みを提供できるからである。

その方法は単純である。最終的にイスラエル軍を〝兵量攻め〟にすればよいからである。つまり、アメリカの武器供与を全面禁止にするのである。イスラエル軍を世界最強にしているのはアメリカ製の最新兵器である。このアメリカ製の兵器の輸出をストップすれば、当然イスラエル軍は弱体化する。アイアンドーム（地対空迎撃国産ミサイルシステム）だけではイスラエルを守れないのだ。

超国家体制のもとでは、武器の輸出入は全面禁止になる。これは何もイスラエル軍に限ったことではなく、すべての国に当てはまる。米中ロの三ヵ国が武器輸出を全面ストップすれば日本など西側諸国を含む全世界の国々の軍事力が弱体化し、いずれ張りぼての軍隊となってゆく。これもまた必然である。

さらに、全地球治安システムのもとではイスラエル軍はパレスチナへの軍事進攻なども不可能になる。地球議会が必ず治安介入を決議するからだ。こうなってくると、イスラエルとしても強力な軍事力を背景にした国家独立は覚束なくなる。では、ユダヤ人がこの約束の大地に平和に暮らすにはどうすべきか。

その選択肢は一つ。パレスチナとの和平しかない。パレスチナ人との和平なしに永遠に平和に暮らしてゆくことができないからである。

今回のパレスチナ侵攻において、平気で市民を戦争に巻き込み、子殺しを躊躇いもなく行うイスラエル軍に対して世界中の誰もが怒り感じている。世界中がユダヤ人に対して憤り、失望している。ネタニヤフ首相は大きな間違いを犯した。世界中にユダヤ人に対する嫌悪感を撒き散らしたからだ。失われたユダヤ人への信頼とユダヤ民族の尊厳を回復することは容易ではないだろう。

しかし、将来、ユダヤ人は世界一尊敬される民族になる可能性も秘めている。その理由はキブツでの平等主義、慎ましい生活、砂漠を農地に変えたノウハウ、シェアリングシステムなどキブツを通じて養った経験と叡知を使えば地球のスラム化を食い止め、食糧危機などから人類を救い出せるかも知れないからである。

だからこそ、ユダヤ人は全人類との共存の道を選択すべきなのだ。そして、イスラエルはパレスチナ国家を認め、奪った家々を返却するか、もしくは相場以上の代金を支払うかして、パレスチナ人に謝罪する。さらに、ガザやその他の地域から軍を全面撤兵させ、パレスチナ再建の手助けをする。これ以外にユダヤ人の安息への道は残されていないであろう。

その一方で、パレスチナ国家はテロとは決別し、イスラエルの永続を認めて地球連合に加盟する。出来ればイスラエルとの同時加盟が望ましいが、単独でも加盟する。そして、ガザ地区を含むパレスチナ国家全域に連邦警察軍を進駐させる。そうすれば、連邦警察軍はパレスチナを防衛し、イスラエル軍の侵略から身を守ることができるからである。また、連邦警察軍の庇護下でパレスチナ国家はガザ地区の再建を含むパレスチナの再生を試みる。

これが地球連合によるウクライナ戦争及びパレスチナ問題の解決案の大枠である。これ以外の諸問題に対しても、地球連合は一つ一つ解決してゆく。

ロシアが大崩壊し、その余波が中国に襲いかかってユーラシア大乱が生じても、中東やアフリカで動乱や内戦が生じても、地球連合ならば新しい秩序の枠組みを提供できるであろうし、ヨーロッパの難民問題もまた解消してゆけるであろう。さらに、米ロ核戦略体制を同時に解体し、核兵器の完全廃絶を実現して地球を核による死滅の脅威から救い出せるであろうし、最終的に世界中の軍部の影響力が削がれれば全世界の民主化も容易になるであろう。

このように地球上の問題をひとつひとつ解決し、平和を築いてゆけばどうか。世界統一の実現性が高まり、超国家への信頼もまた増大してゆく。そして、超国家世界こそがわれわれ人類の生きるべき世界であって、それ以前の社会には戻りしたくないと悟り始めるはずである。そして、そのためには地球市民が一致団結して地球国家を支えてゆく以外にないと〝心〟を〝一つ〟にしはじめるに違いない。

真の〝人類の誕生〟である。

以上、本論において、二一世紀の閉塞感を打ち破る新しい世界、新しい未来、新しい地球社会のグランドデザインを描いてきた。第一章において、私は本書の目的は世界統一論を完成させることだと宣言したがその目的は達成されたであろうか。特にいかに「主権国家システム」を解体し、「普遍国家システム」を築いてゆくのか御理解頂けたであろうか。

最も、本論で語られてきたことは世界統一への概念図であり、鳥瞰図である。論理を駆使して新たな論理を構築し、それらを積み重ねて一つの大きな仮説に集約し、さらにその仮説から様々な可能性を広げて現在の世界情勢に当てはめながら諸問題に対応し、最終的に世界統一論として体系化した一つの理論に過ぎない。そこでは決して理想やユートピアを描き出したわけでもなければ語ったつもりもない。こだわり続けたのは理論的整合性と論理的一貫性であり、それらを基盤にした一つのシミュレーションの世界である。

したがって、すべては思考実験であって、この通りに歴史が動くなどということは一〇〇パーセントあり得ない。というのは、このシミュレーションに〝何億何千万の人々〟という不確定要素〝X〟を代入すると、歴史はいかようにも動き、何が起きるか分からないからだ。拠って、この世界統一論はあくまでも明日の世界への〝窓口〟に過ぎず、新しい未来への〝叩き台〟に過ぎない。

しかしながら、私は現代世界の閉塞状態を打開する一つの可能性だけは提示したつもりである。最も、世界中の問題を取り上げ、様々な視点や多角的な角度から論理を展開し、世界統一の全体像を明確化することを最優先にしたため様々なアイデアや戦略の説明を最小限度に留めた。ポイントとなる重要な点は網羅したものの、細部にわたる説明を割愛した部分も多い。そのため説明が中途半端で不十分であり、消化不良に陥っている読者諸賢も多いであろう。

高層ビルの建設にたとえれば基礎を打ち、鉄骨を組み合わせ、外壁などは完成させたものの内部は抜き打ち状態であり、各階の仕様やデザイン、細かな内装などはそのまま放置した状態になっているからである。しかし、私自身の仕事としてはこれで十分であると思っている。あとの仕事は読者諸賢にお任せする次第だからである。

この希望は本論の趣旨とは矛盾しないはずである。なぜならば、誰が世界を統一するのか、その答えはいまや明白だからである。

ところで、私的なことをここで付け加えさせて頂く。実は、現在、私は肉体労働的なことをしながらこの原稿を書いている。肉体労働とは言っても大げさで単に就業中に椅子に座って働いていないだけである。ではなぜ、非デスクワークの仕事に就いているのかというと、本論を構想中数多くの、途方もなく数多くの難問や課題にぶつかり不眠症に陥ってしまったからである。

特に辛かったのが、参考文献がなかったことである。孫子の兵法や石原莞爾の著作などの古典的書物、あるいは子供の頃に父の書斎にあった書籍（書名は不明）などは参考になったのだが、近年出版されている書籍はほぼ参考にしていない。知的な意味で新聞も参考にならなかった（インターネットは情報として参考にした）。ということは、既存の書物ではなく、そのほとんどすべてを自らの創造性やオリジナリティに頼るしかなかった。その幾重もの波状ストレスによって途方に暮れ続け、不眠症に陥ってしまったのである。

頭の中が休まらなかったのであろう。六〇時間にわたって、一切眠れない日などもあった。そこで苦しみ抜いた揚げ句に出した結論が労働をしながら、知的作業をするという方法である。つまり、日中に非デスクワークの仕事をやりながら、同時に頭の中では知的作業を行いうという戦略である。そして、身体と頭脳を疲れさせて速やかに就寝できる環境を作り、翌朝早く起床して原稿を書くようにしたのである。

なぜ、論文にこのようなことを書くのか。一体何が言いたいのか。

人生壁ばかり、挫折ばかり。それが言いたいのである。すべての人間には自分を軸にした人生があり、家族や友人、学校や職場、社会の中で生きてゆく中で必ず悩み事や挫折をかかえている。そして、それを周囲に押し隠しながら生きている。周りに気を使い、疲れ果てながら過ごしている。それが普通の人々の人生である。この人生に宗教や人種、民族、国籍の違いはない。全人類共通である。

一人の人間が人生の中で出会う人間の数は八〇億人の地球人口の中でごくごく僅かである。九九・九九パーセントの人間は道端や街中ですれ違うことはあっても、まったく関係を持つことのない赤の他人である。それがこの世の人間関係というものである。

道端ですれ違うことはあっても、決して関わることのない見知らぬ者同士。そうした見知らぬ者同士が〝電縁〟で結ばれ、支え合う社会。たとえ個人としては大きな悩みを抱え、挫折を味わいながら生きていても、秩序と平和を陰で支え続ける人々たち。地球社会とはそうした温かい人間社会であってほしいと思う。それが私の切なる希望であり、願いである。

最後に、世界統一実現への秘訣は何か。まず、ありのままの人間を受け入れる寛容な社会を育むことである。と同時に、社会秩序を乱し、他人の平穏な生活を奪うものに対しては常に毅然とした態度で臨む。それが正義であり、平和の源であると私は信じている。

また、イデオロギーによって人間を束縛し、社会を分裂させてはならない。イデオロギーは人間から思考を奪い、自由を奪う。そもそも悩み多き人間にはイデオロギーというものは似合わない。したがって、世界統一もまたイデオロギーにしてはならないし、世界統一か否かではなく、世界統一か、覇権国家アメリカか、という二択の構図にもってゆくことを忘れてはならない。

さらに、大いなる戦略的矛盾を受け入れることも大切である。戦略的矛盾とは、プランAとプランBという相矛盾する戦略を同時進行させるということである。そして、この大いなる矛盾の受容については現実の国際政治の中で臨機応変に応対してゆく。

つまるところ、本論の主要なテーマであった〝世界新秩序〟とは何か。それは世界統一であり、同時に失敗しても常に再チャレンジの可能性を残すことなのだ。つまり、何度世界統一に失敗しても「主権国家システム」を解体するためのカード（戦略）を保持し続ける。これが私の描く〝世界新秩序〟なのである。

歴史とは、意思である。大いなる意思を抱いた人々によって時代が切り拓かれ、歴史が生まれてきた。歴史とは未来の奪い合いである。より大きな意思を持ったものがより大きな航海をし、より大きな航海をしたものがより大きな未来を手にしてきた。そして、その航海日誌が歴史となって刻印された。

われわれは太古の昔から時の中で幾多の航海をしてきた。何十万年もの間、人類は小さな集団だった。しかし、道具を発明し、火を起こすことによってわれわれは自らの未来を〝光〟で灯した。光は希望を生み、希望は夢と冒険を生んだ。やがてわれわれはラクダや馬で陸から陸へと渡り歩き、丸太船や木船で川を渡り、海と越え、土地と土地、人と人を結び付けた。

そこに人々の交流が生まれ、交易が生じた。交易は人の往来を生み、町を生んだ。やがて町は都市を生み、より大きな社会集団を生んだ。そして、集団は文化を生み、文化は民族を生んだ。さらに、民族は国家を建国し、紛争や戦争を起こし始めた。

『旧約聖書』が誕生する以前から、われわれは未来を自らのものとするため意思をもって時代を渡り合ってきた。未来を変革する夢を抱き、自らの生存を賭けて戦ってきた。意志なきところに歴史は生まれず、意思は人間を変え、時代を大きく変えてきた。

二一世紀の現在、われわれは新たな形の未来を必要としている。混沌とした世界を切り拓く新たな意思を必要としている。われわれを〝一つの人類〟とする新たな航海が求められている。

希望は夜空の輝きよりも暗く、理想は闇夜に深く沈み込んでいる。安息は地平線の彼方であり、刻一刻が暴風雨や荒波との戦いである。理想と現実の間でいつ転覆するとも知れず、少しの気の緩みがすべてを無に帰する。それは〝一瞬一瞬〟との戦いであり、滅亡との死闘である。

地球は今、暗黒化しようとしている。朝目覚めたら、何億人もの人々が死んでいたなどという異常な世界に生きている。もはや国家ではこの小さな惑星を救うことはできない。救えるのは、ひとりひとりの人間たちである。

世界統一は人類存続に残された唯一の道である。そして、その行いは〝正義〟である。世界平和への道は一日でも早く、諸国家の正義に代わる新しい〝人類の正義〟を生み出すことだ。

結論として言えることは、人類の進むべき進路を「主権国家システム」の解体すなわち「普遍国家システム」の創出に定め、そのために新たな機構体を生み出すべきであるということである。そこで、本論において構想された「地球連合」の創設を改めてここで提唱させて頂きたい。

われわれ人類が力を合わせればいかなる困難も克服し、必ずや新しい未来を切り拓くことができる。新しい地球を創造できる。

〝地球連邦国家〟の開闢《かいびゃく》である。それはまた荒漠たる星々のただよう全宇宙・全銀河に対する〝地球人〟としての誇り高き〝独立宣言〟でもある。

新たな叙事詩のはじまりである。

著書略歴

畠山熙風（はたけやま・ひろかぜ）

昭和40年生。明治大学経営学部卒。

主権国家を解体に導く102の戦略

「普遍国家」創生への道

2025年2月25日　初版第一刷発行

著　者　畠山熙風《ひろかぜ》

発行者　髙橋栄

発行所　風濤社

東京都文京区本郷4-12-16-205　〒113-0033

TEL 03-5577-3684　FAX 03-5577-3685

装幀・組版　閏月社

印刷所　精文堂印刷株式会社

ISBN 978-4-89219-467-2

Printed in Japan